D1731879

frei + christlich

Freie Sakramente
heute
?

Fragen
an ein
freies, sakramentales
anthroposophisch vertieftes
Christ-Sein heute

INFO-BUCH
UND BEILAGE ZUM KULTUS-HANDBUCH
"DIE SAKRAMENTE"

Manuskript-Druck

frei + christlich - Freies Sakramente heute ?

Fragen an ein freies, sakramentales,
anthroposophisch vertieftes Christ-Sein heute

Informations-Buch zum «freien christlichen» Impuls
und Beilage zum Kultus-Handbuch «Die Sakramente...»

<u>Manuskript-Druck</u>

Privates Arbeitsmaterial, nur für den eigenen
wissenschaftlichen, nicht öffentlichen Gebrauch,
gemäß Urhebergesetz. Siehe S. 356 !
Verantwortlich für den Inhalt eines Beitrage ist der jeweilige Autor.

Bitte erkundigen Sie sich nach der jeweils aktuellen Ausgabe ! (Siehe S. 349/359.)
Zusammengestellt von Volker David Lambertz , Förderkreis Forum Kultus
5. Auflage (Infobuch-2008 - BoD), Ausgabe Michaeli 2008

ISBN : 978-3-8370-4307-5

Herstellung und Verlag : Books on Demand GmbH, Norderstedt
Gutenbergring 43, D-22848 Norderstedt / www.bod.de

Direkt und kostenlos (über den Buchhandel gegen Unkostenbeitrag),
persönlich anforderbar bei:
Förderkreis, Herrensteig 18, D- 78333 Wahlwies
EMail: post@forum-kultus.de

Adressen s.S. 359.

Arbeitsmaterial
zur Kultus-Frage

Man muss sich nur im Klaren sein,
dass man über dies Thema
nicht streiten kann,

sondern man muss lernen,
Wesensunterschiede zu unterscheiden.

Alle Kultformen haben
ihre Berechtigung
und ihre Bedeutung,

und man kann daher jede
in der ihr gemäßen Form
und dem ihr zukommenden Rahmen
durchaus anerkennen.

Fred Poeppig

Liebe Leserin, lieber Leser,

ja, dieses Buch ist viiiiel zu dick . . . !!

Deshalb :
Lesen Sie es nicht einfach von vorne nach hinten durch !
Suchen Sie sich im folgenden
Inhaltsverzeichnis
genau das heraus,
was Sie zunächst und direkt interessiert !!
Dann tauchen - wenn nötig - weitere Fragen auf,
die in anderen Beiträgen Antworten finden . . .

Wenn Ihnen etwas fehlen sollte,
oder spezielle Fragen hier keine Antwort finden,
dann fragen Sie einfach mich direkt ! (s.S. 359) ...

Und, lesen Sie ggf. doch einfach nur die
Schnellübersicht . . . ;-)

Ihr Volker David Lambertz
im Forum Kultus

Inhalt

ÜBERSICHT

ANTHROPOSOPHIE

SINN DES KULTUS

SAKRAMENTE

FREI + CHRISTLICH

ANTHROPOSOPHIE UND KIRCHE

WEIHE ?

WELCHER KULTUS?

GEMEINSCHAFT BAUEN

HINWEISE

Was in der Entwicklung
der Christenheit
als Sehnsucht und Streben nach
Laienpriestertum
immer wieder erstand
- allerdings auch immer wieder verfolgt
und schließlich zum Verschwinden
gebracht wurde -,
das hat hier
durch Rudolf Steiner
eine neue Keimlegung erfahren.

Maria Lehrs-Röschl, GA 265, S.42

Liebe Leserinnen und Leser,

Gott ist die Liebe
und wer in der Liebe ist,
der ist in Gott und Gott in ihm.

Wo zwei oder drei
in meinem Namen versammelt sind,
da bin JCh mitten unter ihnen.

Ist nicht *dies* das anzustrebende Christ-Sein?

Alle freie Religiosität,
die sich in der Zukunft
innerhalb der Menschheit entwickeln wird,
wird darauf beruhen,
dass in jedem Menschen
das Ebenbild der Gottheit
wirklich in unmittelbarer Lebenspraxis,
nicht bloß in der Theorie, anerkannt werde.
Dann wird es keinen Religionszwang geben können,
dann wird es keinen Religionszwang zu geben brauchen,
denn dann wird die Begegnung
jedes Menschen mit jedem Menschen
von vornherein eine religiöse Handlung,
ein Sakrament sein,
und niemand wird eine besondere Kirche,
die äußere Einrichtungen auf dem physischen Plan hat,
nötig haben,
das religiöse Leben aufrechtzuerhalten.

Die Kirche kann, wenn sie sich richtig versteht,
nur die eine Absicht haben,
sich unnötig zu machen
auf dem physischen Plane,
indem das ganze Leben
zum Ausdruck des Übersinnlichen
gemacht wird.

Rudolf Steiner, 9.10.1918

Doch wohin
wenden wir uns *heute konkret*
als "freie Christen" und vor allem als Anthroposophen,
wenn wir in den Hoch- und Notzeiten des Lebens
gefragt werden auch *sakramental* zu handeln
und zwar frei, allgemein-christlich brüderlich,
überkonfessionell,
ohne eine *spezielle "Kirche"* in Anspruch zu nehmen?

Wohin wenden wir uns,
wenn wir unsere Beziehung zu Gott und unseren Mitmenschen ohne institutionelle Vorgaben *individuell* gestalten wollen?

«Die ganze Anthroposophie ist Gottesdienst...» (R.Steiner)

Da die Anthroposophie ihrem Wesen nach *interreligiös* ist,
überlässt sie den individuell entsprechenden Weg prinzipiell dem Einzelnen: "Jedem das Seine"!

Als *eine* «spezifisch anthroposophische» Möglichkeit vermittelte uns Rudolf Steiner einen - leider allseits verdräng-
ten - kultisch und sozial zeitgemäßen, freien, *überkonfessionellen* christlichen Kultus.

Dieser kann die ganze Siebenheit der Sakramente umfassen, insbesondere Taufe, Trauung und Bestattung, wie auch das kultushistorisch weitergeführte Zentralsakrament, die «Opferfeier».

Das «Zwei-Stände-Prinzip» der konservativen Kirchen - vor allem der katholischen/orthodoxen, aber auch der Kirche «Die Christengemeinschaft» -, das nur dem Geweihten innerhalb seiner Kirche ein sakramentales Handeln zugesteht, wird hier durch die brüderliche und pfingstliche Tat des allgemein("laien")-priesterlich handelnden Christen abgelöst.

Natürlich kann ein freies christliches «*Laien*»-Priestertum nicht auf "*Laien*"-haftigkeit beruhen. («Laie» meint theologisch nicht den Dilettanten, sondern den Nichtgeweihten, das «allgemeine Priestertum aller Christen».) Wie in jedem Beruf ist selbstverständlich auch hier die Qualifizierung nötig!

Die "Be*rechti*gung" zu solch individuell-direktem, sakramentalen Handeln erfährt der wahrhaftig Strebende jedoch unabhängig aller Institution, allein durch SEIN Ja und die konkrete Nachfrage des Bruders,
auch wenn als Wurzelgrund die Wirkkraft, der Rückhalt und der Schutzraum einer Kultus-Trage-Gemeinschaft fruchtbar und anzustreben ist.

Kultus hat seine Quelle im lebendigen Austausch mit einer vielfältigen Geistigen Welt und darf nie erstarren, einseitig, dogmatisch werden; so auch nicht der Text und die Form, die Seiner alle umfassende Liebe entsprechen soll, die den um Seine Gnade, Seinen Segen Bittenden, mit seinen jeweils individuell berechtigten Möglichkeiten,

Bedürfnissen und Schicksalswegen, einbezieht, ernst nimmt und durchdringt.

«..wie überall eben aus dem Lebendigen heraus das Kultusartige gesucht werden muss.» *(R.Steiner)*

Heute wird der freie christliche Impuls Rudolf Steiners von Anthroposophen *wieder und neu* aufgegriffen, erarbeitet und den Geschwistern angeboten.

Unsere Initiative wirkt dabei *autonom* und unabhängig von der «Anthroposophischen Gesellschaft», obwohl *wir* alle in der Regel Mitglieder dieser Vereinigung, wie auch deren «Freien Hochschule» sind.

Denn seitens der Institution Anthroposophische Gesellschaft, als einer *interreligiösen* Erkenntnisgemeinschaft, kann und darf nicht *ein* bestimmter religiöser Weg als *der* offizielle erscheinen, auch wenn der «freie christliche» von Steiner als «spezifisch anthroposophischer» bezeichnet wurde.

Religion und kultische Praxis sind «Privatsache» des individuell und aus Erkenntnis und Freiheit handelnden Einzelnen.

So sind wir keine "Organisation", sondern ein Tat-IMPULS: religiös, kultisch interessierte, bzw. aktive Anthroposophen erkennen die Not-wendigkeit auf Nachfragen und Bedürfnisse der Geschwister zu antworten.

Innerhalb der Anthroposophischen Gesellschaft wird die Kultus-Frage kontrovers behandelt.

Von der - meist irrtümlich als "Anthroposophen-" bzw. "Waldorf-Kirche" verstandene - Kirche «Die Christengemeinschaft» wird gar ein allumfassendes sakramentales, freies christliches Handeln kategorisch abgelehnt.

Die Kultus-Frage bedarf der Klärung.

Natürlich sind wir nicht die Einzigen, die sich innerhalb der Anthroposophenschaft um ein *freies* christliches, sakramentales Handeln bemühen.

Wir stehen in keiner "Konkurrenz" mit anderen Gemeinschaften oder Kirchen, erst recht nicht in "Gegnerschaft" zur «Christengemeinschaft».

Die hier aufgeworfenen Fragen stammen aus der Arbeit kultisch engagierter Anthroposophen, die - oftmals beruflich - mit den konkreten Bedürfnissen nach freien christlichen Sakramenten konfrontiert sind.

Dem stellt sich aber die Kirche «Die Christengemeinschaft» entgegen.

So bitte ich alle Nicht-Anthroposophen um Verständnis, wenn gerade hier *auch* auf diese - innerhalb der *anthroposophischen* Bewegung relevante - Auffassung - teilweise auch ausführlich - eingegangen werden muss.

Für ein Verständnis des hier Vorgetragenen wird immer wieder eine entsprechende Kenntnis der Anthroposophie bzw. der anthroposophischen Bewegung *vorausgesetzt.*

Bedenken Sie bitte, dass der Versuch, dem "esoterischen" Anthroposophen *und* genauso dem uninformierten Außenstehenden gerecht zu werden, *diffizil* ist...!

Sehen Sie somit dieses Info-Buch als einen Kompromiss und zudem als eine Momentaufnahme an.

Es soll trotzdem erscheinen, damit wenigstens - wenn auch nur als Manuskript und privat - die wichtigsten Informationen zur Verfügung stehen.

Weitere und aktuelle Informationen
finden Sie in den Zeitschriften «Info-3» und «Trigonal»
und in unserer Website: www.forum-kultus.de
bzw. schreiben Sie uns Ihre Anliegen und Fragen
und jedwede Anregungen direkt!

Wenn Sie sich engagieren, uns unterstützen,
finanziell diese Arbeit fördern wollen,
oder weitere Fragen haben,
finden Sie unsere Adresse am Ende dieses Buches
(siehe S. 359).

Hoffen und bitten wir,
dass trotz aller Schwachheit und Unzulänglichkeit
die Ideale nicht Utopien bleiben,
und dass wir mutig bereit sind,
damit ER durch uns wirken kann,
wenn unser Schicksal
uns dereinst aufrufen sollte,
dem Du
auch
sakramental beizustehen ...
um dann dankbar
Rudolf Steiners Impulse
aufgreifen zu können...

Volker David Lambertz, Michaeli 2008
Förderkreis Forum Kultus
Initiative für ein freies, sakramentales, anthroposophisch vertieftes Christ-Sein

Schnellübersicht

ARBEITSMATERIAL ZUR KULTUS-FRAGE

DER «FREIE CHRISTLICHE» IMPULS
(frei christlich)

«Spezifisch anthroposophische»,
überkonfessionelle, laienpriesterliche Sakramente
in der Fassung Rudolf Steiners

aus www.AnthroWiki.info ,
dem Fachlexikon von Wikipedia für Anthroposophie (Stand: 4/2008)

ENTSTEHUNG

Auf Fragen von verschiedensten Menschen gab Rudolf
Steiner insbesondere in den 1920er-Jahren [s.u.] auch Anregungen und konkrete sakramentale Handlungen für ein
anthroposophisch erneuertes und vertieftes, kultisches
Wirken

* einerseits amtspriesterlich, innerhalb einer Kirche,

* andererseits laienpriesterlich, «frei christlich», überkonfessionell :

Die Kirche "Die Christengemeinschaft"

Bekannt geworden ist die mit Rudolf Steiners Ratschlägen
1922 gegründete Kirche «Die Christengemeinschaft».
Sie ist hierarchisch und als "Zwei-Stände-System" konsti-
tuiert und pflegt als eine Kultusgemeinschaft die von
Rudolf Steiner vermittelten sieben Sakramente.
Sie agiert als eine eigenständige, religiöse Gemeinschaft
(Körperschaft des öffentlichen Rechts) und war - in der Regel - nicht für
Anthroposophen, sondern für diejenigen gedacht, die den
«Weg zur Anthroposophie noch nicht finden können»:
Die «Christengemeinschaft» sollte eine «Vorschule» zur
Anthroposophie sein.

Rudolf Steiner stellt das Verhältnis von Anthroposophie, Anthroposophischer Gesellschaft und -Bewegung in einem Vortrag [am 30.12. 1922] deutlich dar.

Der freie christliche Impuls

Für die Freien Waldorfschulen installierte Rudolf Steiner, neben dem konfessionellen Religionsunterricht, für die "Dissidenten" einen «freien christlichen» Religionsunterricht mitsamt kultischer Handlungen: der «Sonntagshandlung» für die Unterstufe, der «Jugendfeier» (Konfirmation) und dem Zentralsakrament «Opferfeier» für die Oberstufe und Eltern und Freunde der Schule [s.u.].
Diese Handlungen werden laienpriesterlich, von den nicht geweihten, freien christlichen Religionslehrern gehalten.
Im Rahmen der Waldorfschule sind diese Handlungen nicht für die allgemeine Öffentlichkeit gedacht.
Auch viele anthroposophisch heilpädagogische Heime griffen diese Handlungen auf.
Die Nachfrage danach nimmt gegenwärtig stetig ab.

Weitgehend unbekannt blieb, dass der freie christliche Impuls, als ein überkonfessioneller, «spezifisch anthroposophischer», in seiner *Gesamtheit* mit Taufe, Trauung, Bestattung über den Wirkungskreis der Waldorfschulen hinausgeht.
Das Zentralsakrament, die Opferfeier, sollte hierzu «in Inhalt und Form» «fortgesetzt» werden. *(Rudolf Steiner zu René Maikowski, GA 269, S.133)*

Mit Begründung der Kirche «Die Christengemeinschaft» wurden alle Bemühungen darum verdrängt.
Erst Pfingsten 1996 begründeten kultisch engagierte Anthroposophen (freie christliche Religionslehrer, Sozialarbeiter, Altenpfleger, Heilpädagogen, u.a.) in Unter-

lengenhardt [(Schwarzwald)] den «Initiativ-Kreis Kultus», um die Thematik zu erarbeiten, öffentlich zugänglich zu machen und die freien christlichen Sakramente in ihrer ganzen Siebenheit auch praktisch zur Verfügung zu stellen.

Erstmalig wurden alle frei christlich handhabbare, sieben Sakramente veröffentlicht [(s. Literatur, "Kultus-Handbuch")].

Die Arbeit hat sich inzwischen differenziert [(s.u. Organisation)].

Die Fassung der Sakramente durch Rudolf Steiner ist so universell, dass sie für solch diametral unterschiedlichen Richtungen wie der freie christliche Impuls und die Kirche «Die Christengemeinschaft»,(bis auf das Zentralsakrament) dennoch gleichlautend sind.

[(s.u. Literatur, "frei und christlich...", Informationsbuch, Förderkreis, Kap. "Nur mit Weihe?")]

Unterschiede

Der freie christliche Impuls   (*folgend* **fcl**)
zur Kirche (katholische & insbesondere
«Die Christengemeinschaft»)   (*folgend* **K-CG**) :

* Entstehung:

fcl : Betroffene, Eltern fragen nach Alternative
K-CG : Theologen wollen eine neue Kirche

* Institution:

fcl : freie Initiativen, individuelles Handeln
K-CG : Körperschaft des öffentlichen Rechts (Mitglied sind nur Priester)

* Hierarchie:

fcl : brüderlich, alle sind gleichberechtigt, auch im Kultus
K-CG : abgestufte Hierarchie (gegenüber unten weisungsbefugt), entscheidet für die Gesamtheit der Institution

* Finanzierung:

fcl : privat, unentgeltlicher Bruderdienst, ehrenamtlich

K-CG : Beiträge und Spenden der Mitglieder, Spende für Sakramente, hauptamtliche Vollzeit-Pfarrer

* Weihe - Handlungsberechtigung:

fcl : allgemeines (urchristliches) Priestertum, "laien"-priesterlich, Berufung als individuelles Schicksalsgeschehen

K-CG : Weihe-Priestertum, amtspriesterlich, institutionelle Priester-Weihe durch die Hierarchie

* Kommunionsmethode:

fcl : «direkte Kommunion»

K-CG : traditionelle, «indirekte Kommunion»

ALLGEMEIN-PRIESTERLICH

Die freien christlichen Handlungen benötigen keinen geweihten Priester und ermöglichen dennoch einen berechtigten und wirksamen Vollzug durch ein allgemeines Priestertum, das jeden strebenden Christen auch zum brüderlichen, kultischen, sakramentalen Handeln aufgerufen sieht, gemäß dem Auftrag Christi: «Wo zwei oder drei in meinem Namen versammelt sind, da bin JCh mitten unter ihnen !» *(Matt. 18/20)* und «Ziehet aus und seid die Lehrer aller Völker und tauft sie im Namen des Vaters, des Sohnes und des Heiligen Geistes. Und lehret sie, sich an die Geistesziele zu halten, die ich euch gegeben habe.» *(Matt. 28/18-20)*

Im Urchristentum gab es kein Priestertum. Dieses etablierte sich erst im 4. Jhdt. als das Christentum Staatsreligion wurde. Martin Luther hat das allgemeine Priestertum in der evangelischen Kirche wieder eingesetzt: «Alle

Christen sind wahrhaftig geistlichen Stands, und ist unter ihnen kein Unterschied. ... Was aus der Taufe krochen ist, das mag sich rühmen, dass es schon Priester, Bischof und Papst geweihet sei.» *(Martin Luther, "Zur Freiheit des Christenmenschen")*

Rudolf Steiner greift mit dem freien christlichen Impuls wieder auf den urchristlichen zurück.

Die «moralische Intuition» eines «ethischen Individualismus» - «*Die Philosophie der Freiheit*» - ist die Grundlage.

«*(Es fand)* die Weihnachtstagung zur Begründung der Allgemeinen Anthroposophischen Gesellschaft statt. Man kann verschiedene geistige Ereignisse in ihr finden. Vom *kultischen* Gesichtspunkt aus ist sie eine Art "Weihe" der Anthroposophischen Gesellschaft durch die anthroposophische Bewegung, der Michaelsgemeinschaft auf Erden durch die Michaelsbewegung aus der geistigen Welt, die Grundsteinlegung aus der göttlichen Trinität zu einer neuen Würde der anthroposophisch strebenden Individualität. In ihr ist Hirtentum und Königtum miteinander verbunden. Es ist die 'Priesterweihe' des anthroposophisch strebenden Menschen.»
(Friedrich Benesch, "Das Religiöse der Anthroposophie...", S.89)

DIE SAKRAMENTE

Es werden folgende sieben Wendepunkte des Lebens kultisch aufgegriffen (lt. Rudolf Steiner):

Taufe -Baptisma-,   Jugendfeier [Konfirmation] -Confirmatio-, Opferfeier -Eucharista-, Lebensschau [Beichte] -Paenitentia-, Letzte Ölung (mit Aussegnung und Bestattung) -Extrema Unctio-,   Weihe -Ordo-,   Trauung -Matrimonium- **:**

In den Freien Waldorfschulen und den anthroposophisch heilpädagogischen Heimen - organisiert in einem «Überregionalen Religionslehrerkollegium» [s.u.] - werden ausgeübt, die von *Rudolf Steiner* formulierten Sakramente :

* Sonntagshandlung für die Kinder
Dazu gehört eine spezielle
* Weihnachtshandlung

* JUGENDFEIER (Konfirmation)

* OPFERFEIER
Sie ist das Zentralsakrament im freien christlichen Impuls, allerdings kultushistorisch fortentwickelt und handhabt die «direkte Kommunion», in laienpriesterlicher, brüderlicher Verfassung.

Sie ist - wie die Menschenweihehandlung der «Christengemeinschaft» auch - gegliedert in

1.Evangelium, 2.Opferung, 3.Wandlung, 4.Kommunion.

Ein geweihter Priester ist hier nicht vorgesehen, die *ganze* Gemeinschaft feiert gleichberechtigt (so stehen hierfür drei Handlungshaltende am Altar).

Sie kann der Ausgangpunkt sein für einen anthroposophischen Kultus. (Rudolf Steiner, GA 269, (1997) S.133.)

Auch die weiteren (insgesamt sieben) Sakramente vermittelte Rudolf Steiner.

Diese werden, neben der Opferfeier, vor allem von den "Initiativen für ein freies, sakramentales, anthroposophisch vertieftes Christ-Sein" erarbeitet, gehandhabt und zur Verfügung gestellt :

* TAUFE (Geburt)

* LEBENSSCHAU (Beichte)

Sterberitualien:

* **LETZTE ÖLUNG,** Aussegnung, Bestattung,
* **Kinderbegräbnis**
* **Totenhandlung**

* **WEIHE** (Verbindung mit Christus - Nachfolge)
Die 1922 in den «Vorträge und Kurse über christlich-religiöses Wirken» gegebene Weihe war für die Tätigkeit innerhalb der Kirche «Die Christengemeinschaft» gedacht. Der Text wird aber als ein universeller Weihetext angesehen. Soll er auch mit dem allgemein-priesterlichen Christusauftrag [Matth. 28,16-20] übereinstimmen, sind nur einzelne Anpassungen nötig. In einem «freien christlichen» Handeln ist die Weihe aber kein institutionell vollzogener Akt, sondern ein intimes Ja durch IHN, durch das der Strebende individuell seine Berufung erfährt. So wird hier die Weihe bisher nicht in einer/dieser äußeren Handlung vollzogen.

* **TRAUUNG** (Verbindung von Mann und Frau)

ZIEL

Die Handhabung der Sakramente und Liturgien ist nicht dogmatisch, sondern muss auf die Möglichkeiten und Bedürfnisse aller Beteiligten individuell antworten, damit sie wahrhaftig sind.

«Nehmen Sie auch so etwas als einen Anfang hin, und wissen Sie, dass da, wo man in ehrlicher Weise einen solchen Anfang will, sich schon auch die Kräfte finden werden zur Verbesserung desjenigen, was in einem solchen Anfange gegeben werden kann. ... Es wird Ihnen aber gerade an diesem Beispiel klar sein können, wie

überall eben aus dem Lebendigen heraus das Kultusartige gesucht werden muss.»
(Rudolf Steiner, GA 269 (1997), S.37.)

Das findet auch seine Bestätigung in dem, wie Rudolf Steiner mit der Opferfeier als Ausgangspunkt für einen «anthroposophischen Kultus» zukünftig umgegangen wissen wollte, es sollte sein: «eine FORTSETZUNG dessen, was in Form und Inhalt in der Opferfeier gegeben war...» *(Rudolf Steiner zu René Maikowski, GA 269 (1997), S.133.)*

Ziel ist allerdings die «Sakramentalisierung des gesamten Lebens»
So sind also auch die freien christlichen Sieben Sakramente nur Zwischenstation, Krücken, bis wir die geistige Welt überall schauen und von ihr durchdrungen werden. Anthroposophie soll dies ermöglichen. «So ist spirituelle Erkenntnis eine wirkliche Kommunion, der Beginn eines der Menschheit der Gegenwart gemäßen kosmischen Kultus.» *(Rudolf Steiner, GA 219/12.)*

ORGANISATION

Inzwischen werden die freien christlichen Sakramente in ihrer Siebenheit erarbeitet, bearbeitet und gepflegt durch das «Freie christliche Forum», bzw. der «Freien christlichen Arbeits-Gemeinschaft».

Hierzu gibt es Förderkreise, dennoch ist das Freie christliche Forum keine Organisation, keine Institution, kein Verein, sondern ein Arbeitskreis, ein Netzwerk interessierter und engagierter Anthroposophen, ein "**IMPULS**" :

Anthroposophen fühlen sich aufgerufen, verpflichtet und berechtigt nachfragenden Freunden auch kultisch zur Verfügung zu stehen.

Sie kommen vor allem aus der sozialen Arbeit und dem Engagement als freie christliche Religionslehrer und - Handlungshaltende in den Waldorfschulen und haben die Kultus-Frage zu einem Arbeitsschwerpunkt gemacht und qualifizieren sich - in verschiedenster Weise - für dieses kultische Wirken.

Die Arbeit geschieht unabhängig von der Anthroposophischen Gesellschaft, damit für beide Seiten Freiheit herrschen kann.

Als Anthroposophen sind die Einzelnen aber - in der Regel - als Mitglied der Anthroposophischen Gesellschaft und der Freien Hochschule für Geisteswissenschaft diesen angeschlossen.

In einem

* *«Arbeitskreis zu Fragen anthroposophisch kultischen Handelns»* wird die Thematik behandelt. Der

* *«(Förderkreis) Freie christliche Arbeits-Gemeinschaft»* möchte die nötige Kultus-Trageschale bilden.

Die Öffentlichkeits- und Verlagsarbeit trägt der

* *«(Förderkreis) Freies christliches Forum»* (*«Forum Kultus»*); die Idee eines überkonfessionellen, anthroposophisch und sakramental vertieften Christ-Seins bearbeitet das

* *«Forum Freier Christen»* .

Die gesamte Thematik wird versucht in einem Netzwerk

* *«Initiative für ein freies, sakramentales, anthroposophisch vertieftes Christ-Sein»* wahrzunehmen.

Als ein "Impuls" ist jedoch dieses freie christliche Engagement quantitativ und äußerlich schwer fassbar, bis auf wenige Aktive, die sich in diesen Kreisen finden.

Außerhalb dessen sind die freien christlichen Religionslehrer organisiert:

Die Handlungen der Freien Waldorfschulen werden offiziell vom ***** *«Überregionalen Religionslehrerkollegium»*
innerhalb der Pädagogischen Sektion der Freien Hochschule für Geisteswissenschaft der Allgemeinen Anthroposophischen Gesellschaft mit Sitz in Dornach/ Schweiz am
Goetheanum vertreten.

Jede Waldorfschule, bzw. jedes Heim benennt die
Handlungshaltenden selbstständig; diese werden dann
dem Überregionalen Religionslehrerkollegium mitgeteilt
und von diesem durch ein Zertifikat bestätigt.

Es gibt jedoch auch außerhalb dieser Initiativen Menschen,
die an dieser Thematik arbeiten und mit diesen freien
christlichen Sakramenten umgehen. Es wird kein Alleinver-
tretungsanspruch erhoben!

Ein jeder kann die Sakraments-Texte erhalten (da das
gesamte Werk Rudolf Steiners veröffentlicht ist) und
damit tätig werden; die Verantwortung dafür liegt bei ihm
selbst und denjenigen die ihn darum bitten.

Dieser freie christliche Impuls versteht sich als ein zwar
anthroposophischer, aber doch als überkonfessioneller
und so auch ökumenisch offener und steht zu keiner
anderen religiösen Gemeinschaft in Opposition oder
Gegnerschaft:

«Alle Kultformen haben ihre Berechtigung und ihre
Bedeutung, und man kann daher jede in der ihr gemäßen
Form und dem ihr zukommenden Rahmen durchaus
anerkennen.» (Fred Poeppig)

Erläuterung

- allgemeines Priestertum, laienpriesterlich

Urchristliches Prinzip bis ins 4.Jhdt. und fortlaufend in verschiedensten esoterischen Strömungen/Gemeinschaften: jeder würdig strebende Christ darf und soll seinem Mitbruder auch kultisch, sakramental beistehen; dazu bedarf es keiner Weihe; von Martin Luther wieder allgemein (in der Evangelischen Kirche) eingeführt; von Rudolf Steiner für den freien christlichen Impuls aufgegriffen.

- Laie

Der Laie ist der nicht geweihte Christ, der Nicht-Priester, der zum sakramentalen Handeln nicht befugt ist.

- indirekte/direkte Kommunion

Die Wandlung und Kommunion in der traditionellen, "indirekten" Messe (auch in der Menschenweihehandlung der "Christengemeinschaft") findet folgend statt: 1. Brot und Wein werden gewandelt, dann nimmt der Kommunikant diese zu sich und diese gewandelten Substanzen wandeln nun 2. in ihm seinen Leib, sein Blut. Im "direkten" Kultus (wie die Opferfeier) wird direkt Leib und Blut des Kommunikanten gewandelt, der "Umweg" über Brot und Wein ist nicht mehr nötig.

- Zentralsakrament

Es ist das zentrale Sakrament der Christenheit und geht auf den Auftrag Christi am Gründonnerstagabend (Abendmahl) zurück: "Tuet dies zu meinem Gedächtnis". *(Luk. 22,19)*

Hier geschieht die Verwandlung des Menschen, indem Christus ihn wandelt. Traditionell wurde dies in den traditionellen Kirchen durch die Mittler Brot und Wein vollzogen. In der katholischen Kirche ist dies die "Heilige Messe", in der "Christengemeinschaft" die "Menschenweihehandlung", im freien christlichen Impuls die "Opferfeier".

- Zwei-Stände-System

Hier stehen sich im sakramentalen Dienst zwei Stände gegenüber: geweihte Kleriker, die allein zum sakramentalen Handeln berechtigt sind und Laien, die sakramental nicht tätig werden dürfen. Das betrifft vor allem die Kirche "Die Christengemeinschaft", während in der katholischen Kirche auch "Laien" (z.B. Pastoralassistenten) z.B. Taufe, Trauung und Bestattung ausführen dürfen.

Stichworte
für einen Überblick

Ein FAZIT ... vorab :

+ Jeder Mensch braucht die **Wiederanknüpfung** (religo) an die geistige Welt, braucht somit Geist-Erkenntnis, Religion, Kultus, Sakramente.

+ Dazu gibt es **viele - berechtigte - Wege** = unterschiedlichste Religionen, Konfessionen, Weltanschauungen, etc.,
um den verschiedensten individuellen Bedürfnissen und Möglichkeiten gerecht zu werden.
Dem Einzelnen sind dabei auch *mehrere* Wege gleichzeitig möglich, weil er z.B. noch im Übergang ist, weil ihn mit bestimmten Menschen und Orten noch Aufgaben verbinden, bzw. dort spirituelle Quellen findet. («Jedem das Seine»)

+ Erkenntnis, Religion und Kultus sind **nichts Statisches**, sie entsprechen den Entwicklungsnotwendigkeiten der Menschheit.

+ *Ein* Weg ist die **Anthroposophie**,
allerdings ein von Religionen unabhängiger, weil **interreligiöser**, direkt-christlicher.
Und so kann mit ihr der Bekenner einer jeden Religion/ Konfession (zusätzlich) einen undogmatischen, überkonfessionellen Zugang zur Erkenntnis, zur Vertiefung und zum Erleben der geistigen, göttlichen Welt finden.

Dabei ist er vollkommen frei sich einer Gemeinschaft gleich gesinnt Strebender, z.B. in der, bzw. der «Anthroposophischen Gesellschaft», anzuschließen.

Anthroposophie geht von der **Freiheit des Strebenden** aus und ermöglicht einen *individuellen* Schulungs- und Erkenntnisweg ggf. bis hin zur Einweihung, zur direkten Kommunikation mit der geistigen Welt.

+ Gelebte Anthroposophie führt letztlich zur **allgemeinen Sakramentalisierung** des ganzen Lebens.

Sie wird so zum Gottesdienst; die Begegnung mit der geistigen Welt - überall und erst recht im Kultus - wird Kommunion.

Das «**spiritualisierte Denken**», das liebeerfüllte Bewusstsein für das Göttliche *in allem*, ist letztlich die «wahren Kommunion des Menschen».

+ In der "**direkten Begegnung**" und im Einklang mit den Realitäten und Wesen der geistigen Welt, bedarf es dann **nicht mehr der traditionellen Zugangs-Formen**, Rituale, des in Symbolik gekleideten, damit aber auch *verhüllten* Weges zur geistigen Welt.

+ Dieser *direkte* Weg braucht dann auch **keine** «**religiöse Erneuerung**» durch die Kirche «Die Christengemeinschaft», denn die Anthroposophie ist ja selbst die Quelle und Schöpferin dieser Erneuerung.

+ Der Weg in einer speziellen *Kirche muss* daher nicht der reguläre des aktiven Anthroposophen sein; entspricht ihm aber als deren «**Rater und Helfer**».

+ Bis wir der Spiritualisierung und Sakramentalisierung des gesamten Lebens jeweils aktuell entsprechende Inhalte und Formen geschaffen haben werden, benötigen wir für die Hoch-Zeiten des Lebens noch die traditionellen, **litur-gischen** "**Zwischenstationen**".

+ In der Weiterführung des Kultus finden sich **von Rudolf Steiner** verfasste, vertiefte, «*erneuerte*» Sakramente.

+ Diese *Texte* sind in ihrer universalen Fassung «für verschiedene Lebenszusammenhänge», also **überkonfessionell**, allgemein-menschheitlich verwendbar.

+ Zunächst formulierte er Taufe, Trauung (an Wilhelm Ruhtenberg, Stuttgart) und die Bestattung (an Hugo Schuster, Dornach) für eine kirchenunabhängige, allgemein-("*laien*"-) priesterliche, freie christliche Handhabung durch Anthroposophen, und dann die Kinder-«Sonntagshandlung», «Jugendfeier» und das Zentralsakrament die «Opferfeier», die zunächst den «freien christlichen» Religionslehrern der Freien Waldorfschule in Stuttgart gegeben wurden.

Danach erhielt *auch* die Kirche «Die Christengemeinschaft» diese Texte (bis auf die «Menschenweihehandlung» [statt der «Opferfeier»] fast alle sogar gleich lautend).

Letztlich wurden alle **sieben Sakramente** neu formuliert.
(Siehe Kultus-Handbuch «Die Sakramente...»)

+ **Exklusive** "**Rechte**" an diesen Sakraments-Texten **gibt es nicht**. Sie sind auch nicht an die «Christengemeinschaft» (wie von dieser behauptet) "übertragen", etc. worden, noch deren "spirituelles Eigentum".

Auch dass die Inanspruchnahme der «freien christlichen» Taufe, Trauung, Bestattung nach der Begründung der «Christengemeinschaft» "**einschlief**", bzw. nicht mehr möglich war (insbesondere durch den Tod von Schuster und der Konversion Ruhtenbergs), ist kein Indiz dafür, dass der «freie christliche» Impuls nun von dem kirchlichen der «Christengemeinschaft» "abgelöst" worden wären.

Der Grund ist die mangelnden Wachheit der Anthroposophen, die Tragik der Verkennung der Bedeutung einer eigenen christlich ge- und ER-lebten Mitte. Eine brüderliche Gemeinschaftsbildung durch eine *auch* liturgische, kultische *Praxis* innerhalb der Anthroposophischen Gesellschaft wurde nicht angegangen (das wurde zwar insbesondere durch die «Klassenstunden» versucht, hatte aber realiter doch nicht die Not-wendige Wirkung), wodurch das Tor offen stand, für einen **Monopolanpruch der** «**Christengemeinschaft**».

+ Weil die «Christengemeinschaft» kaum Zulauf von der ihr zugedachten **Klientel** (den Suchenden zwischen den Großkirchen) erhielt, wendete sie sich - entgegen den eindeutigen Vorstellungen und Warnungen Rudolf Steiners - bald nahezu ausschließlich und erfolgreichst an die Anthroposophen- und Waldorfscene («Es ist ein furchtbar starkes Werben da, das autoritativ wirkt...» [M.St.]), die nun ihr Mitte-Manko *hier* auslebten, während (schon gleich nach Steiners Tod) in der Anthroposophischen Gesellschaft zerstörerische Geister die fehlende praktisch-christliche Mitte ausfüllten.

So bestand die Mitgliedschaft der «Christengemeinschaft» bald fast nur noch aus Anthroposophen und Waldorfianern.

An einer "**Anthroposophen-Kirche**" aber, d.h. einer scheinbar «Sondergemeinschaft» [(Neudeutsch für "Sekte")], hatten und haben Außenstehende kein Interesse...
(Siehe hierzu den Vortrag Steiners vom 30.12.1922)

+ Typisch sind für beide Ströme das **Zentralsakrament** (Messe), das beide Kultus-Impulse signifikant unterscheidet: die «Opferfeier» (die vor allem in den Waldorfschulen und Heimen gehaltene Handlung) für den «freien christlichen» Impuls gegenüber der «Menschenweihehandlung» für die «Christengemeinschaft».

Es handelt sich hier um **kultushistorisch unterschiedliche Standorte**. Dies zeigt sich besonders an der «Opferfeier», die in ihrer Entwicklung nicht *vor* der Messe (bzw. «Menschenweihehandlung») sondern - Richtung Zukunft - *nach* dieser einzuordnen ist.

+ Entsprechend wird hier auch vom traditionellen Kultus mit «indirekter» Wandlung und Kommunion zur «direkten» **weitergeschritten**, indem nun nicht mehr der "Umweg" über Brot und Wein genommen wird, sondern **direkt** Fleisch und Blut des Kommunikanten gewandelt werden.

+ Zudem ist für den «freien christlichen» Impuls auch das "**Zwei-Stände-Prinzip**" aufgehoben,
in dem *allein* und lebenslang nur der eigene, *kirchlich* Geweihte (Kleriker) sakramental handlungsberechtigt ist (so auch in der «Christengemeinschaft»), der überdies - laut Lehrmeinung - durch den «character indelebilis» (unverlierbares Prägemal) des Weihe-Sakramentes gegenüber dem kirchlich Nicht-Geweihten ("Laien") über exklusive spirituelle Eigenschaften und Möglichkeiten verfügt.

+ Mit dieser Wende ist die geistliche Hierarchie aufgegeben zu Gunsten eines **brüderlichen**, allgemein-urchristlichen und zukünftig-pfingstlichen Prinzips.
Jeder wahrhaft würdig und demütig strebende Christ - und erst recht der "Anthroposoph" - kann den freien christlichen Kultus-Dienst für den Christen-Bruder allge-

mein-priesterlich aufgreifen und praktizieren (Allgemeines-
["Laien"]Priestertum).

+ Eine "Priester-Weihe" durch eine Institution, als **Handlungsberechtigung**, ist für den «freien christlichen»
Impuls nicht mehr nötig.

Die **Weihe** hierzu ist ein *individuelles*, intimes, aktuelles
Be-ruf-ungs-Geschehen, allein zwischen dem Strebenden
und IHM, das "Berechtigung" zum christlich-brüderlichen,
sakramentalen Handeln ist. Christus selbst ist der Wei-
hende, in aller Stille.

«Priester» bin ich, wenn JCh im DU bin, und ER uns so (in
den Schritten des Du-Erkennens, des Ego-Opfers, der
Wandlung des Alten und dann in Seinem Lebendig-
Werden, Seine Kommunion mit und in unserem Wirken)
erfüllt.

So sind wir Verwandelnde und - wenn JCh will - alle auch
zum kultischen, sakramentalen und somit "priesterlichen"
Dienst füreinander in Seinem (und nun eben nicht mehr
einer Kirche) Namen aufgerufen, Seine Liebe weiter-
zuspenden, und werden und sind dadurch durch IHN
Geweihte, Christus-"Priester", indem Er uns aktuell und
konkret als Werkzeug nutzen kann und wird.

Denn «**Gott ist die Liebe, und wer in der Liebe ist,
der ist in Gott und Gott in ihm.**» Die Praxis dieser
Logik ist das allgemeine Priester-Sein eines jeden IHM
dienen wollenden, liebenden Christen.

+ **Ob** eine Berufung, eine "Weihe" erfolgte und ergriffen
wird, ob man dementsprechend bereit ist dem Christen-
Bruder *auch* sakramental beizustehen, muss der Berufene
selbst hören, Er-fassen, feststellen und verantworten, das
ist nicht Aufgabe einer Institution oder Außenstehender.

Ob er dieser Aufgabe auch gewachsen ist, wird sich an den Früchten seines Wirkens und der konkreten Nachfrage zeigen.

+ Prinzipiell ist für diesen Dienst noch nicht einmal die **Mitgliedschaft** in irgendeiner Institution nötig.
Die Kraftquelle einer Kultus-Trage-Gemeinschaft kann aber nur empfohlen werden und ist auch Ziel der «Freien christlichen Arbeits-Gemeinschaft».

+ *Wenn* diese individuelle, intime Weihe von einer Gemeinschaft aufgegriffen und mitgetragen wird, dann entscheidet diese nicht über Christi Ja = die "Weihe selbst", sondern lediglich über die **Aufnahme** in diese ihre spezielle Gemeinschaft.
+ Ein *freier* Kultus muss immer aus den *aktuellen* Möglichkeiten, Bedürfnissen und Notwendigkeiten der Feiergemeinschaft, auf IHN hin orientiert, lebendig entstehen, damit die Handlung wahr und Seine Gegenwart wirklich wird.
Inhalt und Form der Sakramente werden sich dementsprechend auch **individuell ergeben** können und sollen;
womit auch die von Rudolf Steiner frei christlich erfassten Texte nicht als letztendliche und dogmatisch festgelegte und einzig mögliche gemeint sind,
sondern «als ein Anfang gegeben» sind und aus dem «Lebendigen des Lebens» «*fortentwickelt*» werden müssen.

+ Werden diese (sieben) Sakramente eingesetzt, werden sie geformt durch die Möglichkeiten und dem Wollen der Handelnden, bzw. die Lehre, Struktur, die Bedingungen des entsprechenden «**Lebenszusammenhanges**» der handelnden Trage-Gemeinschaft.

+ Im **Urchristentum gab es kein Priestertum** und keine Priester-Weihe. Nach der "Machtergreifung" der Kirche lebte das urchristliche, allgemeine, brüderliche Christ-Sein in "ketzerischen" Laien-Bewegungen, meist im Untergrund, weiter und fand mit der Reformation als «allgemeines Priestertum» einen institutionalisierten Niederschlag.

An die urchristliche **Sukzession** "von unten" und gleichzeitig am *aktuellen* Wirken des Christus, am Erkenntnis-Weg der Einweihungs-Wissenschaft Anthroposophie, ist der freie christliche Impuls angeknüpft.

+ In einem *freien* christlichen Handeln kann nur ein «**ethischer Individualismus**», nur das Ringen des sich frei aus einer «moralischen Intuition» in das höhere Wollen der göttlichen Weltenführung einfügenden Menschen-Entschlusses, im Sinne der «Philosophie der Freiheit», walten.

Aus diesem Geist schöpfende Gemeinschaften machen nicht mehr unfrei; sie eröffnen höheren Wesen die Möglichkeit sich fruchtbar einzubringen, sie sind Zeit-Notwendig.

+ Mit dem freien christlichen Impuls ist in keiner Weise an einen nun neuen Kultusweg für "*die* Anthroposophen" oder *der* Anthroposophischen Gesellschaft, genauso wenig *der* "Freien Christen" gedacht.

Die **Religionsfreiheit** des einzelnen Mitglieds der Anthroposophischen Gesellschaft und deren Interreligiosität lässt vielfältigste und individuelle Wege zu und verlangt deshalb - um die Freiheit anderer, durch eine offizielle Verankerung eines ganz bestimmten religiösen Standpunktes in den Strukturen der Anthroposophischen Gesellschaft, nicht einzuschränken - für die Erarbeitung dieser Thematik eine von der Anthroposophischen Gesellschaft autonome Arbeits-Gemeinschaft.

+ In den «Initiativen für ein freies, sakramentales, anthroposophisch vertieftes Christ-Sein» arbeiten kultisch interessierte und engagierte Anthroposophen unabhängig (aber qualitativ auf der Ebene der «Freien Hochschule für Geisteswissenschaft») an der Thematik.
Wie der Einzelne die Früchte seiner ER-arbeitung weiterschenkt, liegt allein in seiner Ver-antwort-ung...
Der hier geschilderte, freie christliche Impuls ist auch in der anthroposophischen Bewegung **nicht die einzige Bemühung**, allerdings der einzige Impuls, der aktiv öffentlich auftritt.

Er steht in keinerlei Gegnerschaft oder **Konkurrenz** zu irgendeiner anderen religiösen Gemeinschaft, auch nicht zur Kirche «Die Christengemeinschaft», sondern sieht *alle* diese (sofern konstruktiv) als not-wendig an, damit ein jeder seinen ureigenen und karmisch bedingten Weg gehen kann. Letztlich sind wir ja doch (ökumenisch) alle geeint unter SEINEM Namen, Wollen und Wirken.

+ Freies christliches, anthroposophisch sakramentales Handeln schöpft, als ein Wirken aus der Bewusstseinsseele, als ein anthroposophischer, michaelischer-urielischer Impuls seine Berechtigung aus der apokalyptischen Notwendigkeit dieser Jahrtausendwende und dem Ruf des Zeitgeistes, dem Bedürfnis der Fragenden und der Bruder- und Christenpflicht zum *auch* kultischen, sakramentalen Beistand füreinander, und vor allem aus Seinem Auftrag an uns alle :
«**Gehet hin** und taufet ... und lehret...»
und Seinem Versprechen:

«Wo zwei oder drei in meinem Namen versammelt sind,
da bin JCh mitten unter ihnen.»
«Und sehet: JCh bin in eurer Mitte alle Tage» ...

Dennoch...
diese Skizzen sind meine, unsere Perspektiven
und sollen vor allem **anregen selbst nachzufragen**
und auf Sein Wollen und Wirken zu lauschen...
um den ganz eigenen Weg zu finden...
vielleicht dann gemeinsam...

VDL ⁷/²⁰⁰⁵

Sie können - wenn gewünscht - nun folgend
den Begründungen und Details nachgehen:

**Wählen Sie dazu im Inhaltsverzeichnis
die offenen, zu vertiefenden Fragen,
die spezielle, gewünschte Thematik aus !**

*Die hier in « » Anführungszeichen gesetzten Zitate sind in der Regel von Rudolf Steiner;
während " " auf zur Verdeutlichung Überspitztes, bzw. auf Fragwürdiges hinweist.
Sie finden diese in den Beiträgen ausführlich aufgeführt und nachgewiesen.*

Anthroposophie

Leben
in der Liebe
zum Handeln
und Lebenlassen
im Verständnisse
des fremden Wollens
ist die Grundmaxime
der freien Menschen. ..

Rudolf Steiner

« Freie » Christen !?

Darf sich der Mensch als wollendes Wesen
die Freiheit zuschreiben,
oder ist diese Freiheit eine bloße Illusion,
die in ihm entsteht, weil er die Fäden
der Notwendigkeit nicht durchschaut,
an denen sein Wollen ebenso hängt
wie ein Naturgeschehen ?

Rudolf Steiner, in «Die Philosophie der Freiheit»

Auszüge aus
dem 9. Kapitel «Die Idee der Freiheit» aus der

PHILOSOPHIE DER FREIHEIT
Rudolf Steiner

(...eine freie Handlung:) Zur Voraussetzung hat eine
solche Handlung die Fähigkeit der
moralischen Intuitionen. ...[9K/25A]
Der gerade Gegensatz dieses Sittlichkeitsprinzips ist das
Kant'sche. Handle so, dass die Grundsätze deines
Handelns für alle Menschen gelten können. Dieser Satz ist
der Tod aller individuellen Antriebe des Handelns. Nicht
wie *alle* Menschen handeln würden, kann für mich massgebend sein, sondern was für mich in dem individuellen
Falle zu tun ist. ... [9K/26A]
Die Menschen sind dem Intuitionsvermögen nach verschieden. Dem einen sprudeln die Ideen zu, der andere
erwirbt sie sich mühselig. Die Situationen, in denen die
Menschen leben, und die den Schauplatz ihres Handelns
abgeben, sind nicht weniger verschieden. Wie ein Mensch

handelt, wird also abhängen von der Art, wie sein Intuitionsvermögen einer bestimmten Situation gegenüber wirkt. Die Summe der in uns wirksamen Ideen, den realen Inhalt unserer Intuitionen, macht das aus, was bei aller Allgemeinheit der Ideenwelt in jedem Menschen individuell geartet ist. Insofern dieser intuitive Inhalt auf das Handeln geht, ist er der Sittlichkeitsgehalt des Individuums. .. Man kann diesen Standpunkt den

ethischen Individualismus nennen. ... [9K/28A]

Während ich handle, bewegt mich die Sittlichkeitsmaxime, insofern sie intuitiv in mir leben kann; sie ist verbunden mit der **Liebe** zu dem Objekt, das ich durch meine Handlung verwirklichen will. Ich frage keinen Menschen und auch keine Regel: soll ich diese Handlung ausführen? - sondern ich führe sie aus, sobald ich die Idee davon gefasst habe. Nur dadurch ist sie *meine* Handlung. Wer nur handelt, weil er bestimmte sittliche Normen anerkennt, dessen Handlung ist das Ergebnis der in seinem Moralkodex stehenden Prinzipien. Er ist bloß der Vollstrecker. Er ist ein höherer Automat. .. Nur wenn ich meiner Liebe zu dem Objekt folge, dann bin ich es selbst, der handelt. Ich handle auf dieser Stufe der Sittlichkeit nicht, weil ich einen Herrn über mich anerkenne, nicht die äußere Autorität, nicht eine so genannte innere Stimme. Ich erkenne kein äußeres Prinzip meines Handelns an, weil ich in mir selbst den Grund des Handelns, die Liebe zur Handlung gefunden habe. .. ich vollziehe sie, weil ich sie *liebe*. Sie wird "gut", wenn meine in Liebe getauchte Intuition in der rechten Art in dem intuitiv zu erlebenden Weltzusammenhang drinnensteht; "böse", wenn das nicht der Fall ist. Ich frage mich auch nicht: wie würde ein anderer Mensch in meinem Falle handeln? - sondern ich handle, wie ich, diese besondere Individualität, zu wollen mich veranlasst sehe. Nicht das allgemein Übliche, die allgemeine Sitte, eine allgemein-menschliche Maxime, eine sittliche Norm leitet mich in unmittelbarer Art, sondern meine Liebe zur Tat. Ich fühle keinen Zwang, nicht den Zwang der Natur, die mich bei meinen Trieben leitet, nicht den Zwang der sittlichen Gebote, sondern ich will einfach ausführen, was in mir liegt. ... *(9K/30A)*

Eine Handlung wird als eine freie empfunden, soweit deren Grund aus dem ideellen Teil meines individuellen Wesens hervorgeht; jeder andere Teil einer Handlung, gleichgültig, ob er aus dem Zwange der Natur oder aus der Nötigung einer sittlichen Norm vollzogen wird, wird als *unfrei* empfunden. *(9K/33A)*

Frei ist nur der Mensch, insofern er in jedem Augenblicke seines Lebens sich selbst zu folgen in der Lage ist. Eine sittliche Tat ist nur *meine* Tat, wenn sie in dieser Auffassung eine freie genannt werden kann. ... *(9K/34A)*

Die Handlung aus Freiheit schließt die sittlichen nicht etwa aus, sondern ein; sie erweist sich nur als höherstehend gegenüber derjenigen, die nur von diesen Gesetzen diktiert ist. Warum sollte meine Handlung denn weniger dem Gesamtwohle dienen, wenn ich sie aus Liebe getan habe, als dann, wenn ich sie *nur* aus dem Grunde vollbracht habe, weil dem Gesamtwohle zu dienen ich als Pflicht empfinde? .. Die Freiheit des Handelns ist nur denkbar vom Standpunkt des ethischen Individualismus aus. ... *(9K/35A)*

Leben in der Liebe zum Handeln und *Lebenlassen* im Verständnisse des fremden Wollens ist die Grundmaxime der freien Menschen. .. *(9K/36A)*

Es wird viele geben, die da sagen: der Begriff des *freien* Menschen, den du da entwirfst, ist eine Schimäre, ist nirgends verwirklicht. .. Ich bezweifle das keineswegs. Nur ein Blinder könnte es. ... Aber mitten aus der Zwangsordnung heraus erheben sich die Menschen, die *freien Geister*, die *sich* selbst finden in dem Wust von Sitte, Gesetzeszwang, Religionsübung und so weiter. ... Wer von uns kann sagen, dass er in allen seinen Handlungen wirklich frei ist? Aber in jedem von uns wohnt eine tiefere Wesenheit, in der sich der freie Mensch ausspricht. [9K/38A]

...

Was der freie Geist nötig hat, um seine Ideen zu verwirklichen, um sich durchzusetzen, ist also die

moralische Fantasie. Sie ist die Quelle für das Handeln des freien Geistes. ... [12K/3A] ...

Das moralische Handeln setzt also voraus neben dem moralischen Ideenvermögen und der moralischen Fantasie die Fähigkeit, die Welt der Wahrnehmungen umzuformen, ohne ihren naturgesetzlichen Zusammenhang zu durchbrechen. Diese Fähigkeit ist

moralische Technik. Sie ist in dem Sinne lernbar, wie Wissenschaft überhaupt lernbar ist. ... [12K/4A]

(K= Kapitel / A = Absatz - - Kursivsetzung Steiner, fett VDL)

Rudolf Steiner, «Die Philosophie der Freiheit»
GA 4, Rudolf Steiner-Verlag, CH-4143 Dornach, ISBN 3-7274-0040-4

ANTHROPOSOPHIE

Anthroposophische Leitsätze

Rudolf Steiner

1. Anthroposophie ist ein Erkenntnisweg, der das Geistige im Menschenwesen zum Geistigen im Weltenall führen möchte.

Sie tritt im Menschen als Herzens- und Gefühlsbedürfnis auf. Sie muss ihre Rechtfertigung dadurch finden, dass sie diesem Bedürfnis Befriedigung gewähren kann. Anerkennen kann Anthroposophie nur derjenige, der in ihr findet, was er aus seinem Gemüte heraus suchen muss. Anthroposophen können daher nur Menschen sein, die gewisse Fragen über das Wesen des Menschen und die Welt so als Lebensnotwendigkeit empfinden, wie man Hunger und Durst empfindet.

2. Anthroposophie vermittelt Erkenntnisse, die auf geistige Art gewonnen werden. Sie tut dies aber nur deswegen, weil das tägliche Leben und die auf Sinneswahrnehmung und Verstandestätigkeit gegründete Wissenschaft an eine Grenze des Lebensweges führen, an der das seelische Menschendasein ersterben müsste, wenn es diese Grenze nicht überschreiten könnte. Dieses tägliche Leben und diese Wissenschaft führen nicht so zur Grenze, dass an dieser stehen geblieben werden muss, sondern es eröffnet sich an dieser Grenze der Sinnesanschauung durch die menschliche Seele selbst der Ausblick in die geistige Welt.

3. Es gibt Menschen, die glauben, mit den Grenzen der Sinnesanschauungen seien auch die Grenzen *aller* Einsicht gegeben. Würden diese aufmerksam darauf sein, *wie* sie

sich dieser Grenzen bewusst werden, so würden sie auch in diesem Bewusstsein die Fähigkeiten entdecken, die Grenzen zu überschreiten. Der Fisch schwimmt an die Grenze des Wassers; er muss zurück, weil ihm die physischen Organe fehlen, um außer dem Wasser zu leben. Der Mensch kommt an die Grenze der Sinnesanschauung; er aber kann erkennen, dass ihm auf dem Wege dahin die Seelenkräfte geworden sind, um seelisch in dem Elemente zu leben, das nicht von der Sinnesanschauung umspannt wird.

4. Der Mensch braucht zur Sicherheit in seinem Fühlen, zur kraftvollen Entfaltung seines Willens eine Erkenntnis der geistigen Welt. Denn er kann die Größe, Schönheit, Weisheit der natürlichen Welt im größten Umfange empfinden: *diese* gibt ihm keine Antwort auf die Frage nach seinem eigenen Wesen. Dieses eigene Wesen hält die Stoffe und Kräfte der natürlichen Welt so lange in der lebend-regsamen Menschengestalt zusammen, bis der Mensch durch die Pforte des Todes schreitet. Dann übernimmt die Natur diese Gestalt. Sie kann dieselbe nicht zusammenhalten, sondern nur auseinandertreiben. Die große, schöne, weisheitsvolle Natur gibt wohl Antwort auf die Frage: wie wird die Menschengestalt aufgelöst, nicht aber, wie wird sie zusammengehalten. Kein theoretischer Einwand kann *diese* Frage aus der empfindenden Menschenseele, wenn diese sich nicht selbst betäuben will, auslöschen. *Ihr* Vorhandensein muss die Sehnsucht nach geistigen Wegen der Welterkenntnis unablässig in jeder Menschenseele, die wirklich wach ist, regsam erhalten.

5. Der Mensch braucht zur inneren Ruhe die Selbst-Erkenntnis im Geiste. Er findet sich selbst in seinem Denken, Fühlen und Wollen. Er sieht, wie Denken, Fühlen und Wollen von dem natürlichen Menschenwesen abhän-

gig sind. Sie müssen in ihren Entfaltungen der Gesundheit, Krankheit, Kräftigung und Schädigung des Körpers folgen. Jeder Schlaf löscht sie aus. Die gewöhnliche Lebenserfahrung weist die denkbar größte Abhängigkeit des menschlichen Geist-Erlebens vom Körper-Dasein auf. Da erwacht in dem Menschen das Bewusstsein, dass in dieser gewöhnlichen Lebenserfahrung die Selbst-Erkenntnis verloren gegangen sein könne.

Es entsteht zunächst die bange Frage: ob es eine über die gewöhnliche Lebenserfahrung hinausgehende Selbst-Erkenntnis und damit die Gewissheit über ein wahres Selbst geben könne?

Anthroposophie will auf der Grundlage sicherer Geist-Erfahrung die Antwort auf diese Frage geben. Sie stützt sich dabei nicht auf ein Meinen oder Glauben, sondern auf ein Erleben im Geiste, das in seiner Wesenheit so sicher ist wie das Erleben im Körper. ... ...

(In weiteren, insgesamt 182 Leitsätzen stellt Rudolf Steiner
in Zusammenfassungen seine Forschungsergebnisse vor: siehe GA 26)

Anthroposophie:
Glaube oder Wissenschaft?

Da dieses Info-Buch auch von Interessierten außerhalb der anthroposophischen Gesellschaft gelesen wird, soll hier doch kurz auch auf deren Frage eingegangen werden: *Was wären wir ohne Rudolf Steiner?*

Natürlich ist Rudolf Steiner der alle andere überragende Lehrer für den anthroposophisch Studierenden. Aber das ist in jeder Wissenschaft so. Wenn ich z.B. Mathematik studiere habe ich Professoren, die die Materie schon beherrschen. Überzeugen können sie aber nicht "Kraft Amtes", sondern nur durch die Logik ihrer Hypothesen, durch die Einsicht des Studierenden, die ermöglicht das Vorgetragene nachzuvollziehen und als richtig zu erkennen. Und es gibt und gab auch in der Naturwissenschaft große Lehrende - wie Albert Einstein - die ein für die Allermeisten unerreichbares Niveau errungen haben; so auch Rudolf Steiner. Dennoch wollte er nie als "Guru" betrachtet werden, dem ungeprüft gefolgt wird. Ja, die größten Sorgen bereitete man ihm, wenn man den eigenständigen Schulungs- und Forschungs-Weg nicht ging, die Anthroposophie als Rezeptbuch benutzte, um dann nur daraus zu zitieren. Rudolf Steiner wollte den freien, selbstständig nach Erkenntnis Strebenden. Er schilderte zwar dem "Schüler" den von ihm erforschten und erkannten Weg, einen Weg aber, der letztlich jedermann, entsprechend den individuellen Fähigkeiten, geistes*wissenschaftliche* Einsichten in die geistige Welt, eine eigene Forschung und Erfahrung ermöglicht... (Leider verdrängt man dabei oftmals, dass man noch nicht die "Relativitätstheorie" beherrscht ["Eingeweihter" ist], sondern eher und noch am "Einmaleins" [den «Nebenübungen»] arbeitet ... erklärt ja aber deshalb nicht die ganze Mathematik [bzw. Anthropo-Sophie] für unglaubwürdig.) Dass man Anthroposophie "glauben" wollte, war für Rudolf Steiner unerträglich. Dennoch ist das "Glauben", nämlich die «Hypothese», auch in der Naturwissenschaft oftmals unumgänglich und berechtigt. So übe man Nachsicht, wenn auch Anthroposophen ehrlicher Weise beim Einmaleins stehen bleiben und den Rest "glauben", d.h. Steiners Aussagen hypothetisch hinnehmen.

Anthroposophie aber ist absolut kein Glaubens- sondern ein Erkenntnisweg. Und so fängt ja auch der erste «Leitsatz» an:

«Anthroposophie ist ein Erkenntnisweg, der das Geistige im Menschenwesen zum Geistigen im Weltenall führen möchte.»

Oberstes Axiom war dabei für Rudolf Steiner die Freiheit des Strebenden: «Richte jede deiner Taten, jedes deiner Worte so ein, dass durch dich in keines Menschen freien Willensentschluss eingegriffen wird!»

(Steiner, «Wie erlangt man Erkenntnisse der höheren Welten»)

Die Anthroposophische Gesellschaft ist also keine Glaubens-"Sekte" sondern eine interreligiöse, geisteswissenschaftliche Forschungsgemeinschaft und Rudolf Steiner lediglich ihr und ein «Lehrer», wenn auch ein außerordentlich befähigter.

Wer allerdings die Realität einer geistigen Welt - wie auch immer! - überhaupt verneint, gleicht dem Blinden, der die Farbenwelt für nicht existent erklärt, weil *e r* sie nicht sieht... Wie soll man mit ihm über Farben reden? Die Kunst ist also: Sehen-lernen...

Aber auch wenn ich sehe, gibt es immer noch verschiedenste Perspektiven, die ich entsprechend meines momentanen Forschungsniveaus einnehme: Alle betrachten wir z.B. den gleichen Berg, ein jeder besteigt ihn von verschiedenen Stellen aus und befindet sich momentan auf seinem individuell erreichten Höhen-Niveau. So hat ein jeder nur eingeschränkte Teilwahrheiten, bis dass der Gipfel und die allumfassende Übersicht erklommen ist...

Die Frage ist also nicht: Was ist der richtige Weg, sondern was ist der richtige Weg *für mich* ?!

So sind auch die hier vorgetragenen Sichten lediglich *mögliche*, allerdings aber bestehende, begehbare, geprüfte Wege, aber immer doch auch nur "Zwischenstationen"...

Wollen Sie die "Wahrheit" der hier vorgetragenen Perspektive dieses Weges kennen lernen, können Sie das hier Vorgetragene zwar als Hypothese erst einmal so hinnehmen, aber letztlich müssen Sie *selbst den Berg besteigen*, diesen Weg *gehen*, wenn Sie diese spezielle Aussicht erleben wollen...

So ist das nicht nur mit der Anthroposophie, so ist das auch mit jedem Kultus, der eben nicht "erlesen" sondern Er-lebt werden muss... Und dann erst wird erkannt, gesehen und lebendig werden, welche Aussicht dieser Weg am Ende zu bieten hat...

Du, der über uns ist,
Du, der einer von uns ist,
Du, der ist - auch in uns;
dass alle dich sehen -
auch in mir,
dass ich den Weg bereite
für dich,
dass ich danke für alles,
was mir widerfuhr.
Dass ich dabei
nicht vergesse
der anderen Not.
Behalte mich
in deiner Liebe,
so wie du willst,
dass andere
bleiben in der meinen.
Möchte sich alles
in diesem meinem Wesen
zu deiner Ehre wenden,
und möchte ich
nie verzweifeln.
Denn ich bin
unter deiner Hand,
und alle Kraft und Güte
sind in dir.

Dag Hammarskjöld

Sinn des Kultus

Nachkirchliches Christentum

Ein Vorwort aus der Kirche von unten

Rupert Lay

Dass es heute ein nachkirchliches Christentum gibt, dürfte unbestritten sein. Jeder, der nicht im kirchlichen Milieu geistig und geistlich gefangen bleibt, wird diesem Christentum alltäglich begegnen. Es wird getragen von Menschen, die sich außerhalb der Kirchen der Botschaft des Jesus von Nazaret verpflichtet fühlen - und das ohne alle kirchliche Bindung. Zwar gibt es betriebsblinde Theologen, die den Begriff «nachkirchliches Christentum» für eine contradictio in terminis halten, da sie sich Christentum nur als kirchliches vorstellen können. Diese Behauptung ist empirisch falsch (die Soziologie war genötigt, den Begriff «entkirchlichtes Christentum» einzuführen) und theologisch und - das ist das wichtigste - auch religiös nicht nur falsch, sondern infam. Spricht sie doch allen Menschen, die außerhalb und zum Teil gar gegen die institutionalisierten Kirchen christlich leben wollen, ihre Glaubwürdigkeit und ihre religiöse Authentizität ab. Ich bin jedenfalls außerhalb der Kirchen mehr überzeugenderen Christen begegnet als innerhalb. Zudem werden die Kirchen kaum in der Lage sein zu beweisen, dass Jesus sie in ihren heutigen Gestalten gewollt oder auch nur geduldet hätte.

Nachkirchlich kann ein Christentum aus zwei Gründen genannt werden:

1. Die Zeit der Kirchen ist, wie schon einst der berühmte Abt Joachim von Fiore (1145-1202) vermutete, vorüber. Hier gilt jedoch zu bedenken, dass die drei großen Epochen europäischer Geschichte (Altertum, Mittelalter und Neuzeit) sehr verschiedene Formen christlicher Kirchlichkeit ausgebildet haben und wir heute nur am Ende der

neuzeitlichen Kirche stehen. Es mag sein, dass einmal das Christentum wieder zurückkehrt in die Kirchen, aber das werden dann andere Kirchen sein.

2. Manche Menschen wuchsen und wachsen religiös aus der Kirche heraus, lassen sie hinter sich, weil sie ihrem Christ-Sein eher schädlich denn nützlich sind.

Dieses Buch [(s.S.61)] handelt von der zweiten Form der Nachkirchlichkeit. Ihr voraus geht ein horizontales Schisma. "Die da oben" (Papst und viele Bischöfe) können sagen und schreiben, was sie wollen, "die da unten" (Laien, viele Priester, manche Bischöfe) tun das, was sie für richtig halten und vor ihrem christlichen Gewissen verantworten können. Gäbe es dieses Schisma nicht, würden noch mehr Menschen die Kirchen verlassen.

Diese Thesen sind das Ergebnis vieljähriger Erfahrungen im Zusammenleben mit Menschen, die zwar dem Leben und der Lehre Jesu nachfolgen wollen, nicht aber dem Leben und Lehren der Kirchen, die sich christlich nennen. Es sind in ihrer Mehrzahl Menschen, welche die Kirchen verlassen haben, weil sie religiös aus ihnen herausgewachsen sind. Sie wollen Christ sein (das meint dem Leben und der Lehre Jesu folgen) und fühlen sich in diesem Mühen durch die Institution Kirche eher behindert denn unterstützt.

Es ist töricht anzunehmen, dass es nur zwei Gründe gäbe, die Kirchen zu verlassen: die Kirchensteuer und die Vollstreckung der lange zuvor vollzogenen inneren Kündigung. Es gibt einen dritten. Und der sollte die Kirchen sehr viel gründlicher nachdenken lassen: die Entchristlichung des kirchlich-etablierten Christentums in Europa. Dieses Buch handelt also nur über die europäischen Kirchen. Es mag sehr wohl sein, dass in Indien oder Südamerika das Christentum im inneren Sinne noch kirchlich ist.

«Christentum» bezeichnet unbestritten das ernsthafte Bemühen, sein Leben an der Lehre und dem Leben Jesu (seiner Botschaft also) zu orientieren. Die Kirche machte aber aus Christentum einen ausgedehnten Katalog von Glaubensbekenntnissen und Dogmen, von Inhalten also, die zu glauben sind. Und die Kirchen machten sich zu Agenten dieser Dogmen. Sie verkündeten sie. Sie bestrafen Abweichler. Wenn ich die vielen hundert Dogmen der katholischen Kirche auf ihre Wirksamkeit auf mein persönliches Christ-Sein befrage, bleiben davon höchstens ein halbes Dutzend zu nennen - und die sind meist nicht etwa von der Kirche definiert, sondern von Jesus gelehrt.

So ist etwa das strenge Verbot des moralischen Verurteilens ein von Jesus gelehrtes Dogma - doch die Kirche hielt es für so nebensächlich und unerheblich, dass es in keiner ihrer Lehraussagen auch nur erwähnt wird. Im Gegenteil: Kirchen tun sich allemal leicht im moralischen Verurteilen. Wie rechtfertigen sie eigentlich ihren Anspruch, Kirche des Jesus von Nazaret zu sein? Wie legitimieren sie ihre Existenzberechtigung, die sie darin sehen, das «depositum fidei» (den «Glaubensschatz») zu verwalten?

Doch nicht das Glauben macht den Menschen zum Christen, sondern die Nachfolge Christi.

Das Lukasevangelium schreibt: «Glücklich sind jene, die das Wort Gottes hören und es befolgen» [11,28]. Der Glaube kommt nicht vom Hören, sondern vom Handeln, wenn schon das religiös-orientierte Handeln das religiös-orientierte Hören voraussetzt.

Menschen, die dieses nachkirchliche Christentum leben, gilt es heute religiöse Geborgenheit zu geben - eine Geborgenheit, die sie - zu Recht oder Unrecht - nicht mehr in den Kirchen finden. Das böse Wort: «Jesus ja! Kirche nein!» droht zu einem schlagenden Wort um die Wende ins neue Jahrtausend zu werden.

Rupert Lay
Nachkirchliches Christentum -
Der lebende Jesus und die sterbende Kirche
Econ-Verlag, 3.Auflage 1996, 296 Seiten, ISBN 3-430-15939-3

Rupert Lay ist ordentlicher Professor für Philosophie und Jesuitenpater,
er hält weltweit Seminare für Manager.

Im Zusammenhang mit der Kultus-Frage
soll innerhalb des «Arbeitsmaterials Zur Kultus-Frage» doch auch ein Blick
aus anthroposophischer Perspektive
auf den Sinn und die Historie des Kultischen geworfen
und somit hier noch aus einer wesentlichen Zusammenstellung zitiert werden.
Den vollständigen Beitrag von Hella Wiesberger finden Sie in GA 265, Bd.2 .

VOM GEISTESWISSENSCHAFTLICHEN SINN DES KULTISCHEN

Hella Wiesberger

Nach den Erkenntnissen der Anthroposophie lebte die Menschheit in alten Zeiten in dem instinktiv-hellsichtigen Bewusstsein, dass alles Welt- und Menschenleben bewirkt, gestaltet und getragen wird durch die Schöpferkräfte einer göttlich-geistigen Welt. Dieses Bewusstsein wurde im Laufe der Zeiten immer schwächer, bis es sich durch das einzig auf die physischen Weltgesetze gerichtete Verstandesdenken der Neuzeit völlig verlor. Es war dies notwendig, weil nur so der Mensch von der schöperi-schen Geistigkeit des Universums bewusstseinsmäßig unabhängig werden und sich dadurch den Freiheitssinn erobern konnte. Nunmehr besteht die Aufgabe der menschlichen Entwicklung darin, aus dem freien, von der Weltgeistigkeit nicht bestimmten Intellekt sich das Bewusstsein vom Zusammenhang mit der Weltgeistigkeit neu zu erringen.

Diese Erkenntnis war es, die es zu einem Grundanliegen Rudolf Steiners werden ließ, dem modernen Verstandes-denken einen ihm gemäßen Weg zur Geist-Erkenntnis zu bahnen. Darum beginnt der erste anthroposophische Leitsatz: «Anthroposophie ist ein Erkenntnisweg, der das

Geistige im Menschen zum Geistigen im Weltall führen möchte.» [1] Die konkreten Mittel zum Beschreiten dieses Weges finden sich im Gesamtwerk vielfach dargestellt, paradigmatisch in den Grundwerken «Die Philosophie der Freiheit» und «Wie erlangt man Erkenntnisse der höheren Welten?».

War es den alten Kulturen selbstverständlich, dasjenige, was von kosmischer Geistigkeit innerlich erlebt werden konnte, im äußeren Leben durch Symbol und Kultus-handlungen zu pflegen und dadurch das soziale Leben zu gestalten, so musste mit dem Dahinschwinden des Bewusstseins, mit der göttlich-geistigen Welt existenziell verbunden zu sein, auch das Verständnis für den Sinn des Kultischen verloren gehen. Und so können dem moder-nen abstrakten Verstandesdenken, das insbesondere im Verlaufe des 20. Jahrhunderts zu der mehr und mehr die ganze Welt beherrschenden geistigen Macht geworden ist, die überlieferten Kultformen eigentlich nur noch als unverständliche Relikte vergangener Zeiten gelten. Gleichwohl vorhandene kultische Bedürfnisse kommen ja nicht aus dem Intellekt, sondern aus anderen Schichten der menschlichen Seele.

Somit stellt sich die Frage, welche Gründe Rudolf Steiner als einen durch und durch modernen Denker bewogen haben können, in seiner «Esoterischen Schule» Kultformen zu pflegen und später auch für andere Zusammenhänge Kultformen zu vermitteln. Um diese Frage vollgültig beantworten zu können, müsste die ganze tief- und weit-gespannte Fülle seiner geisteswissenschaftlichen Darstel-lungen vom Wesen und der Aufgabe des Kultischen für

---

Wenn in den folgenden Fußnoten kein Autor genannt ist, beziehen sich diese auf Rudolf Steiner.

1   Siehe «Anthroposophische Leitsätze, GA 26

die Menschen-, die Menschheits- und die Erdenentwicklung aufgezeigt werden. Da dies hier nicht möglich ist, kann nur auf einige im Zusammenhang mit der vorliegenden Publikation wesentliche Aspekte hingewiesen werden.

Kultusverständnis urständet im geistigen Schauen

«Wir brauchen zu unserem komplizierten sozialen Leben, das über die Erde hin ein Chaos zu verbreiten droht ... die Harmonie zwischen Erkenntnis, Kunst, Religion und Sittlichkeit.» [2]

Rudolf Steiners Grundauffassung vom Kultischen wurzelt in seinem mit modernen Erkenntnismitteln geschulten geistigen Schauen, dem sich der geistige Weltinhalt als «Urgrund und Prinzip alles Seins» [3] offenbart und dessen Natur ein gleichermaßen erkennendes, künstlerischfühlendes und religiös-verehrendes Erleben hervorruft. Solange die Menschheit in einem instinktiven Hellsehen lebte, waren die Kulturen von solchem einheitlich wissenschaftlich-künstlerisch-religiös gestimmten geistigen Schauen getragen: «Was der Mensch erkannte, dem bildete er den Stoff ein; er machte seine Weisheit zur schöpferisch künstlerischen. Und indem der Mysterienschüler das, was er lernte, in seiner Lebendigkeit als das die Welt durchwaltende Göttlich-Geistige empfand, brachte er ihm seine Kultushandlung dar, gewissermaßen die geheiligte Kunst zum Kultus umgeschaffen.» [4]

---

2   Ilkley, 5. August 1923
3   «Die Ideenwelt ist der Urgrund und das Prinzip alles Seins», Beginn des Credo: Der Einzelne und das All», in Wahrspruchworte», GA 40.
4   Berlin, 5. März 1922

Der Menschheitsfortschritt forderte, dass dieses einheitliche Erleben sich in die drei selbstständigen Strömungen Religion, Kunst und Wissenschaft auseinandergliederte. Im weiteren Entwicklungsgang haben sich die drei immer weiter voneinander entfernt und jegliche Verbindung zu ihrem gemeinsamen Ursprung verloren. Das führte dazu, dass das kulturelle und soziale Leben immer chaotischer geworden ist. Damit wieder richtunggebende Aufgangskräfte wirksam werden können, müssen die drei «uralt heiligen Ideale», das religiöse, das künstlerische und das Erkenntnis-Ideal aus moderner Geist-Erkenntnis neu gestaltet werden. Dies betrachtete Rudolf Steiner als vornehmstes Anliegen der Anthroposophie, worauf er insbesondere bei wichtigen Anlässen in der anthroposophischen Bewegung hinwies, so zum Beispiel bei der Eröffnung der ersten Veranstaltung im Goetheanum-Bau. [5]

Im Sinne des bei dieser Gelegenheit ausgesprochenen Wortes: «Wem die Natur ihre offenbaren Geheimnisse durch geistiges Schauen zu enthüllen beginnt, so dass er sie ideengemäß ausdrücken und künstlerisch gestalten muss, den drängt das Innerste seines Gemütes danach, das Erschaute und in Gestaltung Festgehaltene mit religiösem Sinn zu verehren. Für ihn wird Religion das Folgeerlebnis von Wissenschaft und Kunst» [6], hatte es ihn von Anfang an dazu gedrängt, die Ergebnisse seines geistigen Schauens nicht nur nach der wissenschaftlichen, sondern auch nach der künstlerischen Seite hin auszugestalten: nach der Seite einer Bildhaftigkeit, die geistige Realitäten enthält. Denn «Bilder liegen hinter allem, was uns umgibt; diese Bilder haben alle gemeint, die von geistigen Urgründen gespro-

5   Dornach, 26. September 1920
6   Autoreferat der Ansprache vom 26. September 1920 zur Eröffnung des ersten Hochschulkurses am Goetheanum, «Waldorf-Nachrichten», 111. Jg. März 1921.

chen haben» [7]. Weil es ihm gerade im Hinblick auf das soziale Leben notwendig schien, das Wesen des Geistigen nicht nur wissenschaftlich, sondern auch bildlich anschaubar auszugestalten, darum sollte alles dasjenige, was die Anthroposophie als Weltanschauung charakterisiert, durch ihren Repräsentanten, den Goetheanumbau, auch im Bilde da sein [8]. Nachdem durch den Baubrand in der Silvesternacht des Jahres 1922 diese bildhafte Ausgestaltung der Anschauung verloren gegangen war, brachte er das, was er mit dem Goetheanum hatte vor die Welt hinstellen wollen, in der gewissermaßen lapidaren Formel zum Ausdruck:

«Das Goetheanum war empfunden als ein körperhaftes Zeichen für die Gestaltung, welche die drei Hauptinteressen der Menschheit in den Tiefen der Menschenseele gegenwärtig erstreben. Diese Hauptinteressen sind das religiös-moralische, das künstlerische und das Erkenntnis-Interesse. » [9]

Die Ausgestaltung des erkenntnismäßigen und künstlerischen Interesses liegt klar zu Tage.

Wie aber steht es mit Bezug auf das religiöse Interesse? Wenn dies nicht in derselben klaren Weise wahrnehmbar ist, so ergibt sich das zum einen aus der Charakterisierung der Religion als «Stimmung» der Menschenseele für das hinter dem Sinnlichen liegende Geistige [10], zum andern aus der des Öfteren zu findenden Aussage, dass das in sich religiös-moralisch wirkende Wesen der Anthroposophie nicht im *konfessionellen* Sinne religionsbildend auftreten könne, dass geisteswissenschaftliche Bestrebungen

---

7   Berlin, 6. Juli 1915
8   Dornach, 23. Januar 1920
9   In einem Entwurf zu einem Artikel über das niedergebrannte Goetheanum.
10   Mannheim, 5. Januar 1911

nicht «ein Ersatz» für religiöse Übung und das religiöse Leben sein sollten, dass man die Geisteswissenschaft «nicht zur Religion» machen sollte, obwohl sie «in höchstem Maße» eine «Stütze», eine «Unterbauung» des religiösen Lebens sein kann [11]. Anthroposophie als Wissenschaft vom Übersinnlichen und die Anthroposophische Gesellschaft als deren Gemeinschaftsträger sollten nicht an ein bestimmtes Religionsbekenntnis gebunden sein, da die Anthroposophie ihrem Wesen nach interreligiös ist. Auch ihre zentralste Erkenntnis, die Erkenntnis von der Bedeutung des Christus-Geistes für die Menschheits- und Erdenentwicklung, beruht nicht auf derjenigen der christlichen Konfessionen, sondern auf der Einweihungswissenschaft, aus der alle Religionen einmal hervorgegangen sind. In diesem Sinne charakterisiert er es einmal als einen «Grundnerv» der geisteswissenschaftlichen Forschungsaufgaben, den *allen* Religionen gemeinsamen übersinnlichen Wahrheitsgehalt herauszuarbeiten und dadurch «gegenseitiges Verständnis der Einzelnen aus den Initiationen hervorgehenden religiösen Strömungen über die Erde zu bringen» [12] / [13]. Daraus ergibt sich als logische Folge, dass von der Anthroposophie her gesehen praktische Religionsausübung innerhalb einer Konfession Privatsache des Einzelnen sein muss. Das findet sich auch in den Statuten der Gesellschaft von Anfang an ausgedrückt.[14]

---

11   Berlin, 20. Februar 1917

12   Berlin, 23. April 1912

13   Dies gehörte auch schon zu den Zielen der Theosophischen Gesellschaft. (Punkt 2 der drei Grundsätze lautet: «durch Erforschung des Wahrheitskernes der Religionen, Wissenschaften und Weltauffassungen aller Zeiten und Völker den Menschen zu einer höheren Erkenntnis zu führen.»)

14   Schon in den Statuten der Theosophischen und dann auch in denjenigen der Anthroposophischen Gesellschaft findet sich von Anfang an, dass die Mitgliedschaft nicht an ein Religionsbekenntnis gebunden ist.

Das Ideal von der Sakramentalisierung des ganzen Lebens

«Sakramentalismus ist ein Ausdruck dafür, dass die menschliche Handlung von Heiligkeit durchglüht ist.» [15]
«Was bloß auf dem Kirchenaltar vollzogen wurde, das muss die ganze Welt ergreifen.» [16]

Die Fähigkeit, erleben zu können, wie im Kultischen geistig Wesenhaftes auf sinnenfällige Weise vollzogen wird, musste dahinschwinden, weil es nun einmal entwicklungsgesetzlich bedingt ist, dass Kräfte verloren gehen müssen, um auf anderer Stufe neu erobert werden zu können. ...
«... Dass der Mensch sich wieder zurückentwickeln kann zu einem Bewusstsein von seiner geistigen Beziehung [zum Kosmos], das verdankt man dem Mysterium von Golgatha. Aber man muss das, was man dem Mysterium von Golgatha verdankt, aus freiem inneren Antrieb heraus suchen. Das Christentum setzt Freiheit voraus.» [17].
Nachdem von unserem Zeitalter an diese Bewusstseins-Rückentwicklung einzusetzen hat, ergibt sich als notwendig, dass das christliche Freiheitselement auch dem Wesen des Kultus, dem Sakramentalismus einverleibt werden muss. Das heißt, dass zunehmend nach der Zukunft hin nicht mehr der eine für die anderen alle das Opfer zu vollbringen haben wird, sondern dass der eine mit dem anderen gemeinschaftlich das Gleichwerden der Menschen gegenüber dem Christus, der als Sonnenwesen auf die Erde heruntergestiegen ist, erleben soll [18]. Freiheit, Indivi-

---

15   Köln, 27. Dezember 1907
16   Dornach, 27. November 1916
17   Dornach, 11. Februar 1920
18   Dornach, 23. Dezember 1922

dualismus im Religiösen, im Sakramentalismus, bedeute
aber für die Geisteswissenschaft nicht, dass jeder Mensch
seine eigene Religion haben solle - das müsste nur zur
völligen Zersplitterung der Menschheit in einzelne Indivi-
duen führen -, sondern dass durch das Aufnehmen geis-
teswissenschaftlicher Erkenntnisse eine Zeit kommen
wird, «wenn sie auch noch so ferne liegt», in der die
Menschheit immer mehr und mehr von der Erkenntnis
der innerlichen Wahrheitswelt ergriffen werden wird.
Und dadurch werde dann «trotz aller Individualität;
trotzdem jeder die Wahrheit einzeln in sich finden wird,
Übereinstimmung herrschen»; unter völliger Wahrung
von Freiheit und Individualität wird man sich dann in freien
Zusammenhängen zusammenschließen [19].

In diesem Sinne wurde immer wieder darauf hingewiesen,
dass dasjenige, was bisher bloß auf dem Kirchenaltar vollzogen wurde, die ganze Welt ergreifen muss, dass alle
menschlichen Tätigkeiten ein Ausdruck des Übersinnlichen
werden sollen. Insbesondere seit dem ersten Weltkrieg ist
immer stärker betont worden, wie wichtig es für das
ganze soziale Leben ist, sich wieder in ein harmonisches
Zusammenleben mit dem Universum hineinzufinden, da
die Menschheit sonst dazu verurteilt ist, «immer mehr und
mehr die Disharmonie im sozialen Zusammenleben zu
entwickeln, und immer mehr und mehr Kriegsstoff über
die Welt auszusäen». Zu aufsteigenden Kulturkräften wird
man nicht wieder kommen, solange man vor allem in Wissenschaft und Technik neben einer abgesonderten Religion nur dem menschlichen Egoismus dient, solange man
am Laboratoriums- und Experimentiertisch ohne das ver-
ehrende Bewusstsein für das «große Weltgesetz» forscht

---

19   Berlin, 1. Juni 1908

und experimentiert. «Der Laboratoriumstisch muss zum Altar werden»,

ist eine Formel, der man immer wieder begegnet. [20]

Dass es dazu noch eines langen Weges bedürfen wird und darum Toleranz geübt werden sollte, sowohl von Seiten derer, die die alten Formen weiterzupflegen haben, wie von Seiten derer, die das Zukünftige erstreben sollten, geht aus den folgenden Äußerungen hervor:

«Freilich, so wahr es ist, dass in Bezug auf das spirituelle Leben ein ganz neues Zeitalter anbricht, so wahr ist es auch, dass der Weg zu dem Christus, der für viele Jahrhunderte der richtige war, es auch für viele Jahrhunderte noch bleiben wird. Die Dinge gehen nach und nach ineinander über. Aber das, was früher richtig war, wird sich nach und nach in ein anderes verwandeln, wenn die Menschen dafür reif werden.» [21]

«Gleich wie derjenige - der dadurch, dass er den Geist des Mysteriums von Golgatha, den Christus, in seinem Innern so tief ergriffen zu haben glaubt, dass er unmittelbar, man möchte sagen Zwiesprache, mit diesem Christus pflegen kann - mit Verständnis hinblicken muss auf die, welche die positiven Satzungen eines Bekenntnisses brauchen, welche den Christus-Diener brauchen, der ihnen immer wieder und wiederum Trost mit den Worten gibt: Deine Sünden sind dir vergeben - sollten auf der anderen Seite tolerant sein diejenigen, welche sehen, dass Menschen da sind, die schon mit sich selbst fertig werden. Das mag alles ein Ideal sein im Erdendasein, aber wenigstens der Anthroposoph darf zu einem solchen Ideal aufblicken.» [22]

---

20   29. April 1918. Siehe auch «Die geistige Führung des Menschen und der Menschheit» (1911), GA 15; sowie Dornach, 27. November 1916; Zürich, 9. Oktober 1918; Dornach, 30. Dezember 1922.
21   Karlsruhe, 13. Oktober 1911
22   Norrköping, 16. Juli 1914

Aber nicht nur auf die Bedeutung des Kultischen für die individuelle, sondern auch für die ganze Menschheits- und Erdenentwicklung wurde hingewiesen. In Vorträgen, die in der Zeit gehalten wurden, in denen sich die religiöse Erneuerungsbewegung «Die Christengemeinschaft» begründete und in denen das Wort fiel, dass in dem Kultus die Mysterien stecken, die sich «in ihrer vollen Bedeutung» erst in der Zukunft offenbaren werden, «eben die Mysterien der kommenden Zeit», wurde ausgeführt, dass eine Zeit kommen werde, in der die Erde nicht mehr sein wird; alles, was heute an Stoffen die Naturreiche und die Menschenleiber ausfüllt, wird im Weltenall zerstäubt sein. Auch alle durch die maschinelle Technik bewirkten Vorgänge werden der Vergangenheit angehören. Aber dadurch, dass durch «richtige» Kultushandlungen, die aus einem «richtigen Erfassen der geistigen Welt» hervorgehen, in diese untergehenden Natur- und Kulturprozesse elementar-geistige Wesenheiten, die mit der Fortentwicklung der Erde zu tun haben, hereingerufen werden können, werde die Erde aus der Vernichtung neu auferstehen [23].

Eine andere tief in die Gesamtentwicklung von Menschheit und Kosmos hineinleuchtende Begründung für das Wort, dass in dem Kultischen die Mysterien der Zukunft liegen, ergibt sich aus jenem geisteswissenschaftlichen Forschungsergebnis, wonach das Göttlich-Geistige des Kosmos durch das freie, aus dem Ich-Bewusstsein heraus selbstverantwortlich gewordene Menschentum in der Zukunft ein anderes Wesen als bisher offenbaren werde: «Nicht mehr dieselbe Wesenheit, die einst als Kosmos da war, wird da durch die Menschheit aufleuchten. Das Göttlich-Geistige wird im Durchgang durch das Menschentum

23   Dornach, 29. September 1922

ein Wesen erleben, das es vorher nicht offenbarte.» [24] Für diese neue Offenbarungsweise des kosmischen Geistwesens werden somit auch erst in der Zukunft die entsprechenden Kultformen entstehen können, da das Wesen eines echten Kultus darin besteht, «dass er das Abbild ist von demjenigen, was in der geistigen Welt vorgeht» [25].

Voraussetzung zu all dem ist die Spiritualisierung des Denkens. Erst davon ausgehend wird man dazu kommen können, nach und nach alle Lebensbetätigungen zu sakramentalisieren. Dann werden sich aus der Erkenntnis der geistigen Wirklichkeiten heraus auch die alten Zeremonien ändern, weil es da, wo man Wirklichkeiten hat, keiner Symbole mehr bedarf. [26]

Mit dem Ändern der Zeremonien sind hier die christlichen Sakramente gemeint, in denen für die traditionelle christliche Anschauung der Sinn des Christentums enthalten ist, deren Ursprung aber bereits in den antiken Mysterien zu suchen ist. Erst im 16. Jahrhundert- mit der durch das Tridentinum 1546 als allein authentisch erklärten Bibelübersetzung, der Vulgata trat an die Stelle des griechischen «mysterion» das lateinische «sacramentum». Der Begriff der Sakramente findet sich im kirchlichen Sprachgebrauch jedoch schon seit dem Kirchenvater Tertullian im 2. Jahrhundert. Hinsichtlich der Anzahl, Bedeutung und Wirkung war die Auffassung allerdings schwankend, bis die römisch-katholische Kirche auf dem Konzil von Ferrara-Florenz 1439 ihre Anzahl auf sieben festsetzte (Taufe, Abendmahl, Buße, Firmung, Ehe, Ordination, letzte Ölung) und zum Dogma erhob, dass die Sakra-

---

24 Siehe «Anthroposophische Leitsätze (112-114), GA 26.
25 Dornach, 27. Juni 1924
26 Karlsruhe, 13. Oktober 1911, und Arbeitervortrag Dornach, 11. September 1923

mente von Christus eingesetzte, aus einem sichtbaren Element (materia) und rituellen Worten (forma) bestehende Handlungen sind, durch die die heiligmachende Gnade übertragen wird.

Wenn dagegen die evangelische Kirche nur zwei Sakramente, die Taufe und das Abendmahl, anerkennt, so rührt dies nach Rudolf Steiners Darstellung im Vortrag Stuttgart, 2. Oktober 1921, davon her, dass man in der Zeit der Reformation schon keinen Sinn mehr für die innere Zahlenkonstitution der Welt gehabt hat. Denn der Gedanke der sieben Sakramente sei ursprünglich aus der alten Erkenntnis hervorgegangen, dass die Gesamtentwicklung des Menschen von Evolutions- und Involutionsprozessen bewirkt wird. Mit den sieben Sakramenten sollte darum den sieben Stadien, durch die der Mensch im Leben einschließlich des Sozialen geht und in denen er teils evolutive, teils involutive Werte entwickelt, die entsprechenden Gegenwerte hinzugefügt werden. Die sieben Stadien im menschlichen Leben sind. Geburt, Stärke (Reife), Nahrung, Zeugung, Wiedererlangung, Rede, Verwandlung. Sie werden wie folgt charakterisiert. Die den Geburtskräften innewohnende Involution ist der mit dem Geburtsprozess einsetzende Sterbeprozess; er sollte geheiligt werden durch das Sakrament der Taufe. Der gesamte Reifeprozess einschließlich der Geschlechtsreife sollte geheiligt werden durch das Sakrament der Firmung (Konfirmation). Mit dem als «Nahrung» bezeichneten Prozess ist die Verleiblichung des Geistig-Seelischen im Physisch-Leiblichen gemeint; das heißt, zwischen Geistig-Seelischem und Physisch-Leiblichem muss der richtige Rhythmus hergestellt sein, damit das Seelisch-Geistige nicht in das Tierische hinuntersinkt, aber auch nicht in weltenfremde Geistigkeit sich verliert. Die diesem Evolutionsprozess innewohnende Involution sollte geheiligt werden durch das Sakrament des Heiligen Abendmahles. Verbunden mit diesem rhythmischen Schwingungsprozess zwischen Seelisch-Geistigem und Physisch-Leiblichem ist die Möglichkeit, auch in der Zeit immer wieder zurückschwingen zu können durch das Erinnerungsvermögen. Zur vollständigen Entwicklung bedarf es der Erinnerung an vorhergehend erlebte Erdenerfahrungen. Die dem aus dem menschlichen Wesen evolvierenden Erinnerungsvermögen innewohnende Involution sollte geheiligt werden durch das Sakrament der Buße, das die Gewissenserforschung, die Reue und den Vorsatz einschließt, die begangenen Fehler abzulegen und entsprechende durch sich selbst oder den Priester auferlegte Vergeltung auf sich zu nehmen, so dass der Erinnerungsvorgang durchchristet und zugleich ins Moralische hinaufgehoben wird. Mit diesen vier charakterisierten Prozessen sind die Evolutionsvorgänge seit der Geburt des Menschen erschöpft. Der Erinnerungsvorgang stellt schon eine starke Verinnerlichung dar, die Evolution nähert sich bereits der Involution. Ein natürlicher Involutionsvorgang ist der Tod. Das entsprechende Sakrament ist die letzte Ölung. So wie vordem durch die entsprechenden natürlichen Lebensvorgänge das physisch-leibliche Wesen angeregt worden ist, so soll nun durch den Ölungsvorgang - der in alter Naturerkenntnis als ein Verseeligungsvorgang angesehen wurde -, das geistig-seelische Leben angeregt werden. «Es soll, im Rhythmus ausgedrückt, beim Tod das Physisch-Leibliche wieder verschwinden, das Geistig-Seelische wiederum Form gewinnen.» Das ist, was «Wandlung» genannt wird.

Da sich mit dem Tod das individuelle Leben des Menschen erschöpft, beziehen sich die beiden noch fehlenden Stadien und Sakramente auf etwas, was nicht mehr individueller Natur ist. Es ist einmal das Wechselverhältnis des

Menschen mit dem Himmlisch-Geistigen, wie es unbewusst bei jedem Menschen vorhanden ist. Wäre das nicht
der Fall, könnte man den Weg nimmermehr zurückfinden.
Aber es sei ein tief im Menschen verborgener Involutionsvorgang, «noch verborgener als dasjenige, was im Menscheninnern geschieht, wenn er mit seinem Organismus
durch den Tod geht», ein Prozess, der im Verlauf des
individuellen Lebens überhaupt nicht zum Bewusstsein
komme. Den diesem Involutionsprozess entsprechenden
Evolutionsvorgang hätte man gesehen in dem Sakrament
der Priesterweihe, das dem entspricht, was «Rede»
genannt wird.

Das, was als Siebentes in Frage komme, sei das Abbild des
Geistig-Seelischen im Physisch-Leiblichen, wie es in Mann
und Weib zum Ausdruck komme: «Man müsste sagen,
das Heruntersteigen in das irdische Leben würde durch
eine gewisse Grenze bezeichnet. Das Weib erreicht diese
Grenze nicht vollständig, der Mann aber überschreitet sie.
Darin besteht eigentlich der Gegensatz im Physisch-Leiblichen.» Weil beide also eine gewisse Unvollkommenheit
in sich tragen, bestehe zwischen ihnen ein naturgegebener
Spannungszustand. «Wenn dazu der sakramentale Evolutionswert gesucht wird, so haben wir den gegeben im
Sakrament der Ehe.» Dieser Grundgedanke der christlichen Esoterik in Bezug auf den Sakramentalismus - dass
der Mensch als unvollkommenes Wesen ins Leben tritt,
teils evolutive, teils involutive Werte entwickelt, denen,
um ihn zu einem sich vollständig entwickelnden Wesen zu
machen, auf sakramentale Weise die Gegenwerte hinzugefügt werden sollen - sei schon nicht mehr verstanden
worden, seitdem man begönnen hatte - «selbstverständlich wiederum mit Recht» - über das Sakramentale zu
diskutieren. Heute jedoch hätten wir wiederum sehr
nötig, zu Involutionswerten zu kommen.

Spirituelles Denken als geistige Kommunion, als Beginn eines der Menschheit der Gegenwart gemäßen kosmischen Kultus

Dass all dasjenige, was unser Verhältnis zur Welt ist, zunächst sich als kosmischer Kultus erkennt im Menschen, das ist der erste Anfang dessen, was geschehen muss, wenn Anthroposophie ihre Mission in der Welt vollziehen soll. [27]

Wenn Rudolf Steiner mit der Vergeistigung der Sakramentsformen bei der Kommunion ansetzt, so zeigt sich dies wiederum entwicklungsgesetzlich bedingt dadurch, dass im Sakrament der Kommunion der involutive Gegenwert zu der Verleiblichung des Seelisch-Geistigen im Physischen des Menschen liegt. Nachdem die letzte Stufe des Verleiblichungsprozesses die Bindung des Denkens an das physische Gehirn gewesen ist, muss mit der Rückentwicklung, der Wiedervergeistigung, auch bei diesem physisch gewordenen Denken, der Intellektualität, eingesetzt werden.

Schon in seiner ersten eigenen Buchpublikation, in der Schrift «Grundlinien einer Erkenntnistheorie der Goethe'-schen Weltanschauung» [(1886)] setzte er an diesem Punkte ein, indem er erkenntniswissenschaftlich begründete, wie im reinen, das heißt sinnlichkeitsfreien Denken eine Vereinigung mit der Weltgeistigkeit vollzogen wird, was dann auch ein Jahr später mit dem sakramentalen Ausdruck «Kommunion» bezeichnet wird, wenn es heißt:

«Wer dem Denken seine über die Sinnesauffassung hinausgehende Wahrnehmungsfähigkeit (zuerkennt), der muss ihm notgedrungen auch Objekte zuerkennen, die über die bloße sinnenfällige Wirklichkeit hinaus liegen. Die

---

27   Dornach, 31. Dezember 1922

Objekte des Denkens sind aber die *Ideen.* Indem sich das Denken der Idee bemächtigt, verschmilzt es mit dem Urgrunde des Weltendaseins; das, was außen wirkt, tritt in den Geist des Menschen ein; er wird mit der objektiven Wirklichkeit auf ihrer höchsten Potenz eins. Das Gewahrwerden der Idee in der Wirklichkeit ist die wahre Kommunion des Menschen. Das Denken hat den Ideen gegenüber dieselbe Bedeutung wie das Auge dem Licht, das Ohr dem Ton gegenüber. Es ist Organ der Auffassung.» [28]

Da der Inhalt der Anthroposophie nichts anderes ist, als was auf diese Weise aus der Welt der ideellen, der geistigen Wirklichkeit erforscht werden konnte und was seiner Natur nach moralisch-religiösen Charakters ist, versteht es sich von selbst, dass auch in deren Anfangszeit ausgesprochen wurde, dass durch ihre Lehren bewirkt werden soll, das ganze Leben bis in seine alleralltäglichsten Verrichtungen hinein zu heiligen, zu sakramentalisieren, ja dass darin sogar einer der tieferen Gründe für ihr Auftreten liegt [29]. Auch wird durchsichtig, warum es in den für den hier betrachteten Zusammenhang so gewichtigen Vorträgen über «Die geistige Kommunion der Menschheit» heißt, dass die im spirituellen Denken zu erlebende geistige Kommunion der «erste Anfang» dessen ist, was geschehen muss, wenn Anthroposophie «ihre Mission in der Welt» vollziehen soll. [30]
Wie durch die im Geistigen vollzogene Kommunion aus dem Symbolum des Abendmahles Wirklichkeit werden

---

28   Siehe «Goethes naturwissenschaftliche Schriften», herausgegeben und kommentiert von Rudolf Steiner, Vorrede zu Band II, S. IV (1887), GA 1b; die Einleitung allein siehe GA 1.
29   Berlin, 8. Juli 1904
30   Dornach, 31. Dezember 1922

kann, wird in Kassel [31] so charakterisiert: Die Menschheit ist erst im Anfange der christlichen Entwickelung. Deren Zukunft liegt darin, dass die Erde als Körper des Christus erkannt wird. Denn durch das Mysterium von Golgatha wurde in der Erde ein neuer Lichtmittelpunkt geschaffen; bis in ihre Atome hinein wurde sie mit neuem Leben erfüllt. Darum konnte Christus beim Abendmahl, als er das Brot brach, das aus dem Korn der Erde kommt, sagen: «Dies ist mein Leib!», und indem er den Rebensaft gab, der aus dem Saft der Pflanzen kommt, konnte er sagen: «Dies ist mein Blut!» Wörtlich heißt es weiter: «Weil er die Seele der Erde geworden ist, konnte er zu dem, was fest ist, sagen: Dies ist mein Fleisch - und zu dem Pflanzensaft: Dies ist mein Blut!, so wie Sie zu Ihrem Fleisch sagen: Dies ist mein Fleisch - und zu Ihrem Blut: Dies ist mein Blut! - Und diejenigen Menschen, welche im Stande sind, den richtigen Sinn dieser Worte des Christus zu fassen, die machen sich Gedankenbilder, die anziehen in dem Brot und in dem Rebensaft den Leib und das Blut Christi, die anziehen den Christus-Geist darinnen. Und sie vereinigen sich mit dem Christus-Geist. So wird *aus dem Symbolum des Abendmahles eine Wirklichkeit.»*

Jedoch, so heißt es weiter: «Ohne den Gedanken, der an den Christus anknüpft im menschlichen Herzen, kann keine Anziehungskraft entwickelt werden zu dem Christus-Geist beim Abendmahl. Aber durch diese Gedankenform wird solche Anziehungskraft entwickelt. Und so wird für alle diejenigen, welche das äußere Symbolum brauchen, um einen geistigen Actus zu vollziehen, nämlich die Vereinigung mit dem Christus, das Abendmahl der Weg sein, der Weg bis dahin, wo ihre innere Kraft so stark ist, wo sie so erfüllt sind von dem Christus, dass sie

---

31   7. Juli 1909

ohne die äußere physische Vermittelung sich mit dem Christus vereinigen können. Die Vorschule für die mystische Vereinigung mit dem Christus ist das Abendmahl - die Vorschule. So müssen wir diese Dinge verstehen. Und ebenso wie alles sich entwickelt vom Physischen zum Geistigen hinauf unter dem christlichen Einfluss, so müssen sich zuerst unter dem Christus-Einfluss heranentwickeln die Dinge, die zuerst da waren als eine Brücke: vom Physischen zum Geistigen muss sich das Abendmahl entwickeln, um hinzuführen zur wirklichen Vereinigung mit dem Christus. - Über diese Dinge kann man nur in Andeutungen sprechen, denn nur wenn sie aufgenommen werden in ihrer vollen heiligen Würde, werden sie im richtigen Sinne verstanden.»

Im gleichen Sinne heißt es in Karlsruhe [32], wie dann, wenn sich der Mensch durch das Kennenlernen der Erkenntnisse der höheren Welten, durch Konzentrations- und Meditationsübungen in seinem Innern ganz mit dem Elemente des Geistes zu durchdringen vermag, die in ihm lebenden meditativen Gedanken «eben dasselbe sein (werden), nur von innen heraus, wie es das Zeichen des Abendmahles - das geweihte Brot - von außen gewesen» ist. Friedrich Rittelmeyer berichtet in seinem Erinnerungsbuch «Meine Lebensbegegnung mit Rudolf Steiner», dass er auf die Frage: «Ist es nicht auch möglich, Leib und Blut Christi zu empfangen ohne Brot und Wein, nur in der Meditation?» zur Antwort erhielt: «Das ist möglich. Vom Rücken der Zunge an ist es dasselbe.»

In Dornach [33] wird mit den Worten, dass spirituelle Erkenntnis «der Beginn eines der Menschheit der Gegenwart gemäßen kosmischen Kultus» ist, der «dann wachsen

---

32   13. Oktober 1911
33   31. Dezember 1922

kann», angedeutet, dass die Vereinigung mit dem Welten-geiste weiter vertieft werden kann. In anderen Zusam-menhängen findet sich darauf hingewiesen, wie es dazu eines bestimmten darzubringenden Opfers bedarf, durch das man über das allgemeine Erleben der geistigen Kommunion hinaus dann zu wirklich konkreten kosmi-schen Erkenntnissen gelangen kann. Was dabei zu opfern ist, wird mit dem terminus technicus «Opfer des Intellek-tes» bezeichnet. Darunter sei jedoch keineswegs der Ver-zicht auf das Denken als solches, sondern vielmehr der Verzicht auf den Egoismus, den Eigenwillen im Denken zu verstehen, der im willkürlichen Verbinden der Gedanken bestehe. Ausführungen darüber enthalten zwei Vorträge aus dem Jahre 1904 und zwei Vorträge aus den Jahren 1923 und 1924. ...

Außer den Hinweisen auf die Spiritualisierung des Sakra-mentes der Kommunion im spiritualisierten Denken, finden sich auch noch Hinweise auf die Spiritualisierung des Sakramentes der Taufe. Diese weist, im Gegensatz zur geistigen Kommunion als einem individuellen Gesche-hen im Inneren des Menschen, auf die Spiritualisierung der äußeren Arbeit. Anfänge dazu könnten heute schon in Erziehung und Unterricht gemacht werden, wenn einmal jedes Menschenkind unter dem Gesichtspunkt betrachtet werden wird, dass es auf seine ganz persönliche Art die Kraft des Christus-Geistes in die Welt mit hereinbringt. [34] In einem anderen Zusammenhang findet sich die Bemer-kung: «Dasjenige, was früher als Symbolum des Sakramen-tes der Taufe in den Mysterien vollzogen wurde, sollte heute ins äußere Geschehen, in die äußere Tat eingeführt werden. Spiritualisierung der menschlichen Arbeit, Sakra-

---

[34]   Dornach, 27. November 1916.

mentalisierung im äußeren Geschehen, das ist die wahre Taufe.» [35]

Die für verschiedene Gemeinschaften geschaffenen Kultformen

«Kultus bindet die Menschen,
die im Kultus sich vereinigen, aneinander.» [36]

Inwiefern Kultus gemeinschaftsbildend wirkt, wurde eingehend im Jahre 1923 behandelt, als durch verschiedene seit dem Ende des ersten Weltkrieges entstandene Tochterbewegungen und durch den Brand des Goetheanum eine grundlegende Neuorganisierung der Anthroposophischen Gesellschaft notwendig geworden war. Das Problem «Gemeinschaftsbildung» war damals besonders aktuell geworden, einerseits durch die in die Gesellschaft hereinströmende Jugend, die größtenteils aus der damaligen mit dem Gemeinschaftsideal ringenden Jugendbewegung (Wandervogelbewegung) kam, andererseits durch die im Herbst 1922, kurze Zeit vor dem Baubrand, begründete religiöse Erneuerungsbewegung «Die Christengemeinschaft». ...

(Siehe Erläuterungen dazu hier im Kapitel «Zur Freiheit des Christenmenschen»)

Nachdem durch die Begründung der «Christengemeinschaft» in der Anthroposophischen Gesellschaft eine gewisse Unsicherheit in Bezug auf das Verhältnis der beiden Bewegungen entstanden war, sah er sich veranlasst, das Thema Gemeinschaftsbildung und Kultus zu behandeln. Ausgehend von der Frage, ob die Gemeinschaftsbildung, die durch die «Christengemeinschaft» auf-

---

35   In Notizen von einer esoterischen Stunde, Hamburg, 28. November 1910.
36   Dornach, 3. März 1923.

getreten ist, die in der Gegenwart einzig mögliche sei, oder ob sich innerhalb der Anthroposophischen Gesellschaft auch eine andere Möglichkeit finden ließe, stellte er die zwei Pole der durch den Kultus möglichen Gemeinschaftsbildung dar. Während der bekannte Pol im religiösen Kultus darin liege, dass durch Wort und Handlung Wesenheiten der übersinnlichen Welten auf den physischen Plan heruntergeholt werden, handle es sich bei dem anderen Pol um einen «umgekehrten» Kultus, der dann entstehen könne, wenn man sich in anthroposophischen Arbeitsgemeinschaften durch gemeinsame Erkenntnisbemühung zu den übersinnlichen Welten hinauf erhebe. Wenn eine Menschengruppe sich zusammenfinde, um gemeinsam dasjenige zu erleben, was aus der übersinnlichen Welt heraus durch Anthroposophie geoffenbart werden kann, «dann ist dieses Erleben in einer Menschengruppe eben etwas anderes als das einsame Erleben». Wenn dies in der richtigen Gesinnung erlebt werde, so bedeute das einen Prozess des Aufwachens an der anderen Menschenseele und ein Sich-Erheben zur Geistgemeinschaft:

«Wenn dieses Bewusstsein vorhanden ist und solche Gruppen in der Anthroposophischen Gesellschaft auftreten, dann ist in diesem, wenn ich so sagen darf, umgekehrten Kultus, in dem anderen Pol des Kultus, etwas Gemeinschaftsbildendes im eminentesten Sinne vorhanden» und daraus könne diese «spezifisch anthroposophische Gemeinschaftsbildung» erwachsen. [37]

Diese ohne äußeres Zeremoniell mögliche Form kultischen Erlebens liegt offensichtlich in der Linie des durch spirituelle Erkenntnis erlebbaren kosmischen Kultus. Gleichwohl hätte Rudolf Steiner, wenn er noch längere

---

37   Dornach, 3. März 1923

Zeit hätte wirken können, auch einen äußerlich zu vollziehenden Kultus geschaffen, gewissermaßen als eine wirksame Hilfe auf dem schweren Wege zu dem im rein Geistigen zu suchenden kosmischen Kultus. Denn das Erleben des kosmischen Kultus als geistig-mystische Vereinigung des Menschengeistes mit der Weltgeistigkeit sollte wohl immer angestrebt werden, kann aber, wenigstens heute noch, sicherlich nur selten wirklich erlebt werden. ...

Dass Rudolf Steiner im Jahre 1923, dem Jahr der Neugestaltung der Anthroposophischen Gesellschaft, in Betracht zog, auch wieder eine anthroposophische Kultusform zu gestalten, ergibt sich aus zwei seiner Äußerungen im Frühjahr 1923. Die eine fiel bei der Schilderung des «umgekehrten» Kultus als einer spezifisch anthroposophischen Form der Gemeinschaftsbildung. Da fügte er zu der Ausführung, dass viele Menschen zur Anthroposophischen Gesellschaft kommen und nicht nur die anthroposophische Erkenntnis in abstracto, sondern eben aus dem Drang unseres Bewusstseinsseelenzeitalters heraus auch entsprechende Gemeinschaftsbildungen suchen, die Bemerkung hinzu: «Man könnte nun sagen: die Anthroposophische Gesellschaft könnte ja auch einen Kultus pflegen. Gewiss, das könnte sie auch; das gehört aber jetzt auf ein anderes Feld» [38]. Die andere Äußerung war die Antwort auf eine ihm, in einem persönlichen Gespräch gestellte Frage nach einem Kultus für die anthroposophische Bewegung. Der Fragesteller, Rene Maikowski, hat dieses Gespräch wie folgt festgehalten und zur Wiedergabe zur Verfügung gestellt:

«Nach der Begründung und beim Aufbau der <Freien Gesellschaft>, die auf Anregung von Rudolf Steiner nach

---

38   3. März 1923

der Delegiertenversammlung Ende Februar 1923 in Stuttgart entstanden war und zu deren Comite ich gehörte, war hier, wie auch anderorts in der Bewegung, vielfach über das Verhältnis unserer Arbeit zu derjenigen der Christengemeinschaft gesprochen worden, insbesondere nach Rudolf Steiners Vortrag vom 30. Dezember 1922. Es kam in unserem Mitarbeiterkreis zu einem Gespräch über unsere Aufgaben und unsere Arbeitsweise. Von einigen wurde festgestellt, dass die Christengemeinschaft es mit ihrer Arbeit leichter habe, da sie durch ihren Kultus eine tragende spirituelle Substanz habe und dadurch dem Bedürfnis nach unmittelbarem Zusammenhang mit dem Geistigen entgegenkommen könnte, mehr als durch die Vortragstätigkeit, auf die sich unsere Arbeit vor allem beschränkte. So tauchte bei einigen Freunden die Frage auf, ob es wohl denkbar wäre, dass für die Gesellschaft auch einmal ein Kultus gegeben werden könnte. Die Meinungen waren geteilt. Ich wandte mich darauf - es war im Frühjahr 1923 - mit dieser Frage an Dr. Steiner selbst, den ich wiederholt auf Reisen begleiten durfte. Zu meiner Überraschung ging er auf den Gedanken einer kultischen Arbeit für die Gesellschaft als durchaus positiv ein. Er erklärte, dass es ja vor dem Kriege auch ein Kultisches gegeben habe. In der Zukunft werde das aber eine andere Gestalt erhalten müssen. Es käme 'auch nicht die Form der Christengemeinschaft in Frage. Er charakterisierte darauf die andersartigen Grundlagen von Anthroposophie und Christengemeinschaft. Beide Bewegungen stellten einen verschiedenen Weg dar und hätten zum Teil verschiedene Meister. Eine kultische Arbeit in der anthroposophischen Bewegung müsse aus demselben geistigen Strom hervorgehen wie die Schulhandlungen, gewissermaßen eine Fortsetzung dessen werden, was in Form und Inhalt in der Opferfeier der Schule gegeben wurde. Und er deutete an, dass er darauf zurückkommen werde, nachdem er danach gefragt worden sei.»

Zu dieser neuen Gestaltung des anthroposophischen Erkenntniskultus ist es allerdings nicht mehr gekommen. Nach seinem Tode versuchte Marie Steiner eine Art Ersatz zu schaffen durch die Art, wie sie den am Goetheanum veranstalteten Feiern, insbesondere der Jahresfeste, einen künstlerisch-kultischen Charakter gab.

Rückblickend zeigt sich, dass durch die an Rudolf Steiner herangetragenen Bedürfnisse verschiedener Lebenskreise eine Fülle von Ritualtexten entstanden ist. ...

(Siehe auch dazu hier im Kapitel «Zur Freiheit des Christenmenschen»)

Die Fülle der entstandenen Ritualien ist umso erstaun-licher, als Rudolf Steiner selber einmal äußerte, dass es schwierig sei, Kultus zu gestalten: «Dass das Kultusartige an sich schwierig zu gestalten ist, können Sie schon daraus ersehen, dass seit langer Zeit man alles Kultusartige darauf beschränkt hat, das Traditionelle zu übernehmen.» [39].

Daraus folgt, dass derjenige, der Kultus zu gestalten unternimmt, wenn dieser ein wahres Spiegelbild von Vor-gängen in der geistigen Welt werden soll, in einem souve-ränen Verhältnis zur Geistwelt stehen muss. Er wird jedoch auch über künstlerisches Gestaltungsvermögen verfügen müssen. Denn Kultformen als Spiegelbilder geis-tiger Vorgänge sind keineswegs Fotografien gleichzu-setzen, sondern sind auf physischen Mitteln beruhende selbstständige Gestaltungen. Eine ergänzende Erklärung hierfür scheint in der folgenden Aussage gegeben zu sein: «Indem sich der Mensch in die nächste Stufe des Daseins hinauf erhebt, ergeben sich ihm Bilder, die wir aber jetzt nicht mehr so anwenden wie unsere Gedanken, so dass wir fragen: wie entsprechen diese Bilder der Wirklichkeit?

---

39   14. Juni 1921

-, sondern die Dinge zeigen sich in Bildern, die aus Farben und Formen bestehen; und durch die Imagination muss der Mensch selber die Wesenheiten, die sich ihm so symbolisch zeigen, enträtseln.» [40]. ...

Ein anderes Charakteristisches ergibt sich aus dem esoterischen Prinzip der Kontinuität, einem seiner wesentlichsten Leitmotive:

«Das Künftige ruhe auf Vergangenem
Vergangenes ertrage Künftiges
Zu kräftigem Gegenwartssein». [41]

Wo immer es möglich war, knüpfte er um des kontinuierlichen Fortganges der Entwicklung willen das neu Erforschte an das überlieferte Alte an. So auch für seine Ritualgestaltungen. Dass es notwendig war, die Vergangenheitsströmung zu berücksichtigen, findet sich einmal so formuliert: «Um die Kontinuität der Menschheitsentwicklung aufrecht zu erhalten, dazu ist heute noch notwendig, an Ritual und Symbolik gewissermaßen anzuknüpfen» [42], ist darin doch etwas bewahrt, was wieder auferweckt werden kann und auch wieder auferweckt werden wird, wenn man einmal den Weg gefunden haben wird, um die Kraft, die von dem Mysterium von Golgatha ausgeht, wiederum in alles menschliche Tun hineinzubringen [43]. Und auf die sich in der Gegenwart erst anfänglich offenbarende Zukunftsströmung deuten die Worte: «In unserer Zeit ist es nur möglich zu Symbolen zu kommen, wenn man sich ganz liebevoll vertieft in die Weltgeheimnisse; und eigentlich kann nur aus der Anthroposophie heraus heute ein Kultus oder eine

---

40   Berlin, 26. Oktober 1908
41   Aus «Zwölf Stimmungen» in «Wahrspruchworte», GA 40.
42   20. Dezember 1918
43   Dornach, 29. September 1922

Symbolik erwachsen.» [44]. Im gleichen Sinne heißt es in einem Vortrag über verschiedene Kulte, dass heute in einen Kultus hereingebracht werden müsse, was durch moderne geisteswissenschaftliche Schulung an Gesetzen der Weltgeistigkeit wahrgenommen werden kann, und dass man mit dem Aufbau eines solchen Kultus «höchstens wieder am Anfange» stehen könne [45]. ...

Auf ein Charakteristisches der Ritualien weist auch der folgende überlieferte Ausspruch: «Man kann in einer Zeit nur *einen* Kultus rechtmäßig aus der geistigen Welt herunterholen.» [46]

Die Frage, wie die verschiedenen Kultformen mit diesem einen möglichen Kultus übereinstimmen, dürfte dahingehend beantwortet werden können, dass die für verschiedene Lebenskreise gegebenen Kulte - Erkenntniskult der Esoterischen Schule, Handlungen für den freien Religionsunterricht der Waldorfschule, kirchlicher Kultus für die «Christengemeinschaft» - mit diesem «einen» Kultus im Tieferen wesensgleich sein müssen. ... Aus all dem kann offensichtlich werden, dass für Rudolf Steiner esoterischer Erkenntniskult, freireligiöser Kultus und kirchlicher Kultus in keinem Widerspruch zueinander standen. Einmal weil ihm, wie überall, so auch in religiösen Fragen, die Freiheit des Einzelnen als oberstes Gebot galt und als rechtes Christentum nur das; welches «absolute Religionsfreiheit» möglich macht [47]. Zum andern, weil nur durch die Ausweitung des Kultischen in alle Lebenszweige hinein der Weg zu dem hohen Ideal, das ganze Leben zu sakramentalisieren, beschritten werden kann. Die notwendige Vor-

---

44   Stuttgart, 14. Juni 1921
45   Dornach, 11. September 1923
46   Carl Unger, «Zur Frage des Verhältnisses der Christengemeinschaft zur Anthroposophischen Gesellschaft» in «Schriften 11», Stuttgart 1964.
47   Zürich, 9. Oktober 1918

aussetzung dazu ist allerdings, dass spirituelle Gedanken und Empfindungen «ebenso weihevoll das Innere durchdringen und durchgeistigen, wie in dem besten Sinne der inneren christlichen Entwickelung das Abendmahl die Menschenseele durchgeistigt und durchchristet hat». Wenn dies möglich werde, und nach Rudolf Steiner wird es möglich werden, dann sei man in der Entwicklung wiederum um eine Etappe weitergeschritten und es werde dadurch «wieder der reale Beweis geliefert werden», dass das Christentum größer ist als seine äußere Form [48].

Bloß ist mein Christentum
absolut nicht kirchlich gebunden.
Ich bin ein richtiger Ketzer
für Christus ! ...
Das Priestertum des Menschen
ist das einzige,
das mir einleuchtet,
und darum bin ich so dankbar,
dass ich Rudolf Steiner begegnete.

Maria Röschl-Lehrs,
«Vom zweiten Menschen in uns»

---

48   Karlsruhe, 13. Oktober 1911

Sakramente

Erbarme Dich unseres Strebens,
dass wir vor Dir,
in Liebe und Glauben,
Gerechtigkeit und Demut
Dir folgen mögen,
in Selbstzucht und Treue und Mut
und in Stille
Dir begegnen.
Gib uns
reinen Geist,
damit wir Dich sehen,
demütigen Geist,
damit wir Dich hören,
liebenden Geist,
damit wir Dir dienen,
gläubigen Geist,
damit wir Dich leben.
Du, den ich nicht kenne,
dem ich doch zugehöre.
Du, den ich nicht verstehe,
der dennoch
mich weihte
meinem Geschick.
Du –

Dag Hammarskjöld

SIEBEN SAKRAMENTE?

Warum sieben Sakramente?

Mit einem gewissen Recht werden in den evangelischen Kirchen vor allem zwei Sakramente anerkannt und als solche gefeiert: Taufe und Abendmahl.

Denn nur diese sind ausdrücklich von Jesus eingesetzt, d.h. in den Evangelien dokumentiert. Erst im 12. Jahrhundert begannen die Theologen Rudolf Ardens (✝ 1200), Otto von Bamberg (✝ 1139), Hugo von St. Viktor (✝ 1141) und dann vor allem Thomas von Aquin (1224-74) aus den Hunderten von Sakramenten (Augustinus erwähnt 304 !) *sieben* hauptsächliche Gesten der Kirche hervorzuheben. Auf der Synode von Lyon 1274 und auf dem Konzil von Florenz 1439 übernahm die Kirche offiziell diese Lehre. Endgültig verwarf aber erst das Konzil von Trient (1545-1563) die Meinung, es gebe «mehr oder weniger als sieben» Sakramente «oder eines von diesen sieben sei nicht eigentlich und wirklich Sakrament».

Auch Rudolf Steiner begründete den Kreis der Sakramente als Siebenheit.

Die Auswahl gerade dieser, in der kirchlichen Tradition gewachsenen, *sieben* Sakramente war nicht willkürlich, aber ist auch nicht dogmatisch.

Die Siebenheit liegt - nicht nur - dem Wesen des Sakramentalen, sondern auch den wesentlichen Stationen des menschlichen Lebenslaufes zu Grunde. Es muss aber erwähnt werden, dass letztendlich die Sakramentalisierung des gesamten Lebens anzustreben ist, und dann kann sich die Siebenheit zu einer Vielheit erhöhen, auch wenn sie weiterhin als Konzentrationspunkte des Lebens die Hoch-Zeiten markieren wird. Diese Siebenheit soll folgend begründet werden.

Weil wir hier nicht nur einen Ausschnitt des Lebens anschauen, sollen und müssen hier auch *alle sieben* Sakramente / Lebens-Stationen behandelt werden, auch wenn in der freien christlichen Praxis heute vor allem noch nur einerseits die Schulhandlungen mit dem Zentralsakrament Opferfeier und andererseits Taufe, Trauung und Bestattung aktuell sind.

Die Sakramente
im Zusammenwirken mit dem menschlichen Lebenslauf :

1. Geburt   **Taufe**
             (baptisma)

2. Reife   **Jugendfeier** *(Konfirmation)*
             (confirmatio)

3. Verleiblichung   **Opferfeier** *(Abendmahl)*
                  (eucharista)

4. Lebenserinnerung   **Lebensschau** *(Beichte)*
                  (paenitentia)

5. Tod   *Sterbekultus*
          Letzte Ölung *(Krankensalbung)*
          (extrema unctio)

6. Wieder-Verbindung **Weihe**
                  (ordo)

7. Mann und Weib   **Trauung**
                  (matrimonium)

Die heilende Arznei:
das Sakrament

Aus Rudolf Steiners Vortrag
am 2.10.1921, nachmittags, in Dornach.

«Und wenn wir die Entwickelung (*des Menschen* [VDL]) so betrachten, dann zerfällt sie uns in einen Evolutions zustand, - das ist die Entfaltung, es geht nach außen - und in einen Involutionszustand, so dass die Evolution rhythmisch gefolgt wird von der Involution.

Evolution → Involution
Und erst wenn wir überall diesen rhythmischen Wechsel von Evolution und Involution studieren, kommen wir dazu, die volle Entwickelung zu verstehen. Aber der Mensch ist nun das allerkomplizierteste Wesen, weil er ja ein wirklicher Mikrokosmos ist. Bei ihm nimmt dasjenige, was hier als Evolution und Involution zunächst dem Begriff nach festgestellt worden ist, die allerkomplizierteste Form an. Diese allerkomplizierteste Form stellen wir einmal vor unsere Seelen hin in einzelnen Erscheinungen.

Denken wir zunächst einmal an die Geburt:

1. Geburt
Wenn wir auf die Geburt hinschauen, das heißt auf den Zusammenhang desjenigen, was aus dem embryonalen Leben herauskraftet, was sich also vollzieht zwischen Konzeption und der eigentlichen Geburt, so haben wir ein Hintendieren desjenigen, was vom Menschen vorher geistig-seelisch war, zum Materiellen. Es gliedert sich das Geistig-Seelische das Materielle ein. ...

Wir tragen also während der ganzen Zeit unseres Erdenlebens in uns die Kräfte, die uns als Reste der embryonalen Entwickelung im Innern verbleiben: die Kräfte der Geburt. ... Aber in uns setzt sofort, indem wir den ersten Atemzug tun, indem wir mit der Außenwelt in Berührung kommen, der andere Vorgang ein, der Vorgang, der bezeichnet werden kann als ein Sterbevorgang. Wir haben von allem Anfang an zugleich die Kräfte des Sterbens in uns. ... Durch das Wahrnehmen, durch das Denken gliedern sich in uns Sterbevorgänge ein. Das ist der entgegengesetzte Vorgang zu dem Evolutionsvorgang der Geburt. So wie die Menschheit sich entwickelt seit dem Zeitraum etwa vor und nach dem Mysterium von Golgatha, treten eben mit der Menschheit diejenigen Veränderungen ein, von denen ich gesprochen habe, und der Mensch muss in einer gewissen Weise heiligen den Involutionsvorgang, den der Evolution entgegengesetzten Vorgang. ... Wenn wir aber den Involutionsvorgang einsetzen fühlen, der als ein Sterbevorgang uns ergreift, so muss er seit jener Entgöttlichung der Welt, von der ich Ihnen heute Vormittag gesprochen habe, geheiligt werden, das heißt, es muss in ihn eingefügt werden dasjenige, was von dem Christus-Impuls ausgehen kann. Und so sieht man seit der Entwickelung des Christentums in dem Sterbevorgang etwas, dem hinzugefügt werden muss ein Sakrament; das ist das Sakrament der Taufe. Wir werden dann über sein Ritual noch zu sprechen haben. So dass wir sagen können: Was die Geburt als Evolutionsvorgang ist, das soll die Taufe werden als Involutionsvorgang. Wir sollen zu jenem Rhythmus, in den wir durch die Geburt hineingestellt werden, hinzufügen gewissermaßen das Zurückschlagen des Pendels in der Taufe.

TAUFE

Der zweite Evolutionsvorgang, der in unserem Leben eintritt, ist derjenige, welcher in aller Stärke sich dann zeigt, wenn der Mensch geschlechtsreif wird, wenn sein physischer Leib und sein Ätherleib zu einer gewissen Entwickelung gekommen sind und der Astralleib beginnt, mit seiner Entwickelung ganz besonders einzusetzen ... Dasjenige also, was da als ein Evolutionsvorgang einsetzt, kann man bezeichnen als Reife:

2. Reife

Das ist der Evolutionsvorgang. Der entsprechende Involutionsvorgang, der sich zur Reife geradeso verhält, wie sich die Taufe verhält zur Geburt, ist die Firmung oder Konfirmation.

Firmung, KONFIRMATION

Die Firmung oder Konfirmation hat also die Aufgabe - und wir werden sehen, welches demgemäß ihr richtiges Ritual sein kann-, dasjenige in christlichem Sinne dem Ich und astralischen Leib zu geben, wodurch alles, was durch das modifizierte Verbinden von Ich und astralischem Leib, dem Geistig-Seelischen mit dem Physisch-Leiblichen, mit der Reifung sich entwickelt, was mit der Reife evolviert.

Wir treten damit aber in ein Lebensalter, wo wir mit Bezug auf die Entwickelung noch ein anderes haben: Wir sind untergetaucht mit unserem Geistig-Seelischen in das Physisch-Leibliche. Das Physisch-Leibliche hat unser Geistig-Seelisches ergriffen, das Geistig-Seelische ist dabei eine gewisse Vereinigung mit dem Physisch-Leiblichen eingegangen. Es ist dies der Entwickelungszustand, den wir, wenn wir ihn als Evolutionsvorgang betrachten wollen, bezeichnen als die Verleiblichung des Geistig-Seelischen im Menschen. Wir können sagen: Der dritte Evolutionsvorgang ist die Verleiblichung:

3. Verleiblichung

Wenn wir dazu nun den entsprechenden Involutionsvorgang suchen, so müssen wir vor allen Dingen auf dasjenige sehen, meine lieben Freunde, dass ja der Mensch, indem er dieses Untertauchen seines Geistig-Seelischen in das Physisch-Leibliche als eine besondere Kraft seines Wesens evolviert hat, fortwährend in einer Art von Schwingungszustand ist, in dem Zurückgehen zu dem Geistig-Seelischen, in dem Wiederuntertauchen in das Physisch-Leibliche, so dass er in einem Rhythmus drinnensteht, wodurch ihm droht, entweder ekstatisch sich zu verlieren in dem Geistig-Seelischen oder hinunterzufallen in das Tierische, in vollständige Verleiblichung. Der Mensch braucht etwas, was diesem Evolutionsvorgang als ein Involutionsvorgang gegenübersteht, und dieser Involutionsvorgang ist der Empfang des heiligen Abendmahles. Der Involutionsvorgang für die Verleiblichung ist das heilige Abendmahl.

HL. ABENDMAHL

... Das ist dasjenige, was der Mensch suchen muss, durch das Empfangen des Altarsakramentes sich in den richtigen Rhythmus zu bringen.

Aber damit wäre noch nicht die vollständige menschliche Evolution gegeben, sondern die vollständige menschliche Evolution schließt ein, dass wir nicht nur im einzelnen Augenblick drinnenstehen in dieser Schwingung zwischen dem Geistig-Seelischen und dem Physisch-Leiblichen, sondern die vollständige Entwickelung schließt ein, dass wir auch in der Zeit immer wiederum zurückschwingen können. Wir brauchen die Erinnerung an die vorhergehenden erlebten Erdenerlebnisse, die Erdenerfahrungen. ... dasjenige, was mit dieser Rückerinnerung verknüpft ist, das vollständige Sich-innerlich-Fühlen, das vollständige Sich-in-die-Hand-Bekommen, das tritt eigentlich erst nach der Reifung ein ... wo man die Erinnerung wieder zusammenfasst, so dass die Erinnerung, indem man sie hat, eigentlich die volle Festigkeit des Ich konsolidiert. Kurz, wir sehen, dass sich immer mehr und mehr das konsolidiert, was wir die Lebenserinnerung nennen können. Es gehört zu unseren Notwendigkeiten, es ist dasjenige, was sich auch evolviert aus unserer menschlichen Wesenheit heraus:

4. Lebenserinnerung

Und der entsprechende Involutionsvorgang ist dasjenige, was empfangen worden ist im Christentum als das Sakrament der Buße.

BEICHTE

Da wird der Erinnerungsvorgang durchchristet; da wird der Erinnerungsvorgang dadurch, dass er durchchristet wird, zugleich ins Moralische hinaufgehoben. ...

Damit aber, meine lieben Freunde, sind die Vorgänge erschöpft, die sich im Menschen als Evolutionsvorgänge abspielen seit der Geburt, und wir haben dann das, dass der Mensch nun hintendiert auf naturgemäße Weise zu einem Involutionsvorgang. Wir haben eine Aufeinanderfolge von Evolutionen. In der Erinnerung ist die Aufeinanderfolge der Evolutionen wiederum schon stark in das Innere eingegangen. Die Erinnerung stellt also eine Verinnerlichung dessen dar, was sich als Geburt nach außen entfaltet hat.

Wir kommen, indem wir das weiterentwickeln, zu dem Fünften, was ganz naturgemäß ein Involutionsvorgang ist, wir kommen zu dem Tod, der das Leben des individuellen Menschen beschließt:

5. Tod

Wir haben früher einem Evolutionsvorgang immer in der sakramentalen Handlung einen Involutionsvorgang entgegengestellt; es sind aber allmählich die Evolutionsvorgänge ähnlich geworden den Involutionsvorgängen. Die Involutionsvorgänge in der Buße sind in einer gewissen Weise in äußerer Entfaltung dasjenige, was im Erinnerungsvorgang ganz innerlich beschlossen ist, es sind die Involutionsvorgänge also nach und nach genähert worden den Evolutionsvorgängen. Wir müssen, wenn wir jetzt die sakramentale Handlung haben wollen für diesen natürlichen Involutionsvorgang, den Tod, etwas an den Menschen heranbringen in kultusgemäßer, in ritualgemäßer Form, worin man nach einer geistigen Naturerkenntnis etwas sehen kann, mit dem man entgegentritt dem Sterbenden und an diesem Sterbenden etwas verrichtet, was in einer ähnlichen Weise sein geistig-seelisches Leben anregen soll, wie angeregt worden ist durch Naturvorgänge sein physisch-leibliches Wesen. Es soll, in Rhythmus ausgedrückt, beim Tode das Physisch-Leibliche wieder verschwinden, das Geistig-Seelische wiederum Form gewinnen. Aus gewissen Gründen, die wir noch zu erörtern haben werden, hat man immer in den Ölen, in allem Ölartigen dasjenige gesehen, was wiederum zum Geistig-Seelischen zurückführt. Der Ölungsvorgang wurde auch in der Natur als ein Verseeligungsvorgang angesehen. Daher vollführt man hier die heilige letzte Ölung.

HL. ÖLUNG

Wir fügen gewissermaßen den Evolutionsvorgang dem Involutionsvorgang jetzt hinzu.

Damit haben wir das individuelle Leben des Menschen erschöpft, und es bleiben noch zwei Beziehungen des Menschen vorhanden, die nicht mehr individueller Natur sind. Die eine Beziehung ist die, wo der Mensch, der hier auf Erden stehend ein physisch-leibliches Wesen ist, eingeht ein Verhältnis mit dem Geistig-Seelischen, wie es in den Himmeln bewahrt ist, so dass gewissermaßen die Nabelschnur zum Geistig-Seelischen, die durchschnitten worden ist, wiederum angeknüpft wird, des Menschen Tendierung zurückgeführt wird zu dem Geistig-Seelischen. Wir haben es dann nicht mit etwas Individuellem im Menschen zu tun, wir haben es mit einem Wechselverhältnis mit dem Himmlisch-Geistigen zu tun. Das aber ist etwas, was ja bei jedem Menschen, aber unbewusst, vorhanden ist. Wären wir ganz abgeschnürt von dem Geistig-Seelischen, wir könnten nimmermehr den Weg zurückfinden. Aber es ist ein tiefer Involutionsvorgang, der immerzu in uns vorhanden ist, ein ganz verborgener Vorgang, noch verborgener als das, was im Menscheninnern geschieht, wenn er mit seinem Organismus durch den Tod geht; daher ist es ein Prozess, der im Verlauf des individuellen Lebens des Menschen überhaupt nicht zum Bewusstsein kommt. Dafür muss ein äußerlicher Evolutionsprozess gesucht werden, und dieser Evolutionsprozess ist dann gegeben im Ritual der Priesterweihe. Wir haben also sechstens einen Vorgang, der, wie gesagt, von selbst gegeben ist; die Verbindung, wie man sie nennen kann, und wir haben dementsprechend den äußeren, den Evolutionsvorgang in der Priesterweihe:

6. Verbindung : WEIHE

Und nun haben wir als Siebentes jenes Abbild im Irdischen, das im Irdischen das Verhältnis zwischen dem Geistig-Seelischen und dem Physisch-Leiblichen zum Ausdruck bringt; dieses Verhältnis ist auf naturgemäße Weise gegeben in dem Verhältnis von Mann und Weib. Für jede richtige Anschauung ist ja das Verhältnis von Mann und Weib so, dass im Weibe dasjenige überwiegt, was den Menschen mehr nach dem Geistig-Seelischen hinneigt, im Manne dasjenige, was den Menschen mehr hinneigt nach dem Physisch-Leiblichen. ... Beide tragen also eine gewisse Unvollkommenheit in sich; zwischen beiden besteht daher ein Spannungszustand. Und wenn für diesen Spannungszustand, der naturgemäß gegeben ist in dem Verhältnis zwischen Mann und Weib, sein sakramentaler Evolutionswert gesucht wird - es ist ein tief verborgener Involutionsvorgang, auf den wir hier hindeuten, wenn wir auf das Männliche und Weibliche hindeuten -, so haben wir den gegeben in dem Sakrament der Ehe:

7. Mann und Weib : EHE

Das ist dasjenige, was in der christlichen Esoterik immer gelegen hat in Bezug auf den Sakramentalismus, insofern er auf den Menschen anzuwenden ist, dass der Mensch, der in die Welt hereintritt, zum Teil nur ausgestattet ist mit Evolutionswerten, zum Teil nur mit Involutionswerten, und dass immer dazugefügt werden muss durch das Sakrament zu dem Evolutionswert der Involutionswert, und zu dem Involutionswert der Evolutionswert. Man spricht gleichsam die Grundempfindung aus: Der Mensch tritt als ein unvollständiges Wesen in das irdische Dasein, er muss erst zu einem vollständigen Wesen gemacht werden. Als Individuelles drückt sich seine Unvollkommenheit aus in der Geburt, in der Reife, in der Verleiblichung, in der Erinnerung, im Tod. Dazu muss der Mensch, damit er vollkommen physisch-leiblich-geistigseelisch lebt, hinzufügen auf sakramentale Weise: die Taufe, die Firmung, das Altarsakrament, die Buße und die letzte Ölung. In Bezug auf das Soziale steht der Mensch in dem ausnahmsweisen Zustand der Priesterlichkeit drinnen, wo durch das äußere Zeichen in sakramentaler Weise in der Priesterweihe auch hingewiesen werden soll auf dasjenige, was tief verborgen als Involutionswert vorhanden ist. Und in der Heiligung der Ehe durch das Sakrament soll eben zum Ausdruck kommen, wie das, was nur unvollständig gegeben ist bei Mann und Weib als ein Involutionswert, durch eine äußere sakramentale Handlung, durch den entsprechenden Evolutionswert ergänzt wird. ... Wir leben heute innerhalb unserer neueren Zivilisation fast einzig und allein in Evolutionswerten. Wir haben sehr notwendig, sakramental zu Involutionswerten wiederum zu kommen. Warum, meine lieben Freunde, haben die moralischen und die religiösen Wahrheiten für die heutige Menschheit eine so geringe Kraft? Sie haben geringe Kraft, weil es schon einmal notwendig ist, dass das, was an den Menschen herantritt, nicht bloß als Ermahnung und Gebot herantritt, sondern so, dass er gewahr wird, dass in diesem Herantreten ein *wirkliches Durch*dringen mit dem Göttlichen stattfindet. Das kann aber vor das menschliche Bewusstsein nur in der sakramentalen Handlung hintreten.»

Siehe diesen Vortrag Steiners vollständig auch in GA 343/13, S. 255-266 (1993).

Wie nun diese sakramentale Handlung geformt und gefüllt wird, hängt von den Bedürfnissen und Möglichkeiten der sakramental Kommunizierenden ab.

Dass es hier nicht nur einen allgemein und überall und jederzeit für jedermann gültigen Text und eine Form geben kann, macht Rudolf Steiner schon damit deutlich, indem er nicht nur verschiedene Kultusformen vermittelte (bis hin zu den «Klassenstunden», ja der Anthroposophie selbst als «Gottesdienst» [24.12.1923, GA 260]), sondern z.B. auf eine weitere Anfrage einer Taufe auch einen weiteren Text gab: Jedem das Seine.

Die von ihm damals gegebenen Texte sind "Zwischenstation", bis wir aufgrund eigener Wahrnehmung, durch die Sakramentalisierung des ganzen Lebens, das Göttliche überall und immer finden und er-leben und damit Sakrament, Kommunion, Gottes-Dienst jederzeit ganz individuell selbst gestalten und formulieren können. (VDL)

(Siehe z.B.: Unterschied von kirchlicher Kommunion und Meditation? Steiner: «Vom Rücken der Zunge an ist es dasselbe» GA 265, S. 27.)

Siehe dazu auch:
Dieter Brüll, «Bausteine für einen sozialen Sakramentalismus».

Der Anstoß hierzu war die Erfahrung,
dass über diese Fragen
in anthroposophischen Kreisen
weitgehend Unklarheit herrscht.

Des Weiteren war es die Erkenntnis,
dass im Hinblick auf die Jahrtausendwende,
wenn das Böse
verstärkt zur Wirksamkeit kommt,
in anthroposophischen Gemeinschaften
verstärkt esoterisch und
sakramental kultisch
gehandelt werden muss.

Paul Hofmann

frei + christlich

Dass es kein anderes Wort Gottes gibt
als das,
was allen Christen zu verkündigen aufgetragen ist,
dass es keine andere Taufe gibt
als die,
die jedweder Christ vollziehen kann,
dass es kein anderes Gedächtnis
des Herrenmahls gibt
als das,
bei dem jedweder Christ tun kann,
was Christus zu tun befohlen hat,
dass es keine andere Sünde gibt
als die,
die jedweder Christ binden, bzw. lösen muss,
dass es kein anderes Opfer gibt
als den Leib eines jedweden Christen,
dass niemand beten kann, außer allein ein Christ,
dass niemand über die Lehre urteilen darf
außer ein Christ selbst.
Alle Christen
sein wahrhaftig geistlichs Stands,
und ist unter ihnen kein Unterschied,
denn des Amts halben allein. …
Was aus der Tauf krochen ist,
das mag sich rühmen, das es schon
Priester, Bischof und Papst geweihet sei.

Martin Luther

Zitate sind in « »,

Hervorhebungen, Pointierungen, fragliche Begriffe in " " gesetzt.

Anmerkungen innerhalb von Zitaten oder Hervorhebungen
- wenn nicht anders gekennzeichnet - von VDL.

Abkürzungsverzeichnis siehe am Ende des Buches..

Die Anmerkungen wurden auf vielfachem Leserwunsch
- trotz deren Ausführlichkeit - hier als Fußnoten möglichst noch auf der selben Seite untergebracht und
nicht - wie es vielleicht für die Lesbarkeit praktischer wäre - als Endnoten am Ende des Beitrages, bzw.
Buches, weil hierdurch das dauernde, als lästig empfundene Umblättern nach hinten erspart bleibt
und die vertiefenden, weiterführenden Informationen direkt beim dazu gehörigen Text aufzufinden sind.

ZUR FREIHEIT
DES CHRISTENMENSCHEN

Notizen
zu einem freien christlichen Handeln

Volker David Lambertz

Wohin wenden wir uns konkret,
als überkonfessionell strebende Christen,
als Anthroposophen,
insbesondere in den Hoch-Zeiten des Lebens:
wenn eine Taufe, Trauung, Bestattung aber auch die
kultische Vertiefung durch das Zentralsakrament vor uns
steht ?
Wohin, wenn wir allgemein-christlich [49] suchen
und uns keiner gesonderten Religionsgemeinschaft,
Kirche, Konfession anschließen,
bzw. ökumenisch innerhalb dieser, unabhängig neue
Tiefen suchen, anregen wollen? [50]

---

49   «Allgemein-christlich» wird hier begrifflich mit «laien-priesterlich» und «allgemein-priesterlich» gleichgesetzt, d.h. einem berechtigten und wirkungsvollen,
sakramentalen Handeln auch durch "Nicht-Geweihte", also Christen ohne traditionelle, institutionell erteilte «Priester-Weihe». Siehe dazu Kap. «Nur mit Weihe?» und
weitere Erläuterungen in den Fußnoten 73/79/86/87.

50   «Der Christus hat einmal gesagt: 'Ich bin bei euch bis ans Ende der Erden-
tage'. Und er ist nicht bloß als ein Toter, er ist als ein Lebender unter uns, und er
offenbart sich immer. Und nur diejenigen, die so kurzsichtig sind, dass sie sich vor
dieser Offenbarung fürchten, sagen, man solle bei dem bleiben, was immer ge-
golten hat. Diejenigen aber, die nicht feige sind, wissen, dass der Christus sich
immer offenbart.» Rudolf Steiner, «Weltwesen und Ichheit», GA 169/2, S.44.
«Der nur hat die wahre Meinung von dem Christentum, der durchdrungen ist von
der Überzeugung, dass alle Kirchen, die den Christus-Gedanken gepflegt haben,
alle äußeren Gedanken, alle äußeren Formen zeitlich und daher vorübergehend
sind, dass aber der Christus-Gedanke sich in immer neuen Formen hereinleben

Kirche unnötig?

Unübersehbar «ergibt sich als *not*-wendig, dass das christliche Freiheitselement *auch* dem Wesen des Kultus, dem Sakramentalismus einverleibt werden muss. Das heißt, dass zunehmend nach der Zukunft hin nicht mehr der Eine [Priester] für die Anderen alle das Opfer zu vollbringen haben wird, sondern dass der Eine mit dem Anderen gemeinschaftlich das Gleichwerden der Menschen gegenüber dem Christus, der als Sonnenwesen auf die Erde heruntergestiegen ist, erleben soll.» [51]

«Die Kirche kann, wenn sie sich richtig versteht, nur die eine Absicht haben, sich unnötig zu machen auf dem physischen Plane, indem das ganze Leben zum Ausdruck des Übersinnlichen gemacht wird.» [52/53]

---

wird in die Herzen und Seelen der Menschen in der Zukunft, so wenig diese neuen Formen sich auch heute zeigen.» Rudolf Steiner, 13.10.1911, GA 131.

«...die Menschheit ist gegenwärtig auf einer Entwicklungsstufe angelangt, auf der ein großer Teil von ihr alle Religion verlieren würde, wenn die ihr zugrunde liegenden, höheren Wahrheiten nicht auch in einer Form verkündigt würden, so dass auch das schärfste Nachdenken sie als gültig ansehen kann. Die Religionen sind wahr, aber die Zeit ist für viele Menschen vorüber, in der Begreifen durch den bloßen Glauben möglich war. Und die Zahl der Menschen, für die das gilt, wird in der nächsten Zukunft mit ungeahnter Schnelligkeit zunehmen. Das wissen diejenigen, welche die Entwicklungsgesetze der Menschheit wirklich kennen. Wenn die den religiösen Vorstellungen zugrunde liegenden Weisheiten nicht in einer dem vollkommenen Denken standhaltenden Form in der Öffentlichkeit verkündet würden, so müssten alsbald der völlige Zweifel und Unglaube gegenüber der unsichtbaren Welt hereinbrechen. Und eine Zeit, in der das der Fall wäre, wäre trotz aller materiellen Kultur eine Zeit, schlimmer als eine solche der Barbarei.» Rudolf Steiner, 14.8.1906, GA 34, S.273f.

51 (Siehe Beitrag zuvor von) Hella Wiesberger, Einleitung zum Buch «Zur Geschichte und aus den Inhalten der erkenntniskultischen Abteilung der Esoterischen Schule von 1904 bis 1914», Rudolf Steiner, GA 265 (1987), S.19-20. Siehe dazu auch Rudolf Steiner, «Das Verhältnis der Sternenwelt zum Menschen und des Menschen zur Sternenwelt», 23.12.1922, GA 219.

52 Rudolf Steiner, «Was tut der Engel in unserem Astralleib?...», 9.10.1918.

«Voraussetzung zu all dem ist die Spiritualisierung des Denkens. Erst davon ausgehend wird man dazu kommen können, nach und nach alle Lebensbetätigungen zu sakramentalisieren. Dann werden sich aus der Erkenntnis der geistigen Wirklichkeiten heraus auch die alten Zeremonien ändern, weil es da, wo man Wirklichkeiten hat, keiner Symbole mehr bedarf.» [54/55]

«Alle freie Religiosität, die sich in der Zukunft innerhalb der Menschheit entwickeln wird, wird darauf beruhen, dass in jedem Menschen das Ebenbild der Gottheit wirklich in unmittelbarer Lebenspraxis, nicht bloß in der Theorie, anerkannt werde.

Dann wird es keinen Religionszwang geben können, dann wird es keinen Religionszwang zu geben brauchen, denn dann wird die Begegnung jedes Menschen mit jedem Menschen von vornherein eine religiöse Handlung, ein Sakrament sein, und niemand wird eine besondere Kirche, die äußere Einrichtungen auf dem physischen Plan hat, nötig haben, das religiöse Leben aufrechtzuerhalten.» [56/57] b.w.

---

53   «Und so wird für alle diejenigen, welche das äußere Symbolum brauchen, um einen geistigen Aktus zu vollziehen, nämlich die Vereinigung mit dem Christus, das Abendmahl der Weg sein, der Weg bis dahin, wo ihre innere Kraft so stark ist, wo sie so erfüllt sind von dem Christus, dass sie ohne die äußere physische Vermittlung (von Brot und Wein *VDL*) sich mit dem Christus vereinen können. Die Vorschule für die mystische Vereinigung mit dem Christus ist das Abendmahl - die Vorschule.» Rudolf Steiner, 7.7.1909, GA 112.

54   Hella Wiesberger, Einleitung zu GA 265, S.22, siehe Rudolf Steiner, 13.10.1911 und 11.9.1923.

55   So können die in uns lebenden meditativen Gedanken «eben dasselbe sein, nur von innen heraus, wie es das Zeichen des Abendmahls - das geweihte Brot - von außen gewesen» ist. Rudolf Steiner, 13.10.1911, GA 131, S.204.

Wie drastisch sich die Möglichkeiten geändert haben, zeigt die Frage Friedrich Rittelmeyers: «Ist es nicht auch möglich, Leib und Blut Christi zu empfangen o h n e Brot und Wein, nur in der Meditation?» und die Antwort Steiners: «Das ist möglich. Vom Rücken der Zunge an ist es d a s s e l b e .» GA 265, S.27.

Anthroposophie als freilassender Weg

Weg dahin und Quelle dazu kann die Anthroposophie - als eine «Philosophie der Freiheit» [58] - sein. Als ein freilassender, interreligiöser Schulungs- und Erkenntnisweg führt sie zum Erwachen am (Christus im) anderen Menschen. Hier wird ein unmittelbares Anknüpfen [59] der Bewusstseins-Seele an das Mysterium von Golgatha, an die Gegenwart der Geistigen Welt ermöglicht, aus der «moralischen Intuition» eines «ethischen Individualismus» [60]. So wird Anthroposophie «selbst Gottesdienst» [61] und

56   Rudolf Steiner, «Was tut der Engel in unserem Astralleib?...», 9.10. 1918.

57   «Deshalb müssen wir eben nicht bloß eine Erneuerung des alten Kultus suchen, sondern wir müssen nach einem Kultus suchen, welcher aus uns selbst heraus geschaffen werden kann, aber so geschaffen werden kann, dass das Göttliche in uns schafft in dem Sinne, wie ich es ja schon besprochen habe, so dass das Pauluswort wahr werden muss im Evangelienauslegen wie in allem religiösen Wirken: Nicht ich, sondern der Christus in mir.» Rudolf Steiner, 3.10.1921 nachmittags, GA 343/15, S.302-303.

58   So auch eines der Hauptwerke Rudolf Steiners, GA 4, Rudolf-Steiner-Verlag, CH-Dornach.

59   «Deshalb dürfen wir dasjenige, was er (Christus heute) als Anthroposophie offenbart, als eine wirkliche Christus-Offenbarung aufnehmen. Oft, meine lieben Freunde, werde ich gefragt von unseren Mitgliedern: Wie setze ich mich in Verbindung mit dem Christus? - Es ist eine naive Frage! Denn alles, was wir anstreben können, jede Zeile, die wir lesen aus unserer anthroposophischen Wissenschaft, ist ein Sich-in-Beziehung-Setzen zu dem Christus. Wir tun gewissermaßen gar nichts anderes.» Rudolf Steiner, «Weltwesen und Ichheit», GA 169/2, S.44.

60   Siehe Rudolf Steiner in «Die Philosophie der Freiheit».

61   Rudolf Steiner, 24.12.1923, GA 260.

«Wir können aber die höheren Welten nicht erkennen, ohne den Blick hinaufzurichten. Sobald wir aber den Blick hinaufrichten, erwachen die Impulse unseres Fühlens, und wir werden gegenüber demjenigen, was wir erkennen, andächtig beten. ... So wird unser Fühlen andächtig, unser Wollen gottinnig gemacht. ... Das ist ein Prüfstein ... Geisteswissenschaft hat ihren Probierstein darin, dass sie ausklingt in andächtige Verehrung dessen, was erkannt wird ... Das ist es ja auch, was sich ergibt aus der Geisteswissenschaft wie ein letztes Resultat, wie eine Rechtfertigung, dass sie ausklingt wie ein selbstverständliches Gebet.» Rudolf Steiner, GA 119/11, 271f.

kann den würdig und ernstlich Strebenden *direkt* zur Verbindung mit IHM, zur «geistigen Kommunion» 62/63

«So beginnt Anthroposophie überall mit Wissenschaft, belebt ihre Vorstellungen künstlerisch und endet mit religiöser Vertiefung; beginnt mit dem, was der Kopf erfassen kann, geht heran an dasjenige, was im weitesten Umfange das Wort gestalten kann und endet mit dem, was das Herz mit Wärme durchtränkt und das Herz in die Sicherheit führt, auf dass des Menschen Seele sich finden kann zu allen Zeiten in seiner eigentlichen Heimat, im Geistesreich. So sollen wir auf dem Wege der Anthroposophie ausgehen lernen von der Erkenntnis, uns erheben zur Kunst und endigen in religiöser Innigkeit.» Rudolf Steiner, GA 257/2.

«Diese anthroposophische Bewegung ist nicht ein Erdendienst, diese anthroposophische Bewegung ist in ihrer Ganzheit mit all ihren Einzelheiten ein Götter-, ein Gottesdienst. Und die richtige Stimmung für sie treffen wir, wenn wir sie ansehen in ihrer Gänze als einen solchen Gottesdienst.» Rudolf Steiner, 24.12.23, GA 260.

62   Siehe Rudolf Steiner, vor allem GA 1b, 131, 198/16, 219/12, 260, 265, 269.

63   «... wenn wir verstehen, schon die Türe, schon die Pforte zu dem Raum - und mag er sonst ein noch so profaner sein, er wird geheiligt, durch gemeinsame anthroposophische Lektüre - als etwas zu empfinden, was wir mit Ehrerbietung übertreten. Und die Empfindung müssen wir hervorrufen können, dass das in jedem Einzelnen der Fall ist, der sich mit uns vereinigt zu gemeinsamem Aufnehmen anthroposophischen Lebens. Und das müssen wir nicht nur zu innerster abstrakter Überzeugung bringen können, sondern zu innerem Erleben, so dass in einem Raume, wo wir Anthroposophie treiben, wir nicht nur dasitzen als so und so viele Menschen, die aufnehmen das Gehörte, oder aufnehmen das Gelesene und es in ihre Gedanken verwandeln, sondern dass durch den ganzen Prozess des Aufnehmens anthroposophischer Ideen ein wirkliches real-geistiges Wesen anwesend wird in dem Raume, in dem wir Anthroposophie treiben. Wie in den in der sinnlichen Welt sich abspielenden Kultformen die göttlichen Kräfte auf sinnliche Art anwesend sind, müssen wir lernen mit unseren Seelen, mit unseren Herzen durch unsere innere Seelenverfassung übersinnlich anwesend sein zu lassen eine wirkliche Geistwesenheit in dem Raume, unser Empfinden, unser Denken, unsere Willensimpulse müssen wir einrichten können im spirituellen Sinne, das heißt nicht in irgendeinem abstrakten Sinne, sondern in dem Sinne, dass wir uns so fühlen, als schaute herunter auf uns und hörte uns an ein Wesen, das über uns schwebt, das realgeistig da ist. Geistige Gegenwart, übersinnliche Gegenwart müssen wir empfinden, die dadurch da ist, dass wir Anthroposophie treiben. Dann fängt die einzelne anthroposophische Wirksamkeit an, ein Realisieren des Übersinnlichen selbst zu werden.» Rudolf Steiner, «Anthroposophische Gemeinschaftsbildung», 27.2.1923, GA 257.

führen.   Letztendlich mündet sie in die Verchristlichung und Sakramentalisierung des ganzen Lebens. [64]

Anthroposophie ermöglicht Mitgliedern *aller* Religionen [65] und Konfessionen einen freien [66], unabhängigen, unmittelbaren Weg zur Geistigen Welt und dem Christus.

Sie ist auf die Freiheit und individuelle Erkenntnis des Strebenden aufgebaut [67] und lässt jedem seine Religion,

---

«Wenn wir dies erfassen, dann wird Geisteswissenschaft unmittelbar zur Andacht, wie zu einem gewaltigen Gebet; denn was ist ein Gebet anderes als dasjenige, was unsere Seele mit dem Göttlich-Geistigen, das die Welt durchwebt, verbindet. Dieses Gebet ist das, was ein Gebet heute sein kann. Wir müssen es uns erobern, indem wir die Sinneswelt durchleben. Indem wir dieses bewusst anstreben, wird ganz selbstständig das, was wir wissen können, zu einem Gebet. Da wird spirituelle Erkenntnis unmittelbar Gefühl und Erlebnis und Empfindung. Und das soll sie werden. Dann mag sie noch so sehr mit Begriffen und Ideen arbeiten: Ideen und Begriffe werden zuletzt gebetsartige reine Empfindungen, reines Fühlen. Das aber ist es, was unsere Zeit braucht.» Rudolf Steiner, 15.12.1912, GA 140.

64   Siehe auch Dieter Brüll, «Bausteine für einen sozialen Sakramentalismus».

65   «Anthroposophie als Wissenschaft vom Übersinnlichen und die Anthroposophische Gesellschaft als deren Gemeinschaftsträger sollten nicht an ein bestimmtes Religionsbekenntnis gebunden sein, da die Anthroposophie ihrem Wesen nach interreligiös ist. Auch ihre zentralste Erkenntnis, die Erkenntnis von der Bedeutung des Christus-Geistes für die Menschheits- und Erdenentwicklung, beruht nicht auf derjenigen der christlichen Konfessionen, sondern auf der Einweihungswissenschaft, aus der alle Religionen einmal hervorgegangen sind. In diesem Sinne charakterisiert er (Steiner) es einmal als einen 'Grundnerv' der geisteswissenschaftlichen Forschungsaufgaben, den allen Religionen gemeinsamen übersinnlichen Wahrheitsgehalt herauszuarbeiten und dadurch 'gegenseitiges Verständnis der einzelnen aus den Initiationen hervorgehenden religiösen Strömungen über die Erde zu bringen' (Rudolf Steiner, 23.4.1912, GA 133, S.61ff.). Daraus ergibt sich als logische Folge, dass von der Anthroposophie her gesehen praktische Religionsausübung innerhalb einer Konfession Privatsache des Einzelnen sein muss. Das findet sich auch in den Statuten der Gesellschaft von Anfang an ausgedrückt.» Hella Wiesberger, GA 265, S.14.

66   Die AG versteht sich als die «freieste Gesellschaft der Welt». (Um "Anthroposoph" zu sein, ist deshalb eine Mitgliedschaft in der «Allgemeinen Anthroposophischen Gesellschaft» nicht zwingend.) Das Werk Rudolf Steiners steht jedem Suchenden offen und ist in einer GA jedermann zugänglich niedergelegt.

Konfession. Damit anerkennt sie genauso eine freie christliche, individuell-religiöse und entsprechend kultische Gestaltung des eigenen Lebens an.

Mit welchen Handlungen,

welchen Texten könnten aber die Konzentrationspunkte des religiösen, kultischen Lebens er- und gefasst werden, wenn eine spezielle *Kirche* nicht in Frage kommt?

Meist wird versucht eigene Formen und Worte zu finden.

Woran aber orientieren wir uns, wenn wir uns - aus welchen Gründen auch immer - *noch* nicht in der Lage sehen eigene Sakramentstexte und -formen zu fassen, zu formulieren?

Dann sind wir auf gegenwärtig verfügbare Texte angewiesen.

Auf der Suche nach zeitgemäßen [68], überkonfessionellen, sakramentalen Handlungen sind diese Fragen auch *Rudolf Steiner* gestellt worden [69]. Und er antwortete auch hier.

---

67   Das Prinzip Rudolf Steiners (als Geisteslehrer) dazu: «Richte jede deiner Taten, jedes deiner Worte so ein, dass durch dich in keines Menschen freien Willensentschluss eingegriffen wird.» GA 10, «Wie erlangt man Erkenntnisse der höheren Welten?», S.22.

68   «... Dass fortan alle Symbole und kultischen Handlungen nur dann zu Recht bestehen, wenn sie von der wachen, bewussten Erkenntnis erhellt und entsiegelt werden. Dieser Weg nach Christus geht von der Erkenntnissphäre des Hauptes in die versiegelten und verhüllten Seelengründe, er führt über das Herz bis in die Willenstiefen.» Fred Poeppig, «Hat der Kultus heute noch eine Bedeutung?».

69   In diesem Sinne traten Anthroposophen und Eltern bzw. Freunde der ersten Waldorfschule in Stuttgart an den freien christlichen Religionslehrer Wilhelm Ruhtenberg heran, in der Hoffnung, dass er als ehemaliger evangelischer Pastor und damit als "theologischer Fachmann" helfen könnte. Er sah sich dazu nicht in der Lage und reichte die Bitte nach geeigneten Sakramentshandlungen an Rudolf Steiner weiter. Siehe auch Fußnoten: 83/84/86/87.

So besteht auf dem Weg zur spirituellen Emanzipation des Christen-Menschen die kultushistorisch bedeutsame Tat Rudolf Steiners nicht nur in der Geburtshilfe für eine «erneuerte» *Kirche* [70] - die segensreich und für viele wichtig und richtig war und ist [71] -, sondern vor allem in der Zukunftssaat eines *freien christlichen*, überkonfessionellen, sakramentalen Impulses.

Steinersche Antworten

Auf Grund der vorgetragenen Anliegen und Fragen, aber natürlich auch besonders mit dem Blick auf die Notwendigkeiten der Zukunft, vermittelte Rudolf Steiner einen - allerdings bis heute nur teilweise aufgegriffenen [72] - Kreis von kirchenunabhängigen und allgemein-("laien"-)priesterlichen Sakramenten [73/74],

---

70   Die 1922 mit Rudolf Steiners Ratschlägen von insbesondere Friedrich Rittelmeyer (als deren ersten «Erzoberlenker») begründete «Die Christengemeinschaft», siehe GA 342-345.
Die CG versuchte (evangelische) Freiheit und (katholische) Sakramentalität in einer «erneuerten Kirche» zu vereinen und durch die Anthroposophie zu vertiefen. Sie behielt aber trotz der Fortschritte der Lehrfreiheit der Priester (in den Grenzen der eigenen CG-Weltanschauung) und der Frauenordination, doch das "Zwei-Stände-Prinzip" (allein die kirchlich, amtspriesterlich Geweihten, nicht die allgemein-priesterlich Handelnden sind zum sakramentalen Vollzug berechtigt) bei und unterstellte den Pfarrer innerhalb ihrer Kirchenordnung einer Hierarchie. Siehe dazu auch Fußnoten 96/102/104.
71   Und sie wird es auch noch lange bleiben, so lange, wie es erforderlich sein wird, auch «denjenigen Menschen etwas zu geben, die zunächst - man muss da die historisch gegebene Notwendigkeit ins Auge fassen - nicht in der Lage sind, unmittelbar den Gang zur anthroposophischen Bewegung anzutreten.»   Rudolf Steiner, 30.12.1922, GA 219.
72   Siehe Fußnote 88.
73   Dass diese Sakramente eindeutig der allgemein-/"laien-"priesterlichen Ebene angehören, zeigt sich schon daran, dass sie "Nichtgeweihten" («Laien») zum vollgültigen Vollzug gegeben wurden.   Zum geistlichen Stand der sakramental

einen «spezifisch anthroposophischen» Weg [75] :
das in seiner kultischen Entwicklung weitergeführte
- Zentralsakrament [76/77] die «OPFERFEIER» (1923) [78]

Handelnden siehe Fußnoten 79/86/87, zu Ruhtenberg, Schuster und den Religionslehrern. Zur Frage der Berechtigung/Weihe siehe unten Kap. «Nur mit Weihe?».

74   Weil die Siebenheit der Sakramente (wie sie auch Rudolf Steiner vermittelte) eine Einheit bilden, werden hier die getrennt gegebenen allgemein-priesterlichen Sakramente - einerseits das Zentralsakrament «Opferfeier», andererseits Taufe, Trauung, etc. - zusammen behandelt. Dass diese historisch zu unterschiedlichen Zeiten an verschiedene Menschen bzw. Institutionen gingen, spielt für die Zuordnung und Bewertung des spirituellen und kultushistorischen Niveaus und des Kultustyps keine Rolle. Siehe im Text unten Zitat «lehrreich...» : ein und derselbe Text für verschiedene Lebenszusammenhänge!   Siehe Fußnote 89 , zur Ergänzung der Siebenheit: Fußnote 88.

75 «Denn diese Bewegung für christliche Erneuerung ist nicht aus der Anthroposophie herausgewachsen. Sie hat ihren Ursprung bei Persönlichkeiten genommen, die vom Erleben im Christentum heraus, nicht vom Erleben in der Anthroposophie heraus einen neuen religiösen Weg suchten. ... Aber sie suchten nicht den anthroposophischen Weg, sie suchten einen spezifisch religiösen.»   Rudolf Steiner 5.10.1924, Nachrichtenblatt für die Mitglieder, in GA 260a, S. 397.

"Spezifisch anthroposophisch" meint hier einen überkonfessionellen, institutionell unabhängigen, individuellen, nur der geistigen Welt gegenüber verantworteten Weg, entsprechend den Darstellungen Rudolf Steiners in der «Philosophie der Freiheit», wie er charakteristisch für die Anthroposophie ist.

76   Der Mittelpunkt der Sakramente - die so genannte "Messe" als Zentralsakrament - beinhaltet - so wie die «Opferfeier» auch - die typischen vier Teile: Evangelium, Opferung, Wandlung, Kommunion. Die «Opferfeier» ist zwar eine weitergeführte, aber vollgültige "Messe", ein eucharistisches Altarsakrament (wenn auch nicht mehr über den "Umweg" der Substanzen sondern «direkt» siehe Fußnote 102).   «Sie steht an der Spitze der Hierarchie aus zwei Gründen. Erstens, weil sie die Kraft des ganzen Christus selbst enthält; zweitens, weil alle übrigen Sakramente auf sie zu- und hingeordnet sind.»   Alexandre Ganoczy, «Einführung in die katholische Sakramentlehre».

77   Zum ersten Mal am 25.3.1923 in der Stuttgarter Waldorfschule gefeiert.

78   «...zusammengeschaut, machen klar, wo die Opferfeier auf der Linie historischer Entwicklung einzureihen ist: nicht vor, sondern nach der Messe mit Brot und Wein.» Maria Lehrs-Röschl, GA 269 (1997), S.128.

Denn auch die «Menschenweihehandlung» der CG gehört zum Typ der "alten", «indirekten» Messeform (mit Brot und Wein).   Auch der Hinweis Rudolf Steiners, dass die Handlungen «nicht priesterlich» zu halten seinen, bedeutet nicht, dass

den Religionslehrern [79] der Freien Waldorfschule
und den heilpädagogischen Heimen,

letztlich aber für jeden, der diese wünscht [80],

---

diese "weniger" sind, weil "nur Laien-Handlungen", sondern es soll gerade das
"Alte", nämlich Priesterliche, das "Zwei-Stände-/Kleriker-Laien-Prinzip" hier keine
Rolle mehr spielen; hier wird gerade nicht hierarchisch-"priesterlich" sondern
brüderlich, direkt-urchristlich gehandelt. Und auf die Einwendung, es könne in
jeder Kulturepoche jeweils nur ein gültiger Kultus - und zwar auch nur vom einem
Eingeweihten - heruntergeholt werden und der sei mit der CG, d.h. deren
Menschenweihehandlung gegeben, sei darauf hingewiesen, dass Rudolf Steiner
die Opferfeier <u>nach</u> der Menschenweihehandlung inaugurierte. (Verfällt deshalb die
Gültigkeit der Menschenweihehandlung?!) Auch im Hinblick auf die Zukunft verwies er auf die Fortbildung der Opferfeier (! = noch weitere Formen, die, wenn wir
sie auszuarbeiten haben, auch nicht von einem Eingeweihten stammen); siehe
unten Fußnote 80.

79   Ganz deutlich ist der "laien"-priesterliche Stand bei den Handlungshaltenden
in den Waldorfschulen etc., die das Zentralsakrament «Opferfeier» berechtigt und
wirkungsvoll zelebrieren: Sie sind als Lehrer alle (institutionell !) nichtgeweihte
«Laien». Die Wirkensmöglichkeit bezieht der hier Strebende aus seinem Anthropo-
soph-Sein und SEINEM Ja. Gehalten werden die Handlungen daher «exterritorial»
im Auftrag der Anthroposophischen Gesellschaft und nicht der Waldorfschule
selbst. Ihre "Anerkennung" als Religionslehrer und Handlungshaltende für die
Waldorfschule erhalten sie vom «Überregionalen Religionslehrerkollegium». Die
Entscheidung dazu fällen in der Regel die Religionslehrer der betreffenden Schule
selbst in ihrer Runde und bringen diese "Dornach" zur Kenntnis. Dies sind organisa-
torische(!) Maßnahmen, die niemanden in einen geistlich oder sozial anderen oder
höheren Stand erheben.

80   «Maria Röschl-Lehrs berichtet, wie nach dem ersten Vollzug dieser Handlung
Lehrerkollegen darum ersuchten, die Feier für die Lehrer allein zu wiederholen. Da
die Ausführenden der Handlung zu der Auffassung neigten, die Handlung solle nur
für Schüler unter Teilnahme von Lehrern und Eltern stattfinden, sei sie gebeten
worden, Rudolf Steiner darüber zu befragen: «Ich fragte ihn in einer Formulierung,
die bereits zeigte, ich sei der Meinung, es gehe nicht an, die Opferfeier anders als
für Schüler zu halten. Rudolf Steiner aber blickte mich mit weit geöffneten Augen
an (ich kannte diese Geste als seinen Ausdruck überraschten, leicht missbilligenden Erstaunens) und sagte: ‹Warum nicht? Diese Handlung kann überall gehalten
werden, wo Menschen sind, die sie wünschen!› » Hella Wiesberger in GA 269
(1997), S.125.
«Eine kultische Arbeit in der anthroposophischen Bewegung muss aus dem selben
geistigen Strom hervorgehen wie die Schulhandlungen, gewissermaßen eine

und hierzu

- die Sonntags-Handlungen für die Schul-Kinder (1920 [81])
- und das Sakrament JUGENDFEIER *(Konfirmation)* (1921 [82]);
- die TAUFE (1921 [83]),
- die TRAUUNG (1922 [84]),
- die BESTATTUNG (1919 [85])

erhielten Wilhelm Ruhtenberg [86] bzw. Hugo Schuster [87] als damit einzeln und unabhängig wirkende Anthroposophen.

Fortsetzung (!) dessen, was in Form und Inhalt in der Opferfeier gegeben war...». Rudolf Steiner zu René Maikowski, GA 269 (1997), S.133.

81   Die erste Sonntags-Handlung fand am 1.2.1920 in der Stuttgarter Waldorfschule statt.

82   Erstmalig Palmsonntag 1921 in der Stuttgarter Waldorfschule gehalten.

83   An Ruhtenberg, siehe auch GA 265 (1987), S.36.

84   An Ruhtenberg, lt. GA 345 (1994), S.73.

85   An Hugo Schuster, erstmals vollzog er die Bestattungshandlung am 14.1.1919 für Marie Leyh auf dem Arlesheimer Friedhof. (Siehe GA 265 [1987], S.491.)

86   Wilhelm Ruhtenberg (siehe Personenregister) war «Laie», nämlich ausschließlich Waldorflehrer, als er von Steiner Taufe und Trauung erhielt. Den gleichen geistlichen Stand besaß er übrigens auch, als er zuvor Pastor der Evangelischen Kirche war: Dort gibt es nämlich keine Priester-Weihe, sondern nur eine Amtseinführung namens «Ordination» Geistlich steht dort der Pastor auf derselben Ebene wie alle anderen Kirchenmitglieder. Selbst als amtierender Pastor wäre er aber auch nicht mehr als alle anderen berechtigt gewesen - anthroposophische - Sakramente zu erteilen. Als er sich später - nachdem er die freien christlichen Sakramente bereits erhalten hatte - doch noch konvertierte und zum Priester der CG weihen ließ, erklärte Steiner dies zu seiner «Privatangelegenheit»(!): «Der Pastor Ruhtenberg muss, wenn er hier (als freier christlich Handelnder, VDL) ist, vollständig vergessen, dass er Priester ist.» Rudolf Steiner, 9.12.1922, «Zur religiösen Erziehung, Wortlaute Rudolf Steiners...», (1997), S.175.

87   Schuster war "Priester" der christkatholischen Kirche. Die freien christlichen Rituale erhielt er jedoch von Steiner, weil er als kultisch engagierter *Anthroposoph* für Anthroposophen danach fragte, nicht weil er berechtigt war als Pfarrer der Christkatholischen Kirche christkatholische Sakramente an Christkatholiken zu erteilen; wie sowieso dessen "alte" (katholische) Weihe für die «erneuerten Sakra-

Letztlich ist der GANZE ORGANISMUS des *sieben-*
fältigen Sakramenten-Kreises möglich und gegeben. [88]

---

mente» keine Handlungsberechtigung mehr darbot. (Siehe Rudolf Steiner, 4.10. 1921, Nachmittag, GA 343 [1993], S.350.) Selbst die CG erkennt die christkatholische Weihe für diese "Steinerschen" Sakramente nicht an; es sei denn, es gilt frei christlich Handelnde - also "Nicht-Geweihte" - vom sakramentalen Handeln abzuhalten; dann wird plötzlich argumentiert, dass Schuster als christkatholisch "Geweihter" berechtigt gewesen wäre diese Sakramente zu vollziehen, ja sogar Ruhtenbergs ehemalige «Ordination» (die ja gar keine Weihe darstellt) wird dann als Berechtigung genannt ... (Siehe z.B. Kacer-Bock im «Goetheanum», 10/97) Dass außerdem die «Bestattung» (die Schuster von Steiner erhielt) der nicht-sakramentale Teil des dreiteiligen Sterberituals ist (die «Letzte Ölung» ist das Sakrament!) und deswegen sowieso ohne kirchliche Weihe vollziehbar ist, wird meist verschwiegen. So spielten also auch hier die kirchliche Weihe und das Priester-Amt in einer Kirche keine Rolle. (Siehe Kap. «Nur mit Weihe?»)

88   Da Ruhtenberg bald konvertierte, Schuster starb und dann das Engagement für freie Sakramente ausblieb, fehlten dann scheinbar zur Siebenfältigkeit vor allem "Beichte" und "Weihe".

Die Siebenheit der Sakramente verlangt aber ihre organische Wesens-Ganzheit. Heute werden die Fragen nach dieser Siebenheit auch für das laienpriesterliche, freie christliche Handeln wieder gestellt, konkretisiert und (u.a. von der FCAG) gehandhabt (siehe KuHb).

Die Antwort ergibt sich einerseits noch aus Rudolf Steiners Handhabung, indem er gleiche Texte an unterschiedliche Strömungen gab. Wer was zuerst erhalten hat, spielt dabei keine Rolle. Da die CG auch Texte, die zuerst für den laien-priesterlichen Impuls bestimmt waren, erhielt, ist prinzipiell, unter dem Gesichtspunkt der Möglichkeit gleicher Texte (s.o.), auch umgekehrt die Ergänzung des allgemein-priesterlichen Stromes durch die erst später im «Christlich-religiösen Kurs» (GA 343-345, zu dem auch die freien christlichen Religionslehrer eingeladen waren und teilnahmen!!) offenbarten Texte berechtigt; das betrifft: Letzte Ölung, Lebens-schau ("Beichte") und, wenn es öffentlich gemacht werden soll, das neu zu fassende Sakrament der «Verbindung» = als textlich gefasste «Weihe» (siehe KuHB und hier Kap. «Nur mit Weihe?») (als eine Art "Erwachsenen-Taufe" ?), die ja als "Weihe" im «freien christlichen» Handeln eine jeweils aktuell gegebene ist. Hier könnte man also die Texte aufgreifen, die noch die «Christengemeinschaft» erhielt. Andererseits ist diese Anleihe nicht nötig, denn die Letzte Ölung gehört zur Dreiheit des Sterberituals das ja zuallererst «frei christlich» gegeben wurde; die «Lebens-schau» ist unter Anthroposophen auch untereinander zu spenden (siehe Steiner, 16.7. 1914, siehe KuHb) und die "Weihe" ist sowieso keine institutionelle und vorformulierte mehr; siehe dazu Fußnote 93. Somit ist die Siebenheit auch unab-

Ein allgemein-priesterlicher Weg

Damit konnte Rudolf Steiner einen kultushistorisch weiterschreitenden, freien, kirchenunabhängigen, allgemein-christlichen = allgemein-("laien"-) priesterlichen Weg aufzeigen. [89] Diese Handlungen ermöglichen uns als Christen und Anthroposophen SEINEN Auftrag «Gehet hin, und taufet...» [90] zeitgemäß und mündig aufzugreifen, in dem wir unseren danach bittenden Mitmenschen eben *a u c h sakramental* beistehen, *ohne* einer spezifischen Konfession anzugehören - als *freie* Christen -, allein in Seinem Namen, in Seiner Nachfolge, *jedem* Bruder. [91]

---

hängig zur CG im und aus dem «freien christlichen» Strom selbst aufgreifbar, trotz "gleicher Texte".

89   Dass diese Sakramente an verschiedene Menschen/Institutionen gegeben wurden, ändert nichts an deren spirituelle Verwandtschaft, nichts an deren gemeinsame Ebene und Zusammengehörigkeit. Dass sie nicht zusammengebracht werden konnten, liegt daran, dass die Waldorfschule (die das Zentralsakrament «Opferfeier» erhielt) keine Kultus- sondern eine pädagogische Gemeinschaft, eine Schulgemeinschaft war und ist. Kultus wird hier von religiösen Gemeinschaften von außen herein getragen. Wie ja auch die «Schulhandlungen» exterritorial und offiziell von der Anthroposophischen Gesellschaft verantwortet und gehalten werden. Taufe, Trauung, Bestattung erhielten Anthroposophen als solche, die damit nicht in der Schule missionieren gehen konnten und wollten, allerdings, tragischer Weise, in der Anthroposophischen Gesellschaft keinen Widerhall fanden. (Siehe die Behandlung der Problematik weiter unten.)

90   Matth. 28,19-20.

91   Siehe Kap. «Nur mit Weihe?» !

Wir stehen damit vor einer immensen Aufgabe, die Christusbegegnung miteinander und die Qualität der Handlung jeweils so zu finden, dass ER sich wirk-lich damit verbinden kann.   Denn natürlich kann nicht jedermann "mir nichts, dir nichts" Sakramente wirkungsvoll handhaben!! Das wird - in der Regel - ein langer Weg, ein intensives ER-Arbeiten und Schicksalswollen sein. (Siehe die Sekundärliteratur zum Schulungsweg, u.a. zusammengefasst bei: Paul Eugen Schiller, «Der anthroposophische Schulungsweg», Dornach, Verlag am Goetheanum.)

Natürlich kann ein freies christliches «"Laien"-Priestertum» nicht auf Laien-haftigkeit beruhen. («Laie» meint theologisch nicht den Dilettanten, sondern den "Nichtgeweihten", das «allgemeine Priestertum aller Christen», d.h. die geistlich brüder-

SEIN und unser Ja dazu, kann dann zu einem intimen Sakrament, einer "Priester"-*Weihe* für den jeweiligen Actus werden, die der Christus selbst [92] im Innersten des demütig Strebenden, unabhängig aller Institution, vollzieht. [93]

Die Frage der Befähigung und Berechtigung zum sakramentalen Handeln ist hier nun keine mehr, die andere Menschen oder Institutionen beantworten können. [94]

Charakteristisch für diesen Impuls ist seine «*freie* christliche», urchristlich-*universale* und so auch grundsätzlich

---

liche Gleichheit, die prinzipielle Berechtigung jedes Christen seinem Mitmenschen auch sakramental beizustehen, wie dies im Urchristentum auch der Fall war.) Und «frei» ist hier im Sinne der «moralischen Intuition» eines «ethischen Individualismus» entsprechend der «Philosophie der Freiheit» (Rudolf Steiner) verstanden, derjenige der aus freier Schicksalseinsicht in das göttliche Wollen selbstlos Verantwortung dafür übernimmt ...

Schwarze Schafe ("Wölfe im Schafsfell") und Unfähigkeiten Einzelner können dabei nicht als Vorwand zur Verhinderung allgemeiner christlicher Mündigkeit und Berufung dienen. (Schwarze Schafe gibt es auch - nicht wenige - in allen Kirchen ...auch die CG reglementiert und suspendiert ggf. entsprechend ihre Priester!) «An ihren Früchten werdet ihr sie erkennen!»

92   Selbstverständlich findet die Begegnung mit der Geistigen Welt nicht immer - ja selten - auf höchster Ebene "mit dem Christus selbst " statt. Aber hier spielt unser Engel gewiss gerne die Rolle des Mittlers, wenn wir dadurch Seinen Weg (und damit unseren) finden.

93   So gibt es auch hier eine "Weihe". Auch das Urchristentum kannte keine spezielle und schon gar nicht kirchliche "Priester-Weihe". Das ist auch Martin Luthers Postulat: «Was ausz der Tauff krochen ist, das mag sich rumen, das es schon Priester, Bischoff und Bapst geweyhet sey.»   Siehe auch : Hans-Martin Barth, «Einander Priester sein - Allgemeines Priestertum in ökumenischer Perspektive», Verlag Vandenhoeck & Ruprecht, 1990, bzw. Herbert Haag, «Worauf es ankommt», Herder Verlag.

So ist auch das «Sakrament der Weihe» allgemein-"laien"-priesterlich dem Kreis freien christlichen Handelns eingegliedert!

Siehe dazu den Beitrag «Nur mit Weihe?» am Schluss des Info-Buches!

94   So auch Dieter Brüll in «Bausteine für einen sozialen Sakramentalismus», S.138-139. Dies ist ein Prinzip allgemein-priesterlichen Wirkens.

ökumenische Position und Wirksamkeit, seine Unabhängigkeit von irgendeiner Konfession. Er bindet an IHN allein
und gehört damit nicht der irdischen Besitz- und Rechtssphäre irgendeiner Institution an, weil er Sein Wirken-
wollen in *jedem* Menschen-Schicksal individuell fassen will,
aus Seiner Höhe, einer Ebene, auf der die Menschen nicht
mehr in Konfessionen eingeordnet werden.

Zwei Wege

Und somit können die Steinerschen Fassungen unterschiedlichsten Perspektiven, unterschiedlichsten Bewusst-
seinsstufen und Menschengruppen, d.h. «verschiedenen
Lebenszusammenhängen» dienen.

So sah das auch Rudolf Steiner und deshalb konnte er, als
und weil er gefragt wurde, neue Sakraments-Texte [95]
problemlos - sogar wortgleich - *zwei* ganz wesens- und
aufgabenverschiedenen Strömungen reichen :

allgemein-priesterlich :

1. kultisch engagierten Anthroposophen
und 2. - in Verantwortung für die Schulen und Heime - der
spirituell universalen Anthroposophischen Gesellschaft/
-Bewegung, als «allgemein in die Menschheit hineingestellt»
[96]

---

95   Rudolf Steiner gab die frei christlich gefasste Taufe, Trauung, Bestattung,
Sonntagshandlungen für die Kinder und Jugendfeier ("Konfirmation") dann (fast)
textgleich auch der CG.
96   Zum freien christlichen Prinzip (in dem auch die «Jugendfeier» steht) sagt
Rudolf Steiner «dass (hier) der Mensch ganz allgemein in die Menschheit hineingestellt wird, nicht in eine bestimmte Religionsgemeinschaft, die 'Christengemeinschaft' (wie jede Kirche VDL) aber stellt ihn in eine bestimmte Religionsgemeinschaft hinein.» GA 265, S.38. Dieser freie christliche Weg wurde vor allem auf
Fragen von Kirchen-«Dissidenten» - nicht nur Anthroposophen! - gegeben, die im

und dann, da es «Bevölkerungskreise gibt, die *nicht* innerhalb der anthroposophischen Bewegung stehen» [97] / [98],
auch *kirchlich-priesterlich* :
der Religionsgemeinschaft «Die Christengemeinschaft».

Rudolf Steiner forderte dazu auf, es als «lehrreich» zu
betrachten, dass das gleiche Ritual [99] / [100] als «Ausdruck
verschiedener Lebenszusammenhänge» verwendet werden
könne:
Denn allein der *Text* ist zwar mehrfach [101] gleich, alles
andere aber anders! [102] / [103]

---

konfessionellen Rahmen der bestehenden Kirchen keine Heimat, nicht genügend
Tiefe fanden.

97   Rudolf Steiner, 30.12.1922, GA 219.

98   «Es kommt also darauf an, denjenigen Menschen etwas zu geben, die
zunächst - man muss da die historisch gegebene Notwendigkeit ins Auge fassen -
nicht in der Lage sind, unmittelbar den Gang zur anthroposophischen Bewegung
anzutreten. Für sie muss durch Gemeindebilden in herzlichem, seelischem und
geistigem Zusammenwirken der Geistesweg gesucht werden, welcher heute der
der menschlichen Entwickelung angemessene ist.» Rudolf Steiner, 30.12.1922,
GA 219.

99   GA 265 (1987), S.38.   Hier ging es um die - allgemein-/ laienpriesterlich
durchgeführte - Jugendfeier gegenüber der kirchlichen Konfirmation der CG, mit
dem gleichen Text.   Diese Feststellung betrifft aber eine grundsätzliche Ansicht
Steiners und alle durch ihn erneuerten Sakramente.   Auf Erden dienen die unterschiedlichen Kultusströmungen den Bedürfnissen bestimmter Zielgruppen, auf
höherer, kosmischer Ebene, vor Michael, sind sie aber wieder eins.   So konnte z.B.
Jesus Christus das Vaterunser - als gleichen Text - für alle Christen, für unterschiedlichste Bewusstseinsebenen und Seelenstimmungen geben.

100   Siehe Fußnote 115.

101   Siehe Fußnote 95.

102   Ein wesentlicher Unterschied zur interreligiösen AG ist der Status der CG als
Kirche (als «Körperschaft des öffentlichen Rechts» ist die CG auch staatlich anerkannte «Kirche».). Zudem steht «Die Christengemeinschaft» in einer Reihe mit den
konservativen - eben auch der katholischen - Kirchen, indem auch in ihr das «Zwei-
Stände-System» von Klerikern und Laien besteht. Typisch ist hier das Priester-
Prinzip, die herausgehobene Hirten-Aufgabe des Priesters: «Sie werden so wirken
können, dass Sie nun wirklich Ihre Gemeindekinder innerlich, gemüthaft an sich

ketten können. Wenn ich sage "ketten", so bedeutet das nicht, Sklavenketten anzulegen. Dazu gehört allerdings, dass die Gemeindemitglieder durch Sie das Bewusstsein bekommen, in einer gewissen Brüderlichkeit zu leben. Die Gemeinden müssen konkrete brüderliche Gefühle in sich haben und sie müssen ihren Prediger-Leiter als eine selbstverständliche Autorität anerkennen, an die sie sich auch wenden in konkreten Fragen. ... Es muss möglich werden, dass man das Gefühl hat, man bekommt eine Art Direktive aus der geistigen Welt heraus, wenn man den Prediger fragt.» Rudolf Steiner,13.6.1921, GA 342 (1993), S.51.   Dieses «Zwei-Stände-Prinzip» wird von Rudolf Steiner sogar innerhalb der Priesterweihe festge-schrieben (22.9.1922, vormittags, GA 344, S.251-252, Auszug aus dem Akt der Barettübergabe innerhalb der Priesterweihe der CG): «Das Sinnbild, das Du jetzt empfängst, drückt aus Dein anderes Verhältnis von Dir aus zu den Menschen, für die Du Dein Amt verwaltest. Das heißt, Du hast durch die vorhergehenden Ritualien Deine Gemeinschaft mit der göttlichen Wesenheit erhalten. Durch dieses Zeichen erhältst Du Deine Macht über diejenigen, die sich Dir anvertrauen als Gemeinde-glieder. Du führest sie kraft des Amtes, das symbolisiert ist in dieser Behütung Deines eigenen Hauptes. Du trägst dieses immer, um auszudrücken dieses Dein Verhältnis zu der Laiengemeinschaft. ...»

Neben dem kirchlichen "Amts"- gegenüber dem allgemein brüderlichen "Laien"-Priestertum (siehe Kap. «Nur mit Weihe?») - ist außerdem ein wesentlicher Unter-schied die «direkte» Kommunion in der Opferfeier, gegenüber dem «indirekten» Kultus der traditionellen Messe, auch der «Menschenweihehandlung» der CG. Hier - wie in der kath. Messe - wird zunächst Brot und Wein gewandelt, die dann dem Kommunikanten gereicht werden und nach Einnahme der Substanzen in ihm wirksam sind und so in der Folge auch ihn selbst wandeln können. Beim «direk-ten» Typ (wie in der Opferfeier) vollzieht sich die Wandlung «direkt» an Leib und Blut des Kommunikanten (hier konzentriert im Moment der Handauflegung). («Es wäre unrichtig zu meinen, in der Opferfeier gäbe es keine Substanzen. Sie sind da in der Gestalt des Leibes und des Blutes des Menschen [selbst]...» Maria Röschl-Lehrs in «Ritualtexte...», Kap. «Zur Opferfeier», GA 269.)

103   Siehe auch: Gerhard von Beckerath, «Gespräch als Kultus», S.29, Vergleich von Messekultus und neuem Kultus:

MESSEKULTUS: 1. Der Gottesgeist senkt sich von oben nach unten, 2. Die Voll-ziehenden wenden sich nach oben. 3. hierarchische Gliederung, Laien und Kleri-ker, 4. frontaler Kultus (hintereinander angeordnete, gerade Reihen mit Blick zum Altar), 5. Priester wendet Gemeinde Rücken zu, der Einzelne befindet sich im individuellen Nachvollzug, 6. Diese Kultusgemeinschaft nennt man Gemeinde, 7. Genau vorgeschriebener Kultus. 8. [VDL.] «indirekter Kultus» (Wandlung Brot/Wein, diese eingenommen wandeln den Leib des Kommunikanten).

NEUER KULTUS (hier als «Fußwaschungs-Kultus» benannt) : 1. Christus als die neue Sonne auf Erden, strahlt von dort in uns und den Kosmos: von unten nach

Während die «Schulhandlungen» in den Freien Waldorfschulen und heilpädagogischen Heimen seitdem bis heute
treu gehalten wurden (und erst seit einiger Zeit immer
weniger Zuspruch finden), war es schon sehr bald fast
unmöglich die außerschulischen "freien" Sakramente
- Taufe, Trauung, Bestattung - zu wählen, zu empfangen,
bzw. zu spenden.

Probleme mit der «Christengemeinschaft»

Denn mit der Begründung der Kirche «Die Christengemeinschaft» entstanden unerwartete Probleme:

Innerhalb der Anthroposophischen Gesellschaft vermiss-
ten viele Mitglieder die Ausbildung der sozialen Mitte, des
praktisch religiösen Elementes, bis zum kultischen Handeln, das ja lediglich von Schuster und Ruhtenberg kurze
Zeit gehandhabt und nie als eine eigene und erst recht
nicht als eine gemeinschaftsbildende Aufgabe der anthroposophischen Bewegung erkannt und ergriffen wurde.

Dann kam die Begründung einer aus der Anthroposophie
heraus «erneuerten Kirche». Und nun vermeinten viele
Anthroposophen endlich die zeitgemäße, religiöse Heimat
- eine "Anthroposophen-Kirche" - bekommen zu haben.

Dem widersprach Rudolf Steiner in eindringlicher Weise
in einem Vortrag am 30.12.1922 *(siehe hier S.159ff.)* :

---

oben, 2. Der Teilnehmer wendet sich dem anderen Menschen zu; er wirkt im
Horizontalen. 3. Es gibt keine Hierarchie beim Vollzug des Kultus. Jeder ist in ihm
Diener des anderen. Der Vollzug ist unabhängig von jeder Institution; jede ihn
vollziehende Gruppe ist autonom. 4. Man befindet sich in einer Situation des
Gegenübers oder des Kreises. 5. Jeder ist - sich der geistigen Welt zuwendend -
Priester für den anderen und für sich. 6. Man strebt zur Brüderlichkeit als Kultus-
Schale. 7. Dogmatische Vorgaben kann es nicht geben (nur Vorschläge); 8. (VDL)
«direkter Kultus» (keine Substanzen, Wandlung ergreift direkt "Leib und Blut" und
Geist und Seele des Kommunikanten).

«Die Christengemeinschaft» war als eine ganz eigenständige Kirche gerade für diejenigen gedacht, die *außerhalb* der anthroposophischen Bewegung standen [104], als eine «Bewegung für religiöse Erneuerung», die zwar einen aus der spirituellen Tiefe der Anthroposophie geschöpften Kultus zu pflegen hatte, aber in jeder Hinsicht eine autonome Kirche sein sollte, für die Menschen, die gerade nicht direkt Anthroposophie suchten.

Denn «Diejenigen, die den Weg einmal in die Anthroposophische Gesellschaft gefunden haben, brauchen keine 'religiöse Erneuerung'.» [105] Die Anthroposophische Gesellschaft ist eine «interreligiöse», geisteswissenschaftliche Forschungsstätte, eine Gemeinschaft Strebender völlig unabhängig deren bzw. einer Religion oder christlichen Konfession. Eine *spezielle* Religion, bzw. Kirche *der* Anth-

---

104 «So muss im strengsten Sinne des Wortes das verstanden werden, dass sich neben der anthroposophischen Bewegung eine andere Bewegung aus sich selbst heraus, nicht aus der anthroposophischen Bewegung heraus begründet hat, begründet hat aus dem Grund, weil außerhalb der Anthroposophischen Gesellschaft zahlreiche Menschen sind, die den Weg in die anthroposophische Bewegung hinein selber nicht finden, die später mit ihr zusammenkommen können. ... Nebenher ... könne eine solche Bewegung für religiöse Erneuerung gehen, die ganz selbstverständlich für diejenigen, die in die Anthroposophie hinein den Weg finden, keine Bedeutung hat, sondern für diejenigen, die ihn zunächst nicht finden können. ... Aber nach jeder Richtung hin muss diese Bewegung für religiöse Erneuerung von Menschen getragen werden, die noch nicht den Weg in die Anthroposophische Gesellschaft hinein finden können. ... dass streng darauf gesehen wird, dass die Bewegung für religiöse Erneuerung nach allen Richtungen in Kreisen wirkt, die außerhalb der anthroposophischen Bewegung liegen.» Rudolf Steiner, 30.12.1922, GA 219.
Siehe folgendes Kapitel «Anthroposophie und Kirche», mit dem Vortrag Rudolf Steiners vom 30.12.1922.
105 «Diejenigen, die den Weg einmal in die Anthroposophische Gesellschaft gefunden haben, brauchen keine religiöse Erneuerung (durch die CG, *VDL*). Denn was wäre die Anthroposophische Gesellschaft, wenn sie erst religiöse Erneuerung brauchte.» Rudolf Steiner, 30.12.1922, GA 219.

roposophen gibt es nicht, das ist die «Privatsache» jedes Einzelnen [106] ! "Jedem das Seine."

Die Frage wäre gewesen: Wie müsste ein «spezifisch anthroposophischer Weg» aussehen? Die Tragik war: Es gab den Weg, aber man nahm ihn in seiner Bedeutung nicht wahr...

Statt als "dritte Kraft" zwischen den Staatskirchen spirituell offenen, suchenden Menschen eine freiheitliche und esoterisch und kultisch vertiefte Alternative und Erneuerung zu bieten, rekrutierte nun die «Christengemeinschaft» ihre Mitglieder bis heute maßgeblich aus der Anthroposophen- und Waldorfscene, weil sie außerhalb dieser relativ erfolglos blieb. [107] Die «Christengemeinschaft» wurde dadurch faktisch zur "Anthroposophen-Kirche" [108/109] und für - viel zu viele - potenziell Interessierte befremdlich, exklusiv und für Außenstehende und für die Öffentlichkeit zur «Sondergemeinschaft», zur "Sekte".

---

106 Siehe Fußnote 65.

107 «...weil es ihr nicht gleich gelingt, unter Nichtanthroposophen Bekenner zu finden, nun ihre Proselyten innerhalb der Reihe der Anthroposophen macht.» Rudolf Steiner, 30.12.1922.

108 Siehe Wolfgang Gädeke, «Lenker» (!) der CG (in Flensburger Hefte, So.heft 9, S.67) : «Aber das eigentliche Ärgernis (für den Anthroposophen, VDL) dahinter ist, dass der Anthroposoph hören muss, wenn er Religion pflegen will, gibt es im Grunde keine Alternative zur Christengemeinschaft.»

109 «Dasjenige, was ich jetzt als Konsequenz sage, war zu gleicher Zeit die Voraussetzung für das Handbieten zur Gründung der Bewegung für religiöse Erneuerung, denn nur unter diesen Bedingungen konnte man die Hand dazu bieten. Wenn diese Voraussetzung nicht gewesen wäre, so wäre durch meine Ratschläge die Bewegung für religiöse Erneuerung niemals entstanden. Daher bitte ich Sie, eben zu verstehen, dass es notwendig ist, dass die Bewegung für religiöse Erneuerung wisse: dass sie bei ihrem Ausgangspunkte stehen bleiben müsse, dass sie versprochen hat, ihre Anhängerschaft außerhalb der Kreise der anthroposophischen Bewegung zu suchen ...» Rudolf Steiner, 30.12.1922, GA 219. Siehe auch hier Kap. «Anthroposophie und Kirche».

Die Klarstellungen Steiners erreichten die Anthroposophen nur ungenügend (teils garnicht) [110] und verpufften, die Folgen der nicht ausgebildeten Mitte traten schon gleich nach Steiners Tod zutage: die Anthroposophische Gesellschaft wurde in dramatischer Weise verdunkelt und gespaltet. [111]

Seither wurde ein freier christlicher, spezifisch anthroposophischer Weg außerhalb der «Schulhandlungen» seitens eines Großteils der Anthroposophenschaft, die nun Mitglieder der «Christengemeinschaft» geworden waren, und natürlich seitens der Kirche «Die Christengemeinschaft», tabuisiert und bis heute relativiert und abgelehnt und vor allem wurde über ihn nicht informiert, im Gegenteil...

112 / 113 / 114 / 115 / 116

---

110   Der klarstellende Vortrag Rudolf Steiners am 30.12.1922 wurde innerhalb der Gesamtausgabe (GA 219) erst 1927 veröffentlicht.

111   «Denn die Anthroposophische Gesellschaft wird von denjenigen nicht verstanden, der sich nicht so auffasst, dass er ein Rater und Helfer sein kann dieser religiösen Bewegung, dass er aber nicht unmittelbar in ihr untertauchen kann. Wenn er dieses tut, so arbeitet er an zweierlei: erstens arbeitet er an der Zertrümmerung und Zerschmetterung der Anthroposophischen Gesellschaft, zweitens arbeitet er an der Fruchtlosigkeit der Bewegung für religiöse Erneuerung.», Rudolf Steiner, 30.12.1922, GA 219, siehe auch folgendes Kap. «Anthroposophie und Kirche».   Nach dem Tode Steiners brach ein Machtkampf zwischen den verschiedenen Flügeln aus (ganze Landesgesellschaften und sogar von Rudolf Steiner eingesetzte Vorstandsmitglieder der AG wurden ausgeschlossen), der über Jahrzehnte eine lähmende Dunkelheit über die Anthroposophische Gesellschaft legte. Man hatte die Mitte, den liebenden Christus, IHN im DU nicht wirksam werden lassen können...

112   Wer das Monopol der CG hinterfragte und freie Wege forderte wurde öffentlich in den Publikationen der CG («Die Christengemeinschaft» sowie in verschiedenen CG-Gemeindeblättern und -Infos) und der AG («Die Drei», «Das Goetheanum»), insbesondere von Autoren aus der CG, mit einseitigen Behauptungen und nicht selten Unwahrheiten konfrontiert, ausgegrenzt und diskreditiert, und zwar ohne das Recht auf Richtigstellung oder gar Darstellung der eigenen Perspektive. Selbst - und gerade - "prominente" Befürworter des freien christlichen Impulses blieben

und bleiben in Deckung, um nicht verunglimpft und ausgegrenzt zu werden. Momentan versucht man das Thema und unsere Bemühungen "totzuschweigen".

So versuchte die CG auch - letztlich dann doch erfolglos - die Herausgabe der «Vorträge und Kurse über christlich-religiöses Wirken» Rudolf Steiners (GA 342-346) durch die Rudolf Steiner-Nachlassverwaltung zu verhindern, in denen Steiner die Bedingungen und Grundlagen für die Begründung der CG darlegte. (Obwohl diese ebenso von Waldorflehrern und anderen besucht wurden, werden diese seitens der CG als "Priesterkurse" tituliert und beansprucht.)

113 Immer wieder wird - vor allem von Persönlichkeiten aus und der «Christenge-meinschaft» - behauptet, aber nicht belegt, dass Rudolf Steiner die an Ruhtenberg und Schuster gegebenen, freien christlichen Sakramente/Ritualien (insbesondere hier Taufe, Trauung, Bestattung) mit Begründung der «Christengemeinschaft» dieser «übergeben», «vermacht», etc. habe.

Mir (VDL) ist keine solche eindeutige Stelle im Werk Steiners bekannt und bisher auch von der «Christengemeinschaft» nicht benannt worden. Am 9.11.1997 schrieb ich daher die Rudolf Steiner-Nachlassverwaltung an, um u.a. konkret die Frage zu klären :

«Können Sie uns eine schriftlich belegte Aussage oder Stelle im Werk Rudolf Steiners benennen, wo er explizit: a.) die an Ruhtenberg und Schuster gegebenen Ritualien als nun alleinigen Besitz, spirituelles Eigentum (etc.) der «Christen-gemeinschaft» und b.) "laien"-priesterliches Wirken in unserer Zeit als nun unzeit-gemäß und beendet (etc.) erklärt hat?»

Mit Datum vom 24.11.1997 antwortete mir Frau Ulla Trapp für die Rudolf Steiner-Nachlassverwaltung in Dornach u.a. folgend: «Aussagen Rudolf Steiners, wie Sie sie angeben, sind uns nicht bekannt, weder zu a) noch zu b)...Einmal ganz äußer-lich betrachtet: Rudolf Steiner gab die ersten Texte für die Menschenweihehand-lung im Herbst 1921 zum Abschreiben an Bock, Spörri und Klein - die Christen-gemeinschaft existierte ja damals noch nicht - und ließ sich seine handschriftlichen Originale zurückgeben. Diese befinden sich seit damals und bis heute im Archiv der Rudolf Steiner-Nachlassverwaltung. ...»

114 Die, aufgrund des Widerstandes der CG, bis vor kurzem zurückgehaltenen "Priester"- «Kurse über christlich-religiöses Wirken» (Rudolf Steiner, GA 342-346, die Kurse zur Begründung der CG) und die lange Zeit relativ unbekannte Klar-stellung vom 30.12.1922 wie auch anderer Hinweise Steiners, verhinderten eine Urteilsbildung und machten im Verein mit einem massiven Auftreten der CG («Es ist ein furchtbar starkes Werben da, das autoritativ wirkt...» Marie Steiner, Dreißi-ger-Kreis, 13.2.1923 / «..sie wollen jeden haben. Die haben keinen Grund Klarheit zu schaffen.» Rudolf Steiner, 9.12.1922, «Zur religiösen Erziehung...» / «die grasen ab, ihrerseits...» Rudolf Steiner, GA 300b, S.227) eine Monopolisierung der «erneuerten» Sakramente möglich, die auch heute noch postuliert wird: siehe oben Wolfgang Gädeke, («Lenker» der CG), Fußnote 108 .

So war eine Uninformiertheit gegeben, in der man als normal informierter Anthroposoph von einem "freien christlichen, anthroposophisch sakramentalen Weg", von Ruhtenberg, Schuster und Geyer, von Taufe, Trauung, Bestattung an diese, nichts mehr hörte und wusste.

Rudolf Steiner dazu: «Es ist niemals für die Rituale, die für die Schule da sind, etwas ausgesprochen worden, dass sie der Priesterschaft gehören.» 9.12.1922, «Zur religiösen Erziehung...», (1997), S.174. (Dies betrifft grundsätzlich sakramentales Handeln. Siehe dazu Fußnoten 73/88.)

115   Die durch Rudolf Steiner vermittelten Sakramente sind also nicht «alleiniges Gut», «spirituelles Eigentum» etc. der CG, so wie Rudolf Steiner aufgrund der Begründung der CG nicht das/ein "laien"-priesterliches Handeln als nun aufgehoben oder überflüssig ansah/erklärte. Dass Rudolf Steiner aufgrund fehlenden Fragemutes, mangelnder Erkenntnis und Einsicht in die kultushistorische Dimension und im Schatten der in die AG fatal hineinwirkenden Gründungswucht der CG-Priester, dann aber auch durch seinen frühzeitigen Tod, selbst einen vollen Kreis freier christlicher Sakramente nicht mehr geben konnte, ist kein Argument für deren Annullierung und/oder Übergang an die CG. Auch die CG wäre ohne die Fragen der Theologen - die noch vor seinem Tod nach allen sieben Sakramenten fragen konnten und auch selbstbewusst nachfragten - *von Steiner allein nicht* auf den Weg gebracht worden. Andererseits: Wären denn für eine Entwicklung eines allgemein-christlichen Weges noch weitere Antworten bzw. extra Aufforderungen Steiners nötig (gewesen), wo er doch bereits konkret Handlungen und Texte gegeben hatte und darauf hinwies, dass ein und dasselbe Ritual für verschiedene Lebenszusammenhänge/ Strömungen (AG und CG) verwendet werden könne?

116   «Die Autoren (Gädeke in ihrem Buch «Die Fortbildung der Religion») vertreten hier die Meinung, die sich im Gesamtduktus deutlich zeigt, dass die Religion innerhalb der anthroposophischen Gesamtbewegung von der Christengemeinschaft repräsentiert wird. ... Dass von der Dreiheit Wissenschaft - Kunst - Religion mit der Begründung der Christengemeinschaft die Religion an diese gewissermaßen übergeben worden sei, bezeichnet Rudolf Frieling (damals «Erzoberlenker» der CG -VDL) 1984 ausdrücklich als ein 'Missverständnis' ...» Michael Debus, Leiter des Priesterseminars der CG in Stuttgart, in «Anthroposophie und Religion, Eine notwendige Ergänzung zur Gädeke-Studie», in: Deutsche Mitglieder-«Mitteilungen...» der AG, Nr. 178, IV/1991, S. 274-276.

Leider findet sich dieses «Missverständnis» ansonsten (fast) nicht öffentlich gemacht. Verständlich?, denn schließlich wird mit dieser Einsicht einem Monopolanspruch widersprochen...

So konnte «Die Christengemeinschaft» nun auch unange-
fochten den Anspruch erheben [117], allein für ein anthroposophisch sakramentales Handeln mit den von Rudolf
Steiner erfassten Sakramentstexten zuständig zu sein; ja
sogar behaupten, dass die Texte, die zuvor der freie
christliche Impuls erhalten hatte, an sie, in ihren "Besitz"
übergegangen seien. [118] Ein freies christliches Handeln
(außerhalb der «Schulhandlungen») wurde damit als einge-
stellt [119], überflüssig, und dann gar als unberechtigt, de-
struktiv und schließlich als Sakrileg dargestellt.

Und so gibt es seitens der «Christengemeinschaft» (von
höchster Ebene) auch kein Zugeständnis gegenüber den
«freien christlichen» Anthroposophen: «Weder eine er-
neute Herausgabe der nunmehr 'Studienmaterial zur Kul-
tusfrage' getauften Veröffentlichung *(das Kultus-Handbuch [- VDL])*,
noch das Arbeiten daran, auf die Ebene eines Eingeweihten zu gelangen, der in der Lage wäre, eigene Kultus-
formulierungen zu geben, kann einer Priesterschaft zugemutet werden.» *(Taco Bay, als Erzoberlenker der CG)* 120

---

117   Siehe Fußnote 114.

118   Siehe Fußnoten 113/115 oben.

119   Als Beleg dafür wird seitens der CG oftmals angeführt, dass Rudolf Steiner
immer wieder Menschen an die CG verwiesen hätte und auch selbst von ihr bestattet wurde. - Natürlich ist jeder Mensch - auch der Anthroposoph - frei, sich eine
im gemäße Kirche zu suchen. Rudolf Steiner suchte aber absolut gewiß nicht die
CG für seinen Weg! Weil die CG aber für viele Menschen - «die den Weg in die AG
noch nicht (!) finden können» - wichtig war und ist, hatte er die CG als «Rater und
Helfer» auf den Weg gebracht und war ihr als solcher verbunden. Diese berechtigte
Position als Rater und Helfer der Priesterschaft stellt hohe Anforderungen und
sollte nicht eine, bzw. die reguläre Aufgabe für den Anthroposophen sein (siehe
folgend den Vortrag Rudolf Steiners vom 30.12.1922). Dass Rudolf Steiner nicht
von "Anthroposophen", «spezifisch anthroposophisch» bestattet wurde, gehört zu
den vielen Unfähigkeiten, Versäumnissen und Verdunklungen in der damaligen
Situation, die nach seinem Tod explodierte.

120   Taco Bay (damals Erzoberlenker der CG), 10.6.1999 auf eine schriftliche
Anfrage von VDL, schriftlich an VDL.

Warum Monopolanspruch? [121]

Problematisch wird es also, wenn man das Handeln anderer Christenbrüder, anderer Strömungen/ Gemeinschaften nicht nur für unberechtigt erklärt, sondern sich auch für deren Sakramente nicht nur für zuständig, sondern auch als deren Besitzer betrachtet. [122]

So verfährt die «Christengemeinschaft» gegenüber dem Impuls für ein «freies christliches», sakramentales Handeln von und für Anthroposophen *(wie er hier von uns, insbesondere mit Taufe, Trauung, Bestattung, wieder und neu aufgegriffen wurde)* .

Was dahinter steht ist ein Monopolanspruch, den man neuerdings auch öffentlich vertritt [123] und der besagt, dass allein die «Christengemeinschaft» berechtigt sei, überhaupt alle (bis auf die Schulhandlungen) von Rudolf Steiner vermittelten Sakramente auszuüben, weil ihr diese von Rudolf Steiner «übergeben», «eingestiftet», etc. worden wären und somit Besitztum der «Christengemeinschaft» seien.

Steht damit die Priesterschaft der CG ggf. sogar noch über den Einsichten eines «Eingeweihten»(!), der objektiv «in der Lage wäre»(!!) Texte herunterzuholen? Und wer weiß, dass und ob dies nur dem «Eingeweihten» möglich ist? Sollen wir also dem Schulungsweg der Anthroposophie, der uns - letztendlich - dahin bringen könnte, abschwören, weil dies einer Priesterschaft nicht «zugemutet werden» kann?? Warum eigentlich nicht? Weil sie eine spirituelle Vorrangstellung, ihre Machtposition, ihr Monopol erhalten will?? (Denn - im Hinblick auf die Anthroposopohen - «..sie wollen jeden haben. Die haben keinen Grund Klarheit zu schaffen.» Rudolf Steiner, 9.12.1922) ...um auch noch und weiterhin auch die Anthroposophen (s.o.) als ihre «Gemeindekinder innerlich, gemüthaft an sich ketten (zu) können» (Rudolf Steiner, 13.6.1921) ?? Solch ein Ansinnen wäre für einen freien Geist so irrig, dass es nur kommentarlos zu ignorieren bliebe...

121   Duden, Fremdwörter: « MONOPOL [gr.-lat.]: 1. Vorrecht, alleiniger Anspruch, alleiniges Recht... 2. marktbeherrschendes Unternehmen oder Unternehmensgruppe, die auf einem Markt als alleiniger Anbieter oder Nachfrager auftritt. »

122   siehe Fußnote 113.

123   S.o. u. Fußnote 108.

Das Tragische daran: Obwohl dem von verschiedenen und gewiss auch kompetenten Seiten widersprochen wird [124], ist diese Widersprüchlichkeit nicht nur Taktik, sondern (scheinbar unreflektierte [125]) Überzeugung, Ausdruck eines anscheinend exklusiven Sendungsbewusst-seins [126] dieses «erneuerten» Priestertums?...

Fazit: Wie man es auch dreht, «Die Christengemeinschaft» möchte keine Konkurrenz aus anthroposophischen Reihen (die anderen Kirchen werden sowieso als "überholt" angesehen).

Warum?

Nicht nur weil frei christlich handelnde Anthroposophen "Nicht-Geweihte" sind, die Antwort ist dramatischer (und traumatisch):

Ohne die "Anthroposophen- und Waldorf-Scene" (die die große Mehrheit der Mitgliedschaft ausmacht) würde die «Christengemeinschaft» - nach 80 Jahren immer noch eine quantitativ unbedeutende "Sondergemeinschaft" - (vor allem finanziell) nicht existieren können, bzw. gar nicht mehr existieren, und deshalb «weil es ihr nicht gleich gelingt, unter Nichtanthroposophen Bekenner zu finden, nun ihre Proselyten innerhalb der Reihe der Anthroposophen macht. Dadurch wird ein Unmögliches getan.» (Steiner 127)

---

124   Siehe Fußnote 113.

125   Da ich (VDL, aber natürlich nicht nur ich...) in meiner Entwicklung auch das Priesterseminar der CG besuchte (dann aber weiterschritt), konnte ich erleben und bekam dies immer wieder von anderen (vor allem ehemaligen) Seminaristen bestätigt, dass dort bestimmte Fragen tabuisiert sind, bzw. wenn unumgänglich dann nur ausweichend, uninformiert oder relativiert dargestellt und zu kritische Fragersteller aussortiert werden.

126   Siehe typisch dafür Gädeke, Fußnote 108. Siehe auch Text zur Fußnote 120.

127   Rudolf Steiner, GA 219, 30.12.1922, S.173.

Die traditionellen Kirchen sind für die anthroposophische Scene in der Regel keine Alternative und so auch für die «Christengemeinschaft» keine Konkurrenz, aber ein kultisch und sozial sogar noch fortgeschrittener und freier, spezifisch *anthroposophischer* Kultus und dazu noch mit den gleichen Texten, das könnte Mitglieder abziehen und die bisherige Politik und das unter diesen Umständen entstandene Dasein in Frage stellen.

Das anthroposophisch gesinnte Klientel muss sie sich aber erhalten, denn außerhalb dieser finden sich auch heute viel zu wenige Anhänger, denn dort ist man als «anthroposophische Sekte» oder «Anthroposophen-Kirche» etikettiert. Und damit sitzt man in der Zwickmühle; denn der Nicht-anthroposoph, der freiheitlich strebende, ökumenisch gesinnte und esoterisch tiefer suchende Christ (den Rittelmeyer und Steiner mit der Begründung im Auge hatten) will ja nicht in eine "Sekte" = "Anthroposophen-Kirche"...

Gerade die wollte auch Rudolf Steiner nicht: «Wenn diese Voraussetzung nicht gewesen wäre, so wäre durch meine Ratschläge die Bewegung für religiöse Erneuerung niemals entstanden. Daher bitte ich Sie, eben zu verstehen, dass es notwendig ist, dass die Bewegung für religiöse Erneuerung wisse: dass sie bei ihrem Ausgangspunkte stehen bleiben müsse, dass sie versprochen hat, ihre Anhängerschaft außerhalb der Kreise der anthroposophischen Bewegung zu suchen ... dass strenge darauf gesehen wird, dass die Bewegung für religiöse Erneuerung nach allen Richtungen in Kreisen wirkt, die *außerhalb* der anthroposophischen Bewegung liegen.» *(Steiner* 128)

---

128   Rudolf Steiner, GA 219, 30.12.1922, S.173.

Beide Seiten haben ihre Aufgaben nicht erfüllt.

So versucht man ein Monopol aufrecht zu erhalten, das durch eine Jahrzehnte herrschende Uninformiertheit der Mitglieder - der «Christengemeinschaft wie der Anthroposophischen Gesellschaft - entstanden ist.

Und so darf man sich nicht wundern in den Verlautbarungen eine oftmals sehr einseitige, zweckdienliche und leider immer wieder auch irreführende, ja diffamierende und unrichtige Information zu finden, gerade dann und wenn es darum geht die "Konkurrenz" abzuwehren. [129]

Obwohl Anthroposophen als Freie Christen in der «Christengemeinschaft» keine Konkurrenz sehen («Jedem das Seine!»), sind sie es faktisch für die «Christengemeinschaft».

Eine Tragik, die hier nicht weiter vertieft werden soll. [130/131]

Sollten und könnten wir aber nicht heute - am Beginn eines neuen Jahrtausends und nach der Veröffentlichung fast des gesamten Werkes Rudolf Steiners - nun endlich den Mut ergreifen, die «Freiheit des Christenmenschen»

---

129   Siehe in TEIL 10 «Dokumentation» des Arbeitsmaterials Zur Kultus-Frage (z.Z. vergriffen) die Argumente von z.B. Michael Debus (Leiter des Priesterseminars der CG in Stgt) und Hans-Werner Schroeder (Oberlenker und ehemals Leiter des Priesterseminars der CG in Stgt) und deren Darstellungen nach der 1.Auflage des «Kultus-Handbuches», insbesondere in der Zeitschrift «Das Goetheanum» und «Die Christengemeinschaft». Z.B. wird sich auf fünf (!) ganzen Seiten im «Goetheanum» (der Hauszeitung der AG!) gegen ein freies christliches Handeln ausgesprochen, die Kritisierten kommen nicht nur nicht zu Wort, sondern wurden noch nicht einmal über die Veröffentlichung informiert.

130   Siehe dazu auch den Beitrag «Nur mit Weihe?», Kap. «Meine Weihe, deine Weihe, keine Weihe» in diesem Info-Buch.

131   Dennoch sei noch einmal betont, dass die spirituelle Berechtigung der «Christengemeinschaft» - mit den Aufgaben die ihr gegeben wurden - und vor allem die seelsorgerischen und sozialen Leistungen hier in keiner Weise geschmälert werden sollen und volle Anerkennung finden.

ernst zu nehmen, uns über alte Vorurteile hinwegzu-
setzen, unsere "spezifisch anthroposophische" Aufgabe zu
erkennen und den kultushistorisch nötigen und möglichen
Schritt auch konkret zu ergreifen?

Freie christliche Initiativen

So arbeiten seit Pfingsten 1996 [132] (im damals noch als
«INITIATIV-KREIS KULTUS» benannten Arbeitskreis) kultisch engagierte und interessierte, kirchenunabhängige
Anthroposophen [133] autonom an den Fragen der inneren
und äußeren Realisierung freier christlicher Sakramente.
[134]

Auf Grund der schon bald vorgenommenen Differenzierung dieser Arbeit, wirken nun in den *«Initiativen für ein
freies, sakramentales, anthroposophisch vertieftes Christ-
Sein»* speziell für die praktische Verfügbarkeit der von
Rudolf Steiner vermittelten sieben Sakramente vor allem
die *Initiative «FREIE CHRISTLICHE ARBEITS-GEMEIN-*

---

132 Davor bestand in Stuttgart eine forschende Arbeit des «Initiativ-Kreis Kultus-
Fragen».

133 Insbesondere wirken hier Persönlichkeiten zusammen, die als Kultushandelnde in den Freien Waldorfschulen bzw. den heilpädagogischen Heimen tätig
sind, aber auch besonders Menschen in sozialen Tätigkeiten und natürlich auch
anderen Engagements bzw. Berufen. Dabei arbeiten wir auf der Ebene und in der
Regel als Mitglieder der «Freien Hochschule».

134 Weil die «absolute Religionsfreiheit» jedes einzelnen Mitgliedes der
«interreligiösen» Allgemeinen Anthroposophischen Gesellschaft gewahrt bleiben
muss, kann solch ein Engagement nicht im Namen und von der «Anthroposophischen Gesellschaft» selbst und offiziell vollzogen werden, sondern muss individuell
von entsprechend orientierten Anthroposophen (als deren "Privatangelegenheit")
verantwortet werden. Andererseits sind Anthroposophen gezwungen diese Fragen
individuell und unabhängig zu stellen, weil der Macht- und Meinungseinfluss der CG
(die Mehrheit der Anthroposophen sind Mitglieder der CG) auf Funktionäre und
offizielle AG-Arbeit eine neutrale und emotionslose Erarbeitung der Thematik in der
AG bisher nicht zuließ.

SCHAFT» [135], während die allgemeinen, anthroposophischen und kultischen Grundlagen in einem internen ARBEITSKREIS KULTUS erarbeitet werden. Die Frage einer freien christlichen Gemeinschaftsbildung soll die Initiative «Gemeinschaft Freier Christen» bewegen, für die Publizität engagiert sich der «FÖRDERKREIS FORUM KULTUS» (bzw. das «Freie christliche Forum»).

Natürlich gibt es nicht nur innerhalb der anthroposophischen Bewegung kirchenunabhängige, frei christlich Interessierte und Wirkende und deshalb natürlich nicht nur die hier vertretenen Gesichtspunkte und Wege. [136]

---

135 Die mit der Begründung des «Initiativ-Kreis Kultus» postulierten und nun von der Initiative «Freie christliche Arbeits-Gemeinschaft» weiter verfolgten «Leitsterne» sind: + Das Allgemeine Priestersein, + Die sieben Sakramente Rudolf Steiners, + Der Sozialimpuls Rudolf Steiners, + Die Anthroposophie. + Die individuelle Situation. Siehe detailliertere Ausführung in www.forum-kultus.de .

136 Charakteristisch für die freie sakramentale Arbeit ist deren Individualisierung. Die Impulse kommen zumeist aus der direkten Betroffenheit/Frage, werden ganz individuell er- und bearbeitet und wirken nur aktuell und im privaten Rahmen. So gibt es zwar generell in der AG (unter den Nicht-CG'lern) eine große Zustimmung für ein allgemeines, freies sakramentales Engagement, zumindest zurzeit aber, vor allem aufgrund der Vorurteile und Unkenntnis der Thematik ("aber bitte nicht mit den Texten der CG"), nur wenig öffentlich dafür Eintretende.

Die hier genannten Arbeitskreise sind zwar die Einzigen, die diese Fragen innerhalb der anthroposophischen Bewegung öffentlich aufwerfen, aber nicht die Einzigen die damit arbeiten. Wir spiegeln also nur ein Anliegen und Spektrum.

In den Niederlanden ist man damit weiter. Seit 1994 gibt es dort sogar schon einen «Berufsverband der theologischen und religiösen Praktiker», mit über 70 Mitgliedern; zum ersten Landeskongress kamen damals 150 Teilnehmer. Und in der «Hollandse Hoogschool» von Diemen werden bereits 100 junge Leute zu «freien theologischen Praktikern» ausgebildet. («publik-forum», 6.10.1995) In Deutschland gibt es z.Zt. einen Fernlehrgang mit einer Ausbildung zum/zur Freien, ökumenischen «Seelsorger/in» und im Internet finden sich verschiedene Freie Theologen und -Gruppen, die kirchenunabhängig ihre Dienste anbieten. Die ersten Keime einer anthroposophisch vertieften, freien Seelsorgearbeit legte in Deutschland vor Jahren Dr. Rudolf Biedermann in Offenbach, mit seiner «Praxis als freier Seelsorger». Seitens des Förderkreises Forum Kultus gibt es die Frage, ob nicht auch in Deutschland ein Netzwerk freier LiturgikerInnen angeregt werden sollte.

Und so kann es auch nicht darum gehen andere auf die *für uns* relevanten Fassungen und Sichten Rudolf Steiners oder auf ganz bestimmte Sakramente festlegen zu wollen, ebenso wenig "alle Anthroposophen" nun auf einen "freien christlichen" Weg hinzuweisen bzw. zu verpflichten.

Jede freie christliche Sakramentenspende ist sowieso grundsätzlich ein jeweils individuell und neu zu erringendes Ereignis. Entsprechend den Bedürfnissen, Möglichkeiten und Einsichten der Zelebrierenden wie auch der Empfangenden muss dieser Akt immer wieder neu geschaffen werden. Es ist ein Geschehen, dem ein doktrinäres Festhalten an einzelnen Wörtern eines "einmal gegebenen Wortlautes" eines unveränderbaren Textes [137] widersprechen würde.

Zeitgemäßer Kultus

So sieht das auch Rudolf Steiner für die von ihm vermittelten, «erneuerten» Sakramente:

«Nehmen Sie auch so etwas als einen Anfang hin, und wissen Sie, dass da, wo man in ehrlicher Weise einen solchen Anfang will, sich schon auch die Kräfte finden werden zur Verbesserung desjenigen, was in einem solchen Anfange gegeben werden kann. ... Es wird Ihnen aber gerade an diesem Beispiel klar sein können, wie überall eben aus dem Lebendigen heraus das Kultusartige gesucht werden muss. ... Etwas Prinzipielles kann es im Leben der Welt überhaupt nicht geben, sondern es kann nur das sich in Leben Wandelnde geben. Das darf man nicht als eine Inkonsequenz betrachten, sondern als eine

---

137   Wie dies in der «Christengemeinschaft» der Fall ist.

Forderung des Lebens selbst.» [138]

So entsteht jedem kultisch Strebendem die Frage, ob nun, fast ein Jahrhundert später, sich nicht auch das von Rudolf Steiner in Worte gefasste, freie christliche Kultus-Wesen, gemäß der sich gewandelten Zeit, ebenso lebendig gewandelt hat, bzw. wandeln will? [139] Dann aber müsste auch seine gegenwärtig aktuelle Gestalt in «Form und Inhalt» gefunden werden. [140] Würde man die Sakramente mangels Einsicht in ihrer "alten" Form belassen, wären sie nicht mehr *wahr*.

Andererseits stehen wir vor dem Problem, dass angemessene, eigene Einsichten, ER-Fassungen und Formulierungen oft noch unzureichend sind.

Bis wir so weit sind, das reale übersinnliche Geschehen des sakramentalen Aktes selbst erblicken und in Erdenworte fassen zu können, dürfen wir dankbar auf die Gabe konkret formulierter Texte eines Eingeweihten, auf die Fassungen Rudolf Steiners blicken.

Dem kultisch Sensiblen wird bald spürbar, dass den Texten Rudolf Steiners eine Wesens-Wirklichkeit, eine Wahrheit, eine objektive Realität innewohnt, die einer übersinnlichen und klaren Erkenntnis dieses Kultus-Geschehens entspringen muss. «Es ist jedes Wort abge-

---

138 Rudolf Steiner, GA 269 (1997), S.37, zu den freien christlichen - ebenso sakramentalen- Schulhandlungen.

139 «(Der Kultus,) der für viele Jahrhunderte der richtige war, (wird) es auch für viele Jahrhunderte noch bleiben [...]. Die Dinge gehen nach und nach ineinander über. Aber das, was früher richtig war, wird sich nach und nach in ein anderes verwandeln, wenn die Menschen dafür reif werden.» Rudolf Steiner, 13.10.11, GA 131.

140 Dass auch die Opferfeier weiterzuentwickeln wäre (würde sie außerhalb der Schulen gestellt) machte Rudolf Steiner René Maikowski (GA 269, 1997, S.133) klar, als er ihm darlegte, dass «eine kultische Arbeit in der anthroposophischen Bewegung ... eine Fortsetzung dessen, was in Form und Inhalt in der Opferfeier gegeben war...» sei !!

wogen, nicht nur so weit, dass es als Wort dasteht, sondern es steht auch jedes Wort an seinem richtigen Orte und im richtigen Verhältnis zum anderen Worte.» [141] Denn dasjenige, was der Kultushandelnde «hier tut, .. seinen Kultus verrichtet, das hat sein Ursprungsbild in der anstoßenden übersinnlichen Welt, wo, während wir hier .. den irdischen Kultus verrichten, der himmlische Kultus verrichtet wird von der anderen Seite, von den Wesenheiten der anderen Seite des Daseins ... Nur dann ist ein Kultus eine Wahrheit, wenn er diesen realen Ursprung hat.» [142]

Diesen hat er durch die Realität Seiner An-Wesenheit in der *aktuellen* Kultus-Handlung. Diese ist ein Kind Seiner Gegenwart. Nicht abstrakte "ewig gültige Gesetze", sondern die lebendigen, in den am momentanen Geschehen beteiligten Menschen tatsächlich vorhandenen Impulsen, Fragen, Bedürfnissen und Möglichkeiten [143] mussten und müssen ins Auge gefasst werden. Das tat auch Rudolf Steiner und deshalb gab er immer zeitgemäße Antworten.

Somit bleiben sie immer "Zwischenstationen".

Sie sind Ausgangspunkt für den grundsätzlich notwendigen, unvermeidbaren Schritt: unser Nachtasten der Evolution des Sakramentalen, das Erlauschen und Finden der gegenwärtig adäquaten Wortgestalt des entsprechenden Sakramentes. Dann ist auch nötigenfalls ein dementsprechendes Individualisieren, Aktualisieren des Wort-

---

141 Rudolf Steiner, 4.10.1921, vormittags, GA 269 (1997), S.25, bezüglich der Kinderhandlung; doch hat diese Zwischenbemerkung gleich zu Beginn der Erklärung und Vorstellung der Kultustexte der Schule (im «Christlich-religiösen Kurs», GA 343) grundsätzliche Bedeutung.

142 Rudolf Steiner, 27.6.1924, GA 236/19.

143 So gab Rudolf Steiner, der jeweiligen Situation angemessen, z.B. an Ruhtenberg einen anderen Tauftext als an Geyer (siehe auch diesen im Kultus-Handbuch).

Spiegels des Sakramentes möglich. Der Christus will immer zeitgemäß, individuell fruchtbar, wirkungsvoll und in Liebe wirken. Ein entsprechendes Streben wird Er inspirieren, begleiten und durchdringen!

Unvermeidbar bleibt also die Forderung mit diesen Worten meditativ, innerlichst, in aller Demut umzugehen und die Worte, der in einer bestimmten historischen und konkreten Situation geformten Sakramente, immer wieder aktuell zu ER-fassen, so schwierig dies auch sein mag. [144]

Aber vielleicht zeigt sich dann doch auch eine Zeitlosigkeit des sakramentalen Geschehens (das mit einem viel längerem Atem wirkt als unsere kurzatmige Zeit), das, in der Fassung Rudolf Steiners auch heute noch, nur an ganz wenigen Stellen anzugleichen wäre?

Zur Verfügung-stellen

In jeder Hinsicht sind daher für die kultische Arbeit die nun im Kultus-Handbuch «Die Sakramente» *(siehe S.352)* zusammengestellten, originalen Sakraments-Texte Rudolf

---

[144] Rudolf Steiner forderte immer wieder, dass man seine dargebotenen Erkenntnisse nicht einfach nur glauben oder wie ein «Rezeptbuch» benutzen, sondern selbst nachvollziehen, selbst Erkenntnisse anstreben soll. So ist auch ein Erarbeiten von Urteilsgrundlagen zu dieser Thematik nötig, schon um zu überprüfen, ob die aktuelle Realität und Gestalt der Sakramente überhaupt immer noch so wie damals gegeben auch heute noch ist, oder ob wir vielleicht mit Unwahrheiten umgehen, weil wir naiv das Lebendige der Sakramente und damit deren Evolution und ggf. zwischenzeitliche Verwandlung ignorieren (z.B. in der Trauung: Mann führe, Frau folge...)? Das ist natürlich eine Arbeit, die jeder Nachfragende auch selbst vollbringen muss. Mein (VDL) Nachtasten deutet auf einen nur geringen "Aktualisierungsbedarf" hin. So finden sich im Kultus-Handbuch vor allem bei der Taufe und der Trauung im Anhang Anmerkungen mit Versuchen der Aktualisierung. Die Weihe spielt dabei eine besondere Rolle, da sie im freien christlichen Wirken in der Regel nicht mehr institutionell, textlich gefasst wird.

Steiners ein hohes, unschätzbar wertvolles und deshalb zu schützendes Gut.

Weil dieses dem suchenden Menschen nicht vorenthalten werden darf, hat auch die Rudolf Steiner-Nachlassverwaltung bisher alle Sakraments-Texte veröffentlicht. Dennoch ist ihr Schutz möglich. Er liegt - zeitgemäß - nicht mehr in der Zurückhaltung der *gedruckten* Texte, sondern im nötigen Schwellenübertritt: in der Verwirklichungs- und Wandlungskraft der Handlung selbst als Gemeinschaftstat, im Offenbarwerden Seiner Anwesenheit, im ER-leben der Vereinigung mit Ihm, letztlich in Seiner Gnade. Wem der Durchbruch zu dieser Realitätsebene nicht gelingt, dem bleibt auch der Text und selbst die Handlung nur unwirksamer und unverständlicher "Schall und Rauch", und, missbräuchlich benutzt, schädlich. [145] ER wird sich also weiterhin nur dem demütig Strebenden, Wahrhaftigen, Würdigen enthüllen! Der Geist dieser Kultushandlungen schützt sich so und selbst.

---

145 Man bedenke, dass nicht nur das gesamte esoterische Werk Rudolf Steiners, sondern die liturgischen Texte eigentlich aller Kirchen öffentlich sind.
Zur Problematik der Veröffentlichung:
«Wie retten wir nun das uns anvertraute Gut? Nicht, indem wir es vergraben und nur den Feinden die Gelegenheit geben, das damit zu tun, was sie tun wollen, sondern indem wir, vertrauend auf die guten geistigen Mächte, der neuen Generation die Möglichkeit geben, Anregungen in ihrer Seele zu empfangen, die das darin schlummernde geistige Licht aufleuchten lassen, die weckend in ihren Seelen das aufrufen, was Schicksalsmächte in sie hineingelegt haben.» Marie Steiner, Brief vom 4.1.1948, GA 270/ I (1992), S.XI.
Denn: «Dieser Geist der Zeit verträgt nicht das äußere Geheimnis, während er ganz gut verträgt das innere Geheimnis.» Rudolf Steiner, 28.12. 1923, GA 260, zur öffentlichen Freigabe der nur für Mitglieder gedruckten Vorträge.
Siehe auch das Vorwort der Leitung der Freien Hochschule für Geisteswissenschaft zur Rechtfertigung der Veröffentlichung der «Klassenstunden» in GA 270; während Rudolf Steiner damals noch eindringlich davor warnte, ja von einer Unwirksamkeit der Mantren der Klassen-Texte durch ein Öffentlichwerden spricht, sind *heute* andere Bedingungen gegeben.

Christen-Gemeinschaft ? !

«Wo zwei oder drei versammelt sind in meinem Namen, da bin JCh mitten unter ihnen.» [146]
Gerade die Sakramente entstehen und leben aus der lebendig gelebten Christus- und Christen-Gemeinschaft, sodass Hoffnung auf Seinen Beistand bestehen darf.

Trotz aller individuellen Verantwortung stellt sich die Frage, ob nicht auch dieser *freie* und letztlich jeder christliche Kultus eine Kultus-Trage- und Verantwortungs-Gemeinschaft braucht, die diesem Kultusimpuls einen geschützten Raum und Ihm eine besonders vorbereitete, qualifizierte, verlässliche Schale bietet, die zum Konzentrations- und Kraftort auf dem gemeinsamen Weg Ihm entgegen wird? [147]

---

146   Matt. 18/20.
147   Gerade für eine Gemeinschaft die die Liebe-Wirkung der Sakramente ausfließen lassen will gilt: Hier «muss seelische Harmonie sich entwickeln, die durch
die Sache selbst gefordert wird: wenn jeder Mensch für sich handelt, so entstehen
Disharmonien. Wenn auf unserem Gebiet die einzelnen Menschen, die aus diesem
oder jenem heraus wirken, nicht zusammengehen, sich nicht zusammenfinden, so
entsteht gar nicht Anthroposophie innerhalb der Menschheit. Anthroposophie
erfordert als Sache wirklich menschliche Brüderlichkeit bis in die tiefsten Tiefen
der Seele hinein. Sonst kann man sagen: ein Gebot ist die Wirklichkeit. Bei Anthroposophie muss man sagen: sie wächst nur auf dem Boden der Brüderlichkeit; sie
kann gar nicht anders erwachsen als in der Brüderlichkeit, die aus der Sache
kommt, wo der Einzelne dem Anderen das gibt, was er hat und was er kann.»
Rudolf Steiner, 11.6.1922, GA 211.
«Unser Zeitalter ist daran, die Magie der Gemeinschaft zu entdecken... Und es ist in
der Tat jede wirkliche Gemeinschaftsbildung eine Art Geisterbeschwörung, weil
dadurch eine Kraft entsteht, die größer ist als die Summe der Kräfte, die die Einzelnen besitzen ... Das Christus-Wort: «Wo zwei oder drei versammelt sind in meinem
Namen, da bin ich mitten unter ihnen» erleuchtet und erfüllt, gerade wenn man es
im Blick auf die «Wiederkunft Christi» versteht, eine wichtigste Gegenwartstendenz.
Dieses Wort enthüllt ja die höhere Vollmacht der Gemeinschaft gegenüber den
Möglichkeiten, die der Einzelne besitzt. Dabei dringt es allerdings, indem es die
niedrigen Zahlen "zwei oder drei" nennt, mit stiller Energie auf die Echtheit und

Auch hier wird es um *zeitgemäße* Impulse gehen und auch hier können wir Rat von Rudolf Steiner bekommen. [148] Mit der Initiative «Freie christliche Arbeits-Gemeinschaft» versuchen *wir* diese Schale, diesen Schutz-Raum zu ER-bilden.

Es kann ohne weiteres *viele* verschiedene solcher Räume geben, entsprechend der individuellen Bedürfnisse und Möglichkeiten der Tragenden. Denn es geht ja gerade nicht um eine zentrale Struktur, gar um eine "neue Kirche", ein "Kontroll- und Machtzentrum", "neue perso-nelle oder institutionelle Hierarchien" [149], sondern um jeweils individuell aber brüderlich geprägte, autonome, dezentrale, freie Such-, Schul- und Tat-Gemeinschaften, die ggf. in einem Netzwerk gleichberechtigte und eigentlich auch dreigegliederte [150] Wahrnehmungs- und Verwirk-lichungsforen bilden.

Substanz, die nie durch die großen Zahlen propagandistischer Statistik zu ersetzen ist … Wahre Gemeinschaftsbildung ist ein Mittel zur Herbeirufung helfender gött-licher Kräfte, sie ist schließlich ein Mittel zur Verwirklichung des neuen Kommens Christi selbst.» Emil Bock, «Michaelisches Zeitalter»

«Dadurch, dass die Menschen freiwillig ihre Gefühle zusammenstrahlen lassen, wird wiederum etwas über den bloß emanzipierten Menschen hinaus gebildet. Der emanzipierte Mensch hat seine individuelle Seele. … Aber dadurch, dass die Men-schen sich in freiwilligen Zusammenhängen zusammenfinden, gruppieren sie sich um Mittelpunkte herum. Die Gefühle, die so zu einem Mittelpunkt zusammen-strömen, geben nun wiederum Wesenheiten Veranlassung, wie eine Art von Gruppenseele zu wirken. … Alle früheren Gruppenseelen waren Wesenheiten, die den Menschen unfrei machten. Diese neuen Wesenheiten aber sind vereinbar mit der völligen Freiheit und Individualität der Menschen.» Rudolf Steiner, 1.6.1908, GA 102.

148 Siehe hierzu Kap. «Gemeinschaft bauen» im Kultus-Handbuch, bzw. das entsprechende Heft in der Reihe des «Arbeitsmaterials Zur Kultus-Frage», siehe Literaturhinweise.

149 … wie dies in abstruser Weise von Gegnern unseres Impulses behauptet wird…

150 Für die Gestaltung sozialer Zusammenhänge, einerseits im Staatswesen, aber auch in mesosozialen Gemeinschaften hat Rudolf Steiner die «Dreigliederung»

Und damit stehen wir vor den Forderungen der Freiheit. Ob und was und wie etwas geschieht, liegt ganz bei Ihnen. Die geistige Welt muss warten auf unsere freie Tat. «Aus dem Ernst der Zeit, muss geboren werden der Mut zur Tat» *(Steiner)*

Natürlich kommt es für einen freien christlichen Impuls nicht auf die Quantität, sondern auf die Qualität an.

Weihe ?

Suchen wir einen Wurzelgrund und einen Manifestations-akt für ein brüderlich/schwesterliches, christliches, sakra-mentales Engagement, verweist uns der Organismus der Sieben Sakramente beide mal auf das Sakrament der Weihe.

Was ist, wie entsteht die «Weihe» für den freien Christen heute, der kirchenunabhängig, allgemein-priesterlich und doch sakramental berechtigt [151] handelt?

Unsere Aufgaben und Möglichkeiten reichen *heute* tiefer und weiter.

Somit wird sich auch das ändern, was bisher dazu berech-tigte.

Die *alte* Amts-Priester-Weihe als gleichzeitig Anknüpfung-sort der Einbindung in das hierarchische Zwei-Stände-Prinzip kann hierbei keine Grundlage sein.

Die zukunftsweisende Weihe wird eine pfingstliche Weihe sein, ein herunterflammendes Tat-Sakrament, ein Sakra-ment der «Verbindung» [152], in dem Er sich meiner Tat

---

vermittelt. Eine grundsätzliche Einführung von Dieter Brüll findet sich in: «Der anthroposophische Sozialimpuls», Novalis-Verlag (z.Z. vergriffen); Anfragen beim Verlag am Goetheanum, CH-4143 Dornach.

151   Siehe dazu Fußnoten 73/79/80/86/100.

verbindet, weil ich Seinen Willen «gehet hin und taufet...» ausführe und Ihm als Werkzeug verbindlich zur Verfügung stehe.

Sie ist vielleicht auch dasjenige, was in der mündig ergriffenen «*Erwachsenen*-Taufe» lag und liegen wird. ...

Eine *freie* christliche Weihe muss sich immer ganz individuell aus der Zwiesprache mit IHM ergeben und kann niemals von außen dekretiert werden.

Erst wenn sie durch eine Liturgie *öffentlich gemacht*, wenn sie - nachträglich - auch zur Aufnahme in eine bestimmte Gemeinschaft führen und von dieser mitgetragen werden soll, ergibt sich die Frage nach einem dies schildernden Text. *Der Frage der Weihe wird ausführlich im Kap. «Nur mit Weihe?» nachgegangen!*

Weiterhin stellt sich die Frage, wo neben dem liturgischen, kultischen Dienst der seelsorgerische und soziale Einsatz bleibt, die Liebe und Fürsorge füreinander [153]; denn auch diese Aufgaben gibt ER uns.

Aber das ist noch nicht alles. Neben der Sorge für/um den Mitmenschen, kommt die für die ganze Schöpfung = Welt/ Umwelt; und so wird Christ-Sein letztlich auch politisch [154]; Christ-Sein umfasst alle Lebensbereiche...

---

152 Steiner nennt die «Weihe» in seiner Ausführung «Involution-Evolution» auch das Sakrament der (Wieder-)«Verbindung». GA 343; siehe hier Kap. «Die heilende Arznei: das Sakrament».
Siehe dazu die Anmerkungen zur «Erwachsenen-Taufe» im Kultus-Handbuch.

153 Das ist natürlich eine Aufgabe, eine Frage an die gesamte anthroposophische Bewegung und nicht nur an ein bestimmtes Arbeitsfeld. An dieser Stelle kann nur darauf hingewiesen werden, dass sich dazu in der anthroposophischen Bewegung bereits ein eigenes Tätigkeitsfeld, das des Biografieberaters, herausgebildet hat, abgesehen vom weiten Feld anthroposophisch sozialer Berufe.

154 Hierzu darf ich die «Theologie der Befreiung», die «Kirche von unten», das Engagement öffentlich Engagierter wie z.B. Bonhoeffer, Martin Luther King und andererseits der still Wirksamen wie z.B. Dag Hammarskjöld anführen...

Trotz alledem: Wie sich Christ-Sein und insbesondere ein freies christliches, sakramentales Handeln jeweils individuell und konkret gestaltet, wie es erarbeitet und wie es angeboten wird, kann nicht an dieser Stelle beschrieben oder gar vorgeschrieben werden, das können und müssen allein die Betroffenen individuell und in aller Freiheit und selbst erlauschen, erbitten, bestimmen, in innerer Zwiesprache mit IHM.

Aber auch die konkrete Nachfrage wird das Angebot regeln [155].

Gott offenbart sich in einer Vielfalt, die er sich nicht durch die Dogmatik irgendeiner speziellen Weltanschauung einschränken lassen wird. Wir können Ihm überall begegnen. [156]

Jedem das Seine, an seinem Platz, auf seinem Kreuzweg, in der Liebe zum - vielleicht auch ganz anderen - Weg des DU.

weiter ?

Gerade die verschiedenen und leider kontrovers zueinander stehenden Möglichkeiten christlichen, sakramentalen Handelns harren einer intensiven Erarbeitung, verlangen größte Freiheit, Toleranz und Sensibilität und verweigern sich dogmatischer Behandlung.

Mit der Herausgabe der Zusammenstellung der freien christlichen Sakramente und mit der Begründung ver-

---

155 Hochstapler, Unwürdige, etc. werden erkannt und dann nicht mehr gefragt werden, die Spreu wird sich so vom Weizen trennen. Denn - wie auch den Arzt, den Lebens-, Biografieberater, etc. - jeder kann und wird sich auch für die kultischen Hoch-Zeiten denjenigen seines Vertrauens selbst suchen.

156 Fragt ein Chassid den Rebbe: «Wo wohnt Gott ?» Fragt der Rebbe: «Wo wohnt Er nicht ?» Martin Buber

schiedener Arbeitskreise ist die Thematik natürlich noch lange nicht abgeschlossen. [157]

Da nun alle Sakramente [158] in der freien christlichen Fassung Rudolf Steiners jedem Ihm Nachstrebenden verfügbar sind, wartet nun «der Mut zur Tat», um auch für die *kultische Praxis* einen spirituell tiefen und ökumenisch freiheitlichen, pfingstlichen Weg allgemein zu ermöglichen und zu etablieren...

Allgemeine Kirche, gleich der Sonne,
Sammelplatz auserwählter Geister,
freigesprochen von Sinnestäuschung,
nur Wahrheit schauend ewig!
Ihre Zugänge geöffnet allen Völkern,
die ganze Menschheit segnend
und kein Wesen ausgenommen.   *Bettina von Arnim*

---

157 Sie lässt sich auch nicht abschließen, denn «... man kann nichts für die Ewigkeit begründen. Wir werden schon in einiger Zeit vor die Notwendigkeit gestellt werden, wiederum das, was anthroposophischer Organismus ist, mit neuen Kleidern zu versehen. Aber dieses Schicksal hat man ja als Mensch auch: man kann nicht immer dieselben Kleider anhaben. Und jede Organisation ist ja schließlich doch für das, was man lebt, ein Kleid. Warum sollte man just in einem sozial organischen Gebilde für die Ewigkeit arbeiten wollen! Was leben will, muss sich wandeln, und eigentlich ist nur, was sich wandelt, lebensvoll.» Rudolf Steiner, 2.3.1923, GA 257/8, S.162. «Etwas Prinzipielles kann es im Leben der Welt überhaupt nicht geben, sondern es kann nur das sich in Leben Wandelnde geben.» Rudolf Steiner, s.o..

Wenn Sie sich also mit dieser Thematik beschäftigen und vor allem aus diesem Konzept zitieren und die hier versuchten Hypothesen und Texte weitergeben wollen, berücksichtigen Sie bitte diese "Vorläufigkeit" und erkundigen Sie sich ggf., ob Sie auch die neueste Publikation vor sich haben! S.S. 351.

Sie können das neuste Info-Buch jederzeit kostenlos bestellen oder uns Adressen zukommen lassen, an die wir das Buch schicken können.

Schauen Sie auch immer in unsere Website herein: www.forum-kultus.de !

158 Siehe das Inhaltsverzeichnis des Kultus-Handbuches «Die Sakramente...» im Kap. «Literatur / Die Sakramente», S. 344.

Das allgemeine Mensch=Priester-Sein wird früher oder später als allgemeine Zeit-Forderung einer sich weiterentwickelnden Christenheit so oder so vor uns stehen, und auf der anderen Seite eine immer größere und dramatische, spirituelle Verdunklung, Vereinsamung und Not. Wir können und müssen schon heute darauf antworten...

Hoffen und bitten wir, vor allem: treten wir dafür ein,
dass unsere Hoffnungen und Ideale
nicht nur Utopien bleiben,
und dass trotz aller Schwachheit und Unzulänglichkeit
dennoch ER hinter uns stehe,
wenn unser Schicksal uns aufruft,
dereinst dem Du auch sakramental beizustehen ...

«Gehet hin ... JCh bin bei euch alle Tage !»

Volker David Lambertz
im Forum Kultus

Du,

der du uns frei geschaffen hast,

der du alles siehst,

was geschieht -

und dennoch

des Sieges gewiss bist,

Du,

der du jetzt

unter uns

der bist,

der

die äußerste Einsamkeit

leidet,

Du -

der du

auch Ich bist,

dürfte ich

deine Bürde

tragen,

wenn

meine Stunde

kommt,

dürfte ich -

Dag Hammarskjöld

Anthroposophie und Kirche

ARBEITSMATERIAL ZUR KULTUS-FRAGE

Rudolf Steiner

zu seiner (folgenden) Stellungnahme am 30.12.1922,
zum Verhältnis von Anthroposophie
und «Christengemeinschaft» :

Es könnte doch vielleicht irgendjemand
schon andeuten,
wie so etwas wie die religiöse Erneuerung
behandelt werden muss,
die Richtung davon wenigstens.
Sonst ist keine Sicherheit vorhanden.
Es muss ein Bewusstsein vorhanden sein,
wie so etwas behandelt wird,
von welchem Gesichtspunkt aus.
Gerade wenn die Lebensbedingungen
der Gesellschaft
in Betracht kommen,
muss man sich klar sein darüber,
von welchen Gesichtspunkten aus
die religiöse Erneuerungsbewegung
behandelt werden muss.

Rudolf Steiner
in der Nachtsitzung des Dreißiger-Kreises, 13. 2. 1923

Daher muss ich darauf aufmerksam machen,
dass es deplatziert ist,
im Zusammenhang mit einem solchen Vortrag,
wie ich ihn am 30. 12. 1922 gehalten habe,
die Frage der Beeinflussung
des Urteils der Mitglieder
der Anthroposophischen Gesellschaft vorzubringen.
Gewiss, bei vielen anderen, bei reichlich anderen
Gelegenheiten kann es vorgebracht werden.
Wenn es aber im Zusammenhang mit einem
solchen Vortrag geschieht,
dann ruft man Missverständnisse hervor,
weil man die Wahrheit zudeckt,
die von mir als eine heilige erstrebt wird :
dass niemandes Urteil beeinflusst werde
gegenüber dem, was ich selber als ein Wichtigstes
innerhalb der Anthroposophischen Gesellschaft
zu sagen habe.

Rudolf Steiner
30.1.1923, GA 257, S.35-36
(Diesen Vorwurf machte Emil Bock [Erzoberlenker der CG])

Rudolf Steiner, Dornach, 30. Dezember 1922.

ungekürzt, aus dem Zyklus: «Das Verhältnis der Sternenwelt zum Menschen und des Menschen zur Sternenwelt - Die geistige Kommunion der Menschheit», Elfter Vortrag, Dornach, (s. u.a. GA 219)

Die Nummerierung in ( ) bezieht sich - zu Ihrer Orientierung - auf die Seitenzahl in der [Leinen-]Ausgabe von 1984 von GA 219. Hervorhebungen durch VDL. Auf vielfachem Wunsch finden sich im nachstehenden Vortrag die - subjektiv - zentralen Aussagen Rudolf Steiners (entgegen dem Original) kursiv gedruckt.

ANTHROPOSOPHIE UND KIRCHE

Die Stellung der Kirche «Die Christengemeinschaft» zur anthroposophischen Bewegung

Rudolf Steiner

(162) Hier an diesem Orte habe ich es öfter ausgesprochen, wie in älteren Zeiten der Menschheitsentwickelung eine harmonische Einheit umschlossen hat Wissenschaft, Kunst und Religion. Wer auf die eine oder andere Art von dem Wesen älterer Mysterien Kenntnis gewinnen kann, der weiß, dass innerhalb dieser Mysterien das Wissen, die Erkenntnis gesucht worden ist als eine Offenbarung des Geistigen in seiner Bildgestalt auf jene Art, wie man es in älteren Zeiten hat suchen können. Diese Art kann nicht mehr die unsrige sein, aber wir müssen in unserem Zeitalter wiederum bis zur Erkenntnis des geistigen Wesens der Welt vorschreiten.

Allen älteren Weltanschauungen liegt eine bildhafte Erkenntnis des Geistigen zugrunde. Diese Erkenntnis des Geistigen lebte sich aber unmittelbar so aus, dass sie nicht bloß im Worte mitgeteilt wurde, sondern durch diejenigen Mittel, die allmählich zu unseren Kunstmitteln geworden sind: die körperlich-bildhafte Darstellung in den bildenden Künsten, die Darstellung durch Ton und Wort in den musikalischen und redenden Künsten. Aber von dieser zweiten Stufe kam es dann zur dritten Stufe, zu der religiös-kultischen Offenbarung des Wesens der Welt, durch die sich der ganze Mensch zu dem göttlich-geistigen Weltengrunde erhoben fühlte, nicht bloß in einer ge-

dankenmäßigen Art, auch nicht bloß in einer gefühls-
mäßigen Art, wie durch die Kunst, sondern so, dass
Gedanken und Gefühle und auch der innerste Willens-
impuls sich an dieses Göttlich-Geistige hingaben. Und dasjenige, durch welches die äußeren Willenshandlungen des
Menschen durchgeistigt werden sollten, waren die Opfer-
handlungen, die Kultushandlungen. Man fühlte die lebendige Einheit in Wissenschaft, so wie man sie sich damals
vorstellte, in Kunst, in Religion.

Das Ideal des gegenwärtigen Geisteslebens muss
dahin gehen, wiederum eine Erkenntnis zu gewinnen,
welche das verwirklichen kann, was Goethe schon geahnt
hat: dass sie sich erhebt zur Kunst - nicht etwa zur
symbolischen oder allegorischen Kunst, sondern zur wirklichen [163] Kunst, zum Schaffen und Formen in Tönen, in
Worten -, dass sie sich aber auch vertieft zum unmittelbaren religiösen Erleben. Nur wer anthroposophische
Geisteswissenschaft so erfasst, dass er in ihr diesen Impuls
sieht, erfasst sie eigentlich in ihrem wahren Wesen. Es ist
selbstverständlich, dass die Menschheit verschiedene
Schritte in ihrer Geistesentwickelung wird machen
müssen, um zur Verwirklichung eines solchen Ideales zu
kommen. Aber in dem geduldigen Sich-Hingeben an diese
Schritte liegt dasjenige, was die anthroposophische Bewegung vorzugsweise betätigen muss.

Nun möchte ich innerhalb dieser hier jetzt zu
haltenden anthroposophischen Vorträge von einem
besonderen Gesichtspunkte aus gerade über diesen jetzt
charakterisierten Impuls der anthroposophischen Bewegung sprechen. Wenn ich meine Ausführungen getan
haben werde, werden Sie vielleicht sehen, welches eigentlich die tiefere Veranlassung zu diesen Auseinandersetzungen ist. Und ich mochte im Voraus bemerken, dass
heute schon anthroposophische Bewegung längst nicht

mehr zusammenfällt mit Anthroposophischer Gesellschaft, aber dass die Anthroposophische Gesellschaft, wenn sie ihr Wesen verwirklichen will, tatsächlich voll tragen muss den Impuls der anthroposophischen Bewegung.

Die anthroposophische Bewegung hat weitere Kreise ergriffen als bloß die Anthroposophische Gesellschaft. Das machte notwendig, dass in der letzten Zeit die Art des Wirkens für die anthroposophische Bewegung eine etwas andere sein musste als in derjenigen Zeit, in welcher im Wesentlichen die anthroposophische Bewegung in der anthroposophischen Gesellschaft beschlossen war. Aber die Anthroposophische Gesellschaft kann nur ihr Wesen erfüllen, wenn sie sich als Kern der anthroposophischen Bewegung fühlt.

Nun muss ich, um nicht bloß theoretisch, sondern real verständlich zu werden, in Bezug auf dasjenige, was ich jetzt gesagt habe, Ihnen einiges von dem mitteilen, was sich mit Bezug auf eine andere Bewegung als die anthroposophische es ist, in der letzten Zeit zugetragen hat, weil, wenn ich das nicht täte, leicht Missverständnisse entstehen könnten. Ich will deshalb heute episodisch erzählen, in welcher Form eine religiös-kultische Bewegung entstanden ist, die mit [164] der anthroposophischen Bewegung allerdings viel zu tun hat, aber nicht mit ihr verwechselt werden sollte: die religiös-kultische Bewegung, welche sich nennt, «Bewegung für religiöse Erneuerung», zur Erneuerung des Christentums. Die Stellung dieser Bewegung zur anthroposophischen Bewegung wird verständlich werden, wenn zunächst zum Behufe der Herstellung dieses Verständnisses von den Formen ausgegangen wird, in denen sich diese Bewegung für religiöse Erneuerung entwickelt hat.

Es ist jetzt eine Zeit lang her, da kamen eine geringe Anzahl begeisterter jüngerer Theologen zu mir, christlicher Theologen, die darinnenstanden, ihr theologisches Studium zu beenden, um ins praktische Seelsorgerwirken überzutreten. Sie kamen zu mir und sagten mir etwa dieses: Derjenige, der heute mit einem wirklich hingebungsvollen christlichen Herzen als Studierender aufnimmt die ihm universitätsmäßig gebotene Theologie, fühlt sich zuletzt, wie wenn er für sein zu erwartendes praktisches Seelsorgerwirken keinen festen Boden unter den Füßen hätte. - Die theologisch-religiöse Bewegung hat allmählich Formen angenommen, die ihr nicht gestatten, dasjenige wirklich hineinzugießen in das Seelsorgerwirken, was lebendig ausgehen muss von dem Mysterium von Golgatha, was lebendig ausgehen muss von dem Bewusstsein, dass durch das Mysterium von Golgatha die Christus-Wesenheit, die vorher in geistigen Welten weilte, sich verbunden hat mit dem menschlichen Erdenleben und im menschlichen Erdenleben weiterwirkt. Man machte mir ungefähr bemerklich, dass in den Seelen derer, die da kamen, die Empfindung lebt, dass eine Erneuerung des ganzen theologischen Impulses und des ganzen religiösen Impulses notwendig sei, wenn das Christentum lebendig erhalten werden soll, wenn das Christentum so erhalten werden soll, dass es auch die wirklich lebendige Kraft für unser ganzes geistiges Leben sein kann. Und es ist klar, dass der religiöse Impuls nur dadurch seine wahre Bedeutung hat, dass er den Menschen in seinem Wesen so tief ergreift, dass er allerdings alles andere, was der Mensch aus seinem Denken, Fühlen und Wollen hervorbringt, durchdringt.

Ich bemerkte zunächst denjenigen, die zu mir kamen, damit ich ihnen helfe in dem, was sie anstrebten und woanders nicht finden [165] konnten als da, wo anthroposophische Geisteswissenschaft heute in die Welt tritt, ich bemerkte zunächst diesen nach einer religiösen

Erneuerung suchenden Menschen, dass es notwendig sei, nicht aus irgendeinem Einzelenthusiasmus heraus zu wirken, sondern dass es darauf ankommt, dasjenige, was in weiteren Kreisen ein wenn auch mehr oder weniger unbewusst vorhandenes gleiches Streben ist, gewissermaßen zu sammeln. Ich bemerkte diesen Persönlichkeiten, dass ihr Streben selbstverständlich kein vereinzeltes ist, sondern dass sie vielleicht intensiver als manche andere, aber dennoch nur dasjenige in ihrem Herzen fühlten, was zahlreiche Menschen der Gegenwart fühlen, dass aber, wenn es sich handelt um religiöse Erneuerung, zunächst von der breiten Basis ausgegangen werden muss, innerhalb welcher zu finden sind eine größere Anzahl von Menschen, aus deren Herzen heraus das Streben nach religiöser Erneuerung quillt.

Nach einiger Zeit kamen dann die betreffenden Persönlichkeiten wieder zu mir Sie hatten das als berechtigt durchaus hingenommen, was ich ihnen gesagt habe, und sie bemerkten mir dann, dass sich zu ihnen gesellt hatte bereits eine größere Anzahl jüngerer Theologen, die in der gleichen Lage wären, aus der Unbefriedigtheit des gegenwärtigen theologisch-religiösen Universitätsstrebens heraus in das Pfarramt, das heißt in die praktische Seelsorge überzutreten, und dass Aussicht vorhanden sei, dass der Kreis sich erweitere. Ich sagte: Es ist ganz selbstverständlich, dass es zunächst nicht allein darauf ankommt, dass gewissermaßen eine Anzahl von Predigern und Seelsorgern da sei, und dass nicht nur diejenigen in die religiöse Erneuerung hineingezogen werden sollten, welche zu lehren und die Seelsorge auszuüben haben, sondern vor allen Dingen diejenigen, die mit dem Charakter des reinen hingebungsvollen Bekenners heute zahlreich vorhanden seien; dass man sich bewusst sein müsse, dass zahlreiche Menschen heute in der Welt leben, die -

mehr oder weniger dumpf in ihrem Gemüte einen starken religiösen Trieb haben, und zwar einen spezifisch christlich-religiösen Trieb, dass aber dieser christlich religiöse Trieb durch dasjenige, was heute nach der Entwickelung, die eben das Theologisch-Religiöse genommen hat, nicht befriedigt werden kann.

[166] Ich deutete darauf hin, wie es *also Bevölkerungskreise gibt, die nicht innerhalb der anthroposophischen Bewegung stehen, die auch zunächst keinen Weg finden aus der Verfassung ihrer Seele, aus der Verfassung ihres Herzens heraus zur anthroposophischen Bewegung hin.* Ich bemerkte weiter auch, dass für die anthroposophische Bewegung es zunächst darauf ankomme, klar und deutlich das zu durchschauen, dass wir in einem Zeitalter leben, in dem einfach durch die Entwickelung der Welt eine Summe von geistigen Wahrheiten, Wahrheiten über einen wirklichen geistigen Weltinhalt, von den Menschen, wenn sie Geistesforscher werden, gefunden werden könne - wenn sie Geistesforscher werden wollen; dass jedoch, wenn sie nicht Geistesforscher werden wollen, aber nach der Wahrheit streben, wie sie heute dem Menschen sich erschliessen muss, wenn er sich seiner menschlichen Würde bewusst ist, von solchen Menschen diese von Geistesforschern gefundenen Wahrheiten verstanden werden können mit dem gewöhnlichen gesunden, aber eben wirklich gesunden Menschenverstand.

Ich bemerkte, dass die anthroposophische Bewegung darauf beruht, dass derjenige, der den Weg findet zur anthroposophischen Bewegung, zunächst weiß, dass es in der Hauptsache darauf ankommt, dass die heute der Menschheit zugänglichen geistigen Wahrheiten die Herzen und die Seelen ergreifen als Erkenntnisse. Alles dasjenige, worauf es im Wesentlichen ankommt, ist, dass diese Erkenntnisse zunächst in das menschliche Geistesleben eintreten. Es kommt selbstverständlich nicht darauf an, wie derjenige, der innerhalb der anthroposophischen Bewegung steht, etwa in diesem oder jenem Wissenschaftlichen bewandert ist. In der anthroposophischen Bewegung kann man stehen, ohne dass man irgendwie einen wissenschaftlichen Drang oder eine wissenschaftliche Anlage hat, denn, wie gesagt, für den Menschenverstand, der gesund ist, sind die anthroposophischen Wahrheiten, wenn er sich nur durch kein Vorurteil trüben lässt, durchaus verständlich. Und ich bemerkte: *wenn eine genügend große Anzahl von Menschen heute schon aus ihrer Herzens- und Seelenanlage heraus den Weg zur anthroposophischen Bewegung fände, dann würde sich alles dasjenige, was für die religiösen Ziele und religiösen* [167] *Ideale notwendig ist, mit der anthroposophischen Erkenntnis allmählich auch aus der anthroposophischen Bewegung heraus ergeben.*

Aber es gibt sehr zahlreiche Menschen, welche den angedeuteten Drang und Trieb nach einer religiösen Erneuerung haben, namentlich nach einer christlich-religiösen Erneuerung, und die einfach dadurch, dass sie in gewissen Kulturzusammenhängen drinnenstehen, den Weg in die anthroposophische Bewegung nicht finden können. Für diese Menschen ist das heute Notwendige dies, dass auf eine für sie geeignete Weise der Weg in das der heutigen Menschheit gemäße Geistesleben hinein gefunden werde.

Ich bemerkte, dass es dabei ankommt auf Gemeindebilden, dass dasjenige, was erreicht werden soll, von dem Anthroposophischen zunächst allerdings innerhalb der einzelnen Individualität erreicht werden kann, dass aber aus dieser Erkenntnis heraus, die sich auf individuelle Weise ergibt, ganz durch innere Notwendigkeit jenes soziale Wirken, ethisch-religiös soziale Wirken, folgen müsse, welches die Zukunft der Menschheit braucht.

Es kommt also darauf an, denjenigen Menschen etwas zu geben, die zunächst - man muss da die historisch gegebene Notwendigkeit ins Auge fassen - *nicht in der Lage sind*, unmittelbar den Gang zur anthroposophischen Bewegung anzutreten. Für sie muss durch Gemeindebilden in herzlichem, seelischem und geistigem Zusammenwirken der Geistesweg gesucht werden, welcher heute der der menschlichen Entwickelung angemessene ist. So dass dasjenige, was ich damals aus den Notwendigkeiten unserer Menschheitsentwickelung heraus diesen suchenden Persönlichkeiten zu sagen hatte, sich etwa zusammenfassen lässt mit den Worten: Es ist notwendig für die heutige Menschheitsentwickelung, dass die anthroposophische Bewegung immer mehr und mehr wachse, wachse aus ihren Bedingungen heraus, nicht gestört werde in diesem Wachsen aus ihren Bedingungen heraus, die namentlich darinnen bestehen, dass jene geistigen Wahrheiten, die einfach aus der geistigen Welt zu uns wollen, zunächst unmittelbar in die Herzen eindringen, so dass die Menschen durch diese geistigen Wahrheiten erstarken. Dann werden sie den Weg finden, der auf der einen Seite ein künstlerischer, auf der andern Seite ein religiös-ethisch-sozialer [168] sein wird. Diesen Weg geht die anthroposophische Bewegung, seit sie besteht. *Für diese anthroposophische Bewegung ist, wenn nur dieser Weg richtig verstanden wird, kein anderer notwendig.*

Die Notwendigkeit eines andern Weges ergibt sich für diejenigen Menschen, welche diesen Weg unmittelbar nicht gehen können, welche durch Gemeindebilden, im Zusammenarbeiten innerhalb der Gemeinde, einen andern Weg gehen müssen, der, ich möchte sagen, mit dem anthroposophischen erst später zusammenführt. So dass dadurch die Perspektive eröffnet war für zwei nebeneinander hergehende Bewegungen: Die anthroposophische Bewegung, die dann ihre wirklichen Ziele erreicht, wenn sie dasjenige, was ursprünglich in ihr lag, wirklich auch sinn- und kraftgemäß verfolgt und sich in dieser Verfolgung nicht beirren lässt durch irgendwelche spezielle Arbeitsgebiete, die sich in ihrem Lauf eröffnen müssen. Auch das wissenschaftliche Arbeitsgebiet darf zum Beispiel nicht beeinträchtigen den Impuls der allgemeinen anthroposophischen Bewegung. Wir müssen uns klar sein darüber, dass der anthroposophische Impuls es ist, der die anthroposophische Bewegung ausmacht, und dass, wenn in der neuesten Zeit diese und jene wissenschaftlichen Arbeitsgebiete innerhalb der anthroposophischen Bewegung geschaffen worden sind, durchaus die Notwendigkeit besteht, dass dadurch die Kraft und Energie des allgemein-anthroposophischen Impulses nicht abgeschwächt werde, dass namentlich nicht in einzelne Wissenschaftsgebiete hinein, in die Denk- und Vorstellungsform einzelner Wissenschaftsgebiete hinein der anthroposophische Impuls so gezogen werde, dass von dem heutigen Wissenschaftsbetrieb, der gerade belebt werden sollte durch den anthroposophischen Impuls, wiederum so viel abfärbt, dass die Anthroposophie etwa chemisch wird, wie die Chemie heute ist, physikalisch wird, wie die Physik heute ist, biologisch wird, wie die Biologie heute ist. Das darf durchaus nicht sein. Das würde an den Lebensnerv der anthroposophischen Bewegung gehen. Es handelt sich darum, dass die anthroposophische Bewegung ihre spirituelle Reinheit, aber auch ihre spirituelle Energie bewahre. Dazu muss sie das Wesen der anthroposophischen Spiritualität verkörpern, muss in ihm leben und weben, muss alles dasjenige tun, was aus den geistigen Offenbarungen der Gegenwart [169] heraus auch zum Beispiel in das wissenschaftliche Leben eindringen soll.

Nebenher, so meinte ich dazumal, könne eine solche *Bewegung für religiöse Erneuerung gehen, die ganz selbstverständlich für diejenigen, die in die Anthroposophie hinein den Weg finden, keine Bedeutung hat, sondern für diejenigen, die ihn zunächst nicht finden können.* Und da diese zahlreich vorhanden sind, ist natürlich eine solche Bewegung nicht nur berechtigt, sondern auch notwendig.

Darauf rechnend also, dass die anthroposophische Bewegung das bleibe, was sie war und was sie sein soll, gab ich, unabhängig von aller anthroposophischen Bewegung, einer Anzahl von Persönlichkeiten, die von sich heraus, nicht von mir aus, für die Bewegung für religiöse Erneuerung wirken wollten, dasjenige, was ich in der Lage war zu geben in Bezug auf den Inhalt desjenigen, was eine künftige Theologie braucht: den Inhalt auch des Kultusmäßigen, das eine solche neue Gemeinschaftsbildung braucht.

Was da gegeben worden ist, ist von mir durchaus so gegeben worden, dass ich als Mensch andern Menschen dasjenige gegeben habe, was ich ihnen aus den Bedingungen der geistigen Erkenntnis der Gegenwart geben konnte. *Das, was ich diesen Persönlichkeiten gegeben habe, hat nichts zu tun mit der anthroposophischen Bewegung. Ich habe es ihnen als Privatmann gegeben, und habe es so gegeben, dass mit notwendiger Dezidiertheit betont habe, dass die anthroposophische Bewegung mit dieser Bewegung für religiöse Erneuerung nichts zu tun haben darf;* dass aber vor allen Dingen nicht ich der Gründer bin dieser Bewegung für religiöse Erneuerung; dass ich darauf rechne, dass der Welt das durchaus klar gemacht werde, und ich einzelnen Persönlichkeiten, die von sich aus begründen wollten diese Bewegung für religiöse Erneuerung, die notwendigen Ratschlüsse gegeben habe, Ratschlüsse, die allerdings geeignet waren, einen gültigen und spirituell kräftigen, spirituell von

Wesenheit erfüllten Kultus auszuüben, in rechtmäßiger Weise mit den Kräften aus geistigen Welt heraus zu zelebrieren. Ich selber habe bei der Erteilung dieser Ratschläge niemals irgendeine Kultushandlung ausgeführt, sondern nur denjenigen, die in diese Kultushandlung hinein [170] wachsen wollten, gezeigt, Schritt für Schritt, wie eine solche Kultushandlung zu geschehen hat. Das war notwendig. Und heute ist es auch notwendig, dass innerhalb der Anthroposophischen Gesellschaft dies richtig verstanden wird.

Die Bewegung ist also begründet worden, unabhängig von mir, unabhängig von der Anthroposophischen Gesellschaft, lediglich auf meine Ratschläge hin. Und derjenige, der den Ausgangspunkt gebildet hat, der sozusagen die erste Urkultushandlung begangen hat innerhalb dieser Bewegung, hat sie zwar nach meiner Anleitung begangen, nicht aber bin ich irgendwie an der Gründung dieser Bewegung beteiligt. *Sie ist eine Bewegung, die aus sich selbst heraus entstanden ist, und die Ratschläge von mir bekommen hat aus dem Grunde, weil, wenn jemand berechtigten Rat auf irgendeinem Gebiete fordert, es Menschenpflicht ist, wenn man den Rat erteilen kann, ihn auch wirklich zu erteilen.*

So muss im strengsten Sinne des Wortes das verstanden werden, dass sich neben der anthroposophischen Bewegung eine andere Bewegung aus sich selbst heraus, nicht aus der anthroposophischen Bewegung heraus begründet hat, begründet hat aus dem Grunde, weil außerhalb der Anthroposophischen Gesellschaft zahlreiche Menschen sind, die den Weg in die anthroposophische Bewegung hinein selbst nicht finden, die später mit ihr Zusammenkommen können

Daher muss streng unterschieden werden zwischen dem, was anthroposophische Bewegung ist, dem, was Anthroposophische Gesellschaft auch ist, und demjenigen, was die Bewegung für religiöse Erneuerung ist. Und es ist wichtig, dass man nicht die Anthroposophie für die Begründerin dieser Bewegung für religiöse Erneuerung hält.

Das hat nichts zu tun damit, dass in aller Liebe und auch mit aller Hingabe an diejenigen geistigen Mächte, welche eine solche religiöse Bewegung heute in die Welt hereinsetzen können, die Ratschläge erteilt worden sind, welche diese religiöse Bewegung zu einer wirklichen geistigen Gemeinschaftsbildung in heute der Menschenentwickelung gemäßem Sinne machen. So dass diese Bewegung dann in richtiger Weise entstanden ist, wenn sie betrachtet das, was innerhalb der [171] anthroposophischen Bewegung ist, als dasjenige, was ihr vorlaufend ist, was ihr den sicheren Boden gibt, wenn sie sich anlehnt ihrerseits an die anthroposophische Bewegung, wenn sie Hilfe und Rat sucht bei denjenigen, welche innerhalb der anthroposophischen Bewegung stehen und so weiter. Gerade mit Rücksicht darauf, dass die Gegnerschaft der anthroposophischen Bewegung heute so geartet ist, dass ihr jeder Angriffspunkt recht ist, müssen solche Dinge völlig klar sein. Und ich muss schon sagen, dass eigentlich jeder, der es ehrlich meint mit der anthroposophischen Bewegung, überall so etwas zurückweisen müsste, wenn etwa gesagt würde: In Dornach ist im Goetheanum und durch das Goetheanum die Bewegung für religiöse Erneuerung begründet worden -, wenn geradezu die anthroposophische Bewegung als die Begründerin hingestellt würde. Denn das ist nicht der Fall. Es ist so, wie ich es eben jetzt dargestellt habe.

Und so habe ich mir vorstellen müssen gerade aus der Art und Weise, wie ich selber dieser Bewegung für religiöse Erneuerung auf die Beine geholfen habe, dass diese Bewegung bei der anthroposophischen Bewegung ihre Anlehnung sucht, dass sie die anthroposophische

Bewegung als ihre Vorläuferin ansieht, *dass sie Bekenner sucht außerhalb der Anthroposophischen Gesellschaft,* und dass sie es als einen schweren Fehler ansehen würde, wenn sie etwa mit derjenigen Bestrebung, die gerade notwendig ist außerhalb der Anthroposophischen Gesellschaft, in die Anthroposophische Gesellschaft hineingreifen würde. Denn die Anthroposophische Gesellschaft wird von denjenigen nicht verstanden, der sich nicht so auffasst, *dass er ein Rater und Helfer sein kann dieser religiösen Bewegung, dass er aber nicht unmittelbar in ihr untertauchen kann. Wenn er dieses tut, so arbeitet er an zweierlei: erstens arbeitet er an der Zertrümmerung und Zerschmetterung der Anthroposophischen Gesellschaft, zweitens arbeitet er an der Fruchtlosigkeit der Bewegung für religiöse Erneuerung.* Denn innerhalb der Menschheit müssen doch alle diejenigen Bewegungen, welche in berechtigter Weise entstehen, wie in einem organischen Ganzen zusammenwirken. Das muss aber in der richtigen Weise geschehen.

Es ist für den menschlichen Organismus schlechterdings unmöglich, [172] dass das Blutsystem Nervensystem werde und das Nervensystem Blutsystem werde. Die einzelnen Systeme müssen in reinlicher Trennung voneinander im menschlichen Organismus wirken Dann werden sie gerade in der richtigen Weise zusammenwirken. Daher ist es notwendig, dass ohne Rückhalt die Anthroposophische Gesellschaft mit ihrem Inhalte Anthroposophie bleibe, ungeschwächt durch die neuere Bewegung; dass derjenige, der versteht, was anthroposophische Bewegung ist, alles das - nun nicht in irgendeinem überheberischen, hochmütigen, sondern in einem mit den Aufgaben unserer Zeit wirklich rechnenden Sinne -, worauf es ankommt, in die Worte zusammenfasst: *Diejenigen, die den Weg einmal in die Anthroposophische Gesellschaft gefunden haben, brauchen keine religiöse Erneuerung. Denn was wäre die Anthroposophische Gesellschaft, wenn sie erst religiöse Erneuerung brauchte !*

Aber religiöse Erneuerung wird in der Welt gebraucht, und weil sie gebraucht wird, weil sie eine tiefe Notwendigkeit ist, wurde die Hand zu ihrer Begründung geboten. Richtig werden also die Dinge verlaufen, wenn die Anthroposophische Gesellschaft bleibt, wie sie ist, wenn diejenigen, die sie verstehen wollen, wirklich auch ihr Wesen ergreifen und nicht glauben, dass sie es nötig haben, einer andern Bewegung anzugehören, die ja ihren Inhalt hat, trotzdem es in realem Sinne richtig ist, dass nicht die Anthroposophie begründet hat diese religiöse Erneuerungsbewegung; aber die religiöse Erneuerungs-bewegung; die sich selbst begründet hat, hat ihren Inhalt von der Anthroposophie her genommen

Wer also diese Dinge nicht sinngemäß auseinander hält, arbeitet, indem er für den eigentlichen Impuls der anthroposophischen Bewegung lässiger wird, daran, Boden und Rückgrat auch für die religiöse Erneuerungsbewegung wegzuschaffen und die anthroposophische Bewegung zu zertrümmern. Derjenige, der, auf dem Boden der religi-ösen Erneuerungsbewegung stehend, etwa meint, dass er diese auf die anthroposophische Bewegung ausdehnen müsse, entzieht sich selber den Boden. Denn dasjenige, was Kultusmäßiges ist, muss zuletzt sich auflösen, wenn das Rückgrat der Erkenntnis aufgehoben wird. [173]

Gerade zum Gedeihen der beiden Bewegungen ist es notwendig, dass sie reinlich auseinander gehalten werden. Daher ist es für den Anfang durchaus notwendig - weil diese Dinge in unserer Zeit, wo alles darauf an-kommt, dass wir Kraft entwickeln für dasjenige, was wir wollen -, es ist in der ersten Zeit durchaus notwendig, dass strenge darauf gesehen wird, *dass die Bewegung für religiöse Erneuerung nach allen Richtungen in Kreisen wirkt,* die außerhalb der anthroposophischen Bewegung liegen. Dass sie also weder in Bezug auf die Beschaffung ihrer materiellen Mittel - ich muss schon, damit die Dinge verstanden werden, auch über diese Dinge reden - hineingreift in dasjenige, was die heute ohnedies sehr schwierig laufenden Quellen für die anthroposophische Bewegung sind, ihr also gewissermaßen nicht den materiellen Boden abgräbt, *noch dass sie aber auf der andern Seite, weil es ihr nicht gleich gelingt, unter Nichtanthroposophen Bekenner zu finden, nun ihre Proselyten innerhalb der Reihe der Anthroposophen macht. Dadurch wird ein Unmögliches getan, dasjenige getan, was zum Untergang der beiden Bewegungen führen müsste.*

Es kommt heute wirklich nicht darauf an, dass wir mit einem gewissen Fanatismus vorgehen, sondern dass wir uns bewusst sind, dass wir das Menschennotwendige nur tun, wenn wir aus der Notwendigkeit der Sache heraus wirken. *Dasjenige, was ich jetzt als Konsequenzen sage, war zu gleicher Zeit die Voraussetzung für das Handbieten zur Gründung der Bewegung für religiöse Erneuerung, denn nur unter diesen Bedingungen konnte man die Hand dazu bieten. Wenn diese Voraussetzung nicht gewesen wäre, so wäre durch meine Ratschläge die Bewegung für religiöse Erneuerung niemals entstanden.* Daher bitte ich Sie, eben zu verstehen, dass es notwendig ist, *dass die Bewegung für religiöse Erneuerung wisse: dass sie bei ihrem Ausgangspunkte stehen bleiben müsse, dass sie versprochen hat, ihre Anhängerschaft außerhalb der Kreise der anthroposophischen Bewegung zu suchen,* weil sie dort auf naturgemäße Weise zu finden ist und weil dort gesucht werden muss.

Dasjenige, was ich zu Ihnen gesprochen habe, habe ich nicht aus dem Grunde gesprochen, weil ich etwa besorgt bin, dass der anthroposophischen Bewegung irgendetwas abgegraben werden könnte, [174] ich habe es gewiss nicht gesprochen aus irgendwelchen persönlichen Intentionen heraus, sondern aus der Notwendigkeit der Sache heraus. Mit dieser Notwendigkeit ist auch verbunden, dass verstanden werde, wie allein es möglich ist, in richtiger Weise auf dem einen und auf dem andern Gebiete zu wirken. Es ist schon notwendig, dass für wichtige Dinge klar ausgesprochen wird, um was es sich handelt, denn es besteht gar zu viel Tendenz heute, die Dinge zu verwischen, sie nicht klar zu nehmen. Aber Klarheit ist heute auf allen Gebieten notwendig.

Wenn daher etwa jemand sagen würde: Nun hat der selbst diese Bewegung für religiöse Erneuerung in die Welt gesetzt und spricht jetzt so - ja, meine sehr verehrten Anwesenden und lieben Freunde, es handelt sich darum, dass, wenn ich jemals anders hätte gesprochen über diese Dinge, so hätte ich nicht die Hand geboten zur Begründung dieser Bewegung für religiöse Erneuerung. Sie muss bei ihrem Ausgangspunkt stehen bleiben. Was ich ausspreche, ist selbstverständlich nur ausgesprochen, damit innerhalb der Anthroposophischen Gesellschaft die Dinge richtig verstanden werden, damit nicht etwa, wie es vorgekommen sein soll, gesagt werde: Nun ging es mit der anthroposophischen Bewegung nicht, jetzt wurde die Bewegung für religiöse Erneuerung als das Richtige begründet. - Ich bin zwar überzeugt, dass die ausgezeichneten, hervorragenden Persönlichkeiten, welche die Bewegung für religiöse Erneuerung begründet haben, jeder solchen Legende mit aller Kraft entgegentreten werden, und dass diese hervorragenden, ausgezeichneten Persönlichkeiten es mit aller Kraft ablehnen werden, innerhalb der anthroposophischen Bewegung ihre Proselyten zu machen. Aber es muss das Richtige innerhalb der anthroposophischen Bewegung verstanden werden.

Ich weiß, wie es immer wiederum Einzelne gibt, die solche Auseinandersetzungen, die von Zeit zu Zeit notwendig werden - nicht zur Klage nach der einen oder andern Richtung hin, auch nicht zur Kritik, sondern lediglich zur Darstellung desjenigen, was nun einmal in aller Klarheit erfasst werden sollte -, ich weiß, dass es immer Einzelne gibt, denen das unangenehm ist, wenn man an Stelle der nebulosen Unklarheit die Klarheit setzen will. Aber zum Gedeihen, zur Gesundheit sowohl der anthroposophischen Bewegung wie der [175] Bewegung für religiöse Erneuerung ist das durchaus notwendig. Es kann nicht die Bewegung für religiöse Erneuerung gedeihen, wenn sie irgendwie die anthroposophische Bewegung beeinträchtigen wird.

Das aber müssen insbesondere Anthroposophen ganz gründlich verstehen, damit sie überall da, wo es sich darum handelt, für die Richtigkeit der Sache einzutreten, auch wirklich für diese Richtigkeit der Sache eintreten können. Wenn es sich daher um die Stellung eines Anthroposophen zur religiösen Erneuerung handelt, so kann es nur diese sein, dass er *Rater ist, dass er dasjenige gibt, was er geben kann an geistigem Gut, dass er, wenn es sich darum handelt, an den Kultushandlungen sich zu beteiligen, sich immer bewusst bleibt, dass er das tut, um diesen Kultushandlungen auf den Weg zu helfen. Ein geistiger Helfer allein für diese religiöse Erneuerungsbewegung kann derjenige sein, der sich als Anthroposoph versteht.*
Aber nach jeder Richtung hin muss diese Bewegung für religiöse Erneuerung von Menschen getragen werden, die noch nicht den Weg in die Anthroposophische Gesellschaft hinein selber finden können durch die besondere Konfiguration und durch die Anlage ihres Geisteslebens.

Also ich hoffe, dass jetzt nicht irgendjemand geht zu irgendjemandem, der aktiv tätig ist in der religiösen

Erneuerungsbewegung, und sagt: In Dornach ist gegen sie dies oder jenes gesagt worden. Es ist nichts gegen sie gesagt worden; sie ist in Liebe und in Hingebung an die geistige Welt und in berechtigter Weise aus der geistigen Welt heraus mit Ratschlägen so versorgt worden, dass sie sich selbst begründen konnte. Aber von Anthroposophen muss gewusst werden, dass sie sich selbst aus sich heraus begründet hat, dass sie zwar nicht den Inhalt ihres Kultus, aber die Tatsache ihres Kultus aus eigener Kraft heraus, aus eigener Initiative heraus formiert hat; dass das Wesen der anthroposophischen Bewegung nichts zu tun hat mit der Bewegung für religiöse Erneuerung. Es gibt ganz gewiss keinen Wunsch der so groß sein kann, wie der von mir, dass die Bewegung für religiöse Erneuerung unermesslich gedeihe, aber unter Einhaltung der ursprünglichen Bedingungen. Es dürfen nicht etwa die anthroposophischen Zweige in Gemeinden für religiöse Erneuerung umgestaltet werden, weder in materieller noch in geistiger Beziehung. [176]

Das musste ich heute aus dem Grunde sagen, weil ja da Ratschläge für einen Kultus gegeben werden sollten, dessen Gedeihen in der Gegenwart sehr, sehr von mir gewünscht wird. Damit nicht Missverständnisse entstehen, indem man hinblickt auf diesen so gegebenen Kultus, wenn ich nun überhaupt über die Bedingungen des Kultuslebens in der spirituellen Welt morgen sprechen werde, musste ich dieses heute als Episode einfügen. Es ist eine episodische Betrachtung zum besseren Verständnis desjenigen, was ich morgen in Fortsetzung der gestern gegebenen Auseinandersetzungen zu sagen haben werde.

Da war es mir klar,
dass das bedeute,
dass ich das Schicksal
der anthroposophischen Bewegung
noch über die Christengemeinschaft
zu stellen habe,
die mir anvertraut ist. ...
Aber der Ruf
in die Anthroposophische Gesellschaft
bedeutet dieses, dass,
wenn man etwa zu wählen hat:
soll in der heutigen Kultur
zu Grunde gehen die
Anthroposophische Gesellschaft
oder soll zu Grunde gehen
die Christengemeinschaft,
da muss man sagen:
nicht die Anthroposophische Gesellschaft,
dann eher die Christengemeinschaft.
Ich spreche das offen aus. ...
ich sage es, weil ich einsehe,
dass für die Kultur der Menschheit
zunächst entscheidend ist
die Anthroposophische Gesellschaft.

Friedrich Rittelmeyer
Erzoberlenker und Begründer der «Christengemeinschaft»
in: Eugen Kolisko, Ein Lebensbild

Die Christengemeinde [159]
ist etwas für sich Bestehendes

Rudolf Steiner

in der Besprechung mit den Lehrern des Freien christlichen Religionsunterrichtes,
in der Freien Waldorfschule Stuttgart, am 9.12.1922,
nach stenografischen Aufzeichnungen Karl Schuberts

X: Die Rituale werden aufgefasst als Besitz der Christen-gemeinschaft.

Rudolf Steiner: Es ist niemals für die Rituale, die für die Schule da sind, etwas ausgesprochen worden, dass sie der Priesterschaft gehören. Dann ist die Frage diese: jetzt wird der Religionsunterricht ja nicht von der Schule erteilt, sondern von der anthroposophischen Gesellschaft [160] wird der freie Religionsunterricht erteilt. Daneben wird evangelischer und katholischer Unterricht erteilt. Nun könnte es sein, dass daneben der Unterricht dieser Christengemeinschaft von Einzelnen in Anspruch genommen wird. Das kann man nicht verhindern. Man muss sich die Sache anschauen; es ist ein bisschen zu überlegen, ob die Baptistengemeinde für uns in Betracht kommt. Aber da könnten wir nichts machen, wenn sie darauf bestünden . Wir könnten nichts machen, wenn darauf bestanden wird von den Eltern oder von den Kindern selbst, dass sie dort den Religionsunterricht bekommen. Aber daneben würde fortbestehen die Einrichtung, die jetzt ist.

---

159 Rudolf Steiner gebrauchte die Ausdrücke ‚religiöse Bewegung‘, „Christengemeinschaft“, „Christengemeinde“ nebeneinander für dieselbe Sache.
160 Die Waldorfschule = die Religionslehrer erteilen den freien christlichen Religionsunterricht und die Handlungen «exterritorial» im Auftrag der Anthroposophischen Gesellschaft. Deshalb spricht Steiner hier von der Anthroposophische Gesellschaft, gemeint sind die Religionslehrer als Beauftragte, Mitglieder und Repräsentanten der Anthroposophischen Gesellschaft.

Nicht wahr, das Verhältnis der Anthroposophischen Gesellschaft zur Christengemeinde, das wird lediglich in der Realität, - im Prinzip war es klar, - in der Realität wird es im Augenblick klar sein, wenn von Seiten der Anthroposophischen Gesellschaft zur Klarheit getrieben wird. Die andern haben Interesse daran, sie wollen jeden haben. Die haben keinen Grund, Klarheit zu schaffen. Aber innerhalb der Anthroposophischen Gesellschaft muss Klarheit geschaffen werden. Hier herrscht das Prinzip ... nun ja, die Anthroposophische Gesellschaft ist da, da lässt sich bequem sein. Man setzt sich auf die berühmten Stühle, und ist dann bequem. Es hängt nur davon ab, wie man es macht. In der Realität kann die Sache nur klar werden, wenn man es klar hält.

Y: Sie suchen zu systematisieren und für sämtliche Sakramente die Rituale zu sammeln.

Rudolf Steiner: Die Christengemeinschaft geht uns gar nichts an. Ich fühle mich nicht gebunden. Wenn es dazu kommt, an die Jugendfeier etwas anzuschließen, so gebe ich es. Es ist nicht die geringste Veranlassung, nachzudenken darüber, was da wird mit der Christengemeinde. Die haben ihre Ritualien. Und diese Ritualien habe ich theoretisch erwähnt, als mögliche Ritualien. Aber nicht wahr, warum zerbrechen Sie sich die Köpfe? Zerbrechen die sich doch ihre eigenen Köpfe. Der Pastor Ruhtenberg muss, wenn er hier ist, vollständig vergessen, dass er Priester ist. Meine Tätigkeit (*als "Privatmann" zur Begründung der "Christengemeinschaft")* schließt, mit Ausnahme einiger Nachträge; meine Tätigkeit war eine beratende, keine konstituierende, keine einsetzende. Meine Aufgabe ist dort erledigt gewesen am letzten Tag des Aufenthaltes der geweihten Priester in Dornach. Ich habe keinen Priester geweiht, ich habe gezeigt, wie ein Priester geweiht wird. Das war eine

Selbstweihe. Die anderen hat Dr. Rittelmeyer geweiht. Ich stehe in gar keiner Beziehung zur Christengemeinde. Das ist das Prinzipielle. Die Christengemeinde sollte sich aus sich selbst konstituieren und hat mit der Anthroposophischen Gesellschaft gar nichts Reales zu tun. Also der Standpunkt, die Sache an sich, ist so klar wie nur irgendetwas klar sein kann. Die anderen werden es nicht verwirren. Sie können es so verwirren, dass sie einige Rechte der Anthroposophischen Gesellschaft sich beilegen.

Als Herr Y. diese Interpellation gestellt hat, habe ich gesagt, ich werde die Lehrer bestellen. Es handelt sich gar nicht darum, dass ich jemanden darum frage. Wenn die Christengemeinschaft gewünscht hat ihrerseits, sie erkennt diejenigen, die in der Waldorfschule Religionslehrer sind, als Helfer an, so ist das Sache der Christengemeinde. Wenn ein Lehrer sagt: Das ist mir höchst gleichgültig, so kann er das tun. Dagegen ist die Christengemeinde verpflichtet, auch einen anzuerkennen, der sagt: Das interessiert mich gar nicht. So steht die Sache tatsächlich. Die Sache ist so klar, wie nur irgendetwas. Die Christengemeinde ist etwas, was mit der Anthroposophischen Gesellschaft nicht das Geringste zu tun hat. Und auch nicht etwas, was mit der Anthroposophischen Gesellschaft zusammenhängt. Die Christengemeinde ist etwas für sich Bestehendes. Zur Anthroposophischen Gesellschaft steht die Christengemeinde in keinem anderen Verhältnis als der Katholizismus oder die Quäker.

Auch

EMIL BOCK
- ehemals «Erzoberlenker» (als Nachfolger von Rittelmeyer im höchsten Amt der «Christengemeinschaft») und
maßgeblicher Mitbegründer - bestätigte diese Prinzipien
(= keine Anthroposophen-Kirche, Klientel = Nicht-
Anthroposophen) und teilt seiner Kirche in der Zeitschrift
«Christengemeinschaft» aus einem Rundbrief vom
19.1.1923 mit *(Auszug)* :

« 1. Die religiöse Bewegung ist ganz selbstständig aus
freier Initiative junger Theologen gegründet worden.
Sie ist keine anthroposophische Gründung.
2. Sie richtet sich an Nicht-Anthroposophen. Dies ist die
Voraussetzung gewesen für die Beratung, die Dr. Steiner
ihr allezeit zuteil werden ließ. Sucht sie ihre Gemeindemitglieder unter den Anthroposophen, so geht sie von
ihrem Ausgangspunkt ab und ruiniert sich selbst. ...
3. Diejenigen, die durch ihr Schicksal in der Anthroposophie einen Weg zum Geistigen gefunden haben,
brauchen den Kultus nicht. »

(Aus der Erwiderung von Ulla Trapp (Rudolf Steiner-Nachlassverwaltung) in der Zeitschrift
«Das Goetheanum», Nr. 24/2002, S.452-453.)

Weihe ?

Darf jemand,
der die äußere Möglichkeit fand
seine innere Berufung
zu verwirklichen,
sich der Gefahr aussetzen,
sie nur darum
nicht zu erreichen,
weil er nicht alles andere
von sich werfen mag?
Wenn man den Grundsatz
nicht anerkennt,
dass derjenige,
der einen Weg einschlägt,
auf andere Wege
verzichten muss,
- dann muss man sich wohl
überzeugen,
dass es dienlich sei,
am Kreuzweg stehen zu bleiben.
- Aber tadle nicht den,
der geht
- tadle weder noch lobe.

Dag Hammarskjöld

Worauf es ankommt

Ein Vorwort aus der Kirche von unten

Herbert Haag

Die Krise des - römisch-katholischen - Priesterstandes ist offenkundig. Was immer auch die Amtskirche bisher unternommen hat, um ihr zu begegnen, ist wirkungslos geblieben. Priestermangel, Gemeinden ohne Eucharistie, Zölibat, Frauenordination bezeichnen die Probleme, die zwar nicht allein, aber doch weitgehend die gegenwärtige Not der katholischen Kirche bestimmen. Immer häufiger werden Laien zu Gemeindeleitern eingesetzt, die aber - weil sie nicht "geweiht" sind - mit ihrer Gemeinde nicht Eucharistie feiern können, wozu sie doch eigentlich verpflichtet wären. Dies war in der frühen Kirche kein Problem. Da lag die Eucharistiefeier allein in der Hand der Gemeinde. Die ihr im Einvernehmen mit der Gemeinde vorstanden, waren keine "Geweihten". Es waren ganz normale Gemeindemitglieder. Wir würden sie heute Laien nennen, Männer, aber auch Frauen, in der Regel verheiratete, aber auch unverheiratete. Entscheidend war der Auftrag der Gemeinde. Warum sollte, was damals möglich war, nicht auch heute möglich sein?

Wenn Jesus, wie behauptet wird, das Priestertum des Neuen Bundes eingesetzt hat: Warum ist davon die ersten vierhundert Jahre in der Kirche nichts wahrzunehmen? Überdies: Alle sieben Sakramente, die die katholische Kirche kennt, sollen von Jesus gestiftet sein. Bei mehr als einem Sakrament ist dieser Nachweis schwierig. Völlig unmöglich ist er beim Sakrament der Priesterweihe. Vielmehr hat Jesus durch Wort und Tat gezeigt, dass er keine Priester wollte. Weder war er selber Priester, noch war es einer von den 'Zwölf' und auch nicht Paulus.

Ebenso wenig lässt sich das Amt der Bischöfe auf Jesus zurückführen. Die Annahme, die Apostel hätten, um für die Fortdauer ihres Amtes Vorsorge zu treffen, Bischöfe zu ihren Nachfolgern eingesetzt, ist unhaltbar. Das Bischofsamt ist, wie alle anderen kirchlichen Ämter, eine Schöpfung der Kirche, es hat sich historisch entwickelt. Und damit stehen diese beiden Ämter, Bischof und Priester, jederzeit zur freien Disposition der Kirche. Sie können beibehalten, verändert oder abgeschafft werden.

Die Krise der Kirche wird so lange andauern, wie sich diese nicht entschließt, sich eine neue Verfassung zu geben, eine Verfassung, in der es für zwei Stände - Priester und Laien, Geweihte und Nichtgeweihte - keinen Platz mehr gibt, sondern ein kirchlicher Auftrag ausreicht, um eine Gemeinde zu leiten und mit ihr Eucharistie zu halten. Und ein solcher Auftrag kann Männern und Frauen, Verheirateten und Unverheirateten zuteil werden. Damit wäre zugleich in einem Zug das Problem der Frauenordination wie die Zölibatsfrage gelöst.

Die Forderung, es dürfe in der Kirche nicht zwei Klassen geben, wird vor allem entgegengehalten, es habe immer wieder organisatorische Entwicklungen gegeben, die sich nur indirekt vom Neuen Testament her begründen ließen. Als Beispiel wird etwa die Kindertaufe genannt, die sich nicht ausdrücklich auf das Neue Testament berufen kann, ihm aber auch nicht widerspricht. Indes ist der Verweis auf Entwicklungen nur so lange haltbar, wie diese mit den Grundaussagen des Evangeliums in Einklang stehen. Widersprechen sie diesem in entscheidenden Punkten, sind sie illegitim, unerträglich und schädlich.

Dies gilt mit Sicherheit von der Priesterkirche. Eine Befragung der biblischen und frühchristlichen Zeugen zeigt eindeutig und überzeugend, dass Hierarchie und Priestertum sich in der Kirche an der Schrift vorbei entwickelten und nachträglich als ihr zugehörig dogmatisch gerechtfertigt wurden.

Alle Zeichen deuten darauf hin, dass für die Kirche die Stunde geschlagen hat, sich auf ihr eigentliches Wesen zurückzubesinnen.

«Worauf es ankommt - Wollte Jesus eine Zwei-Stände-Kirche?»
Herbert Haag
Verlag Herder, Freiburg, 1997, ISBN 3-451-26049-2

Siehe auch «Den Christen die Freiheit. Erfahrungen und widerspenstige Hoffnungen» (1995), Verlag Herder

Herbert Haag,
em. Professor an der Universität Tübingen, Bibelwissenschaftler und engagierter Befürworter begründeter Reformen der Kirche an Haupt und Gliedern.

Und Jesus trat zu ihnen
und sprach :
Nun ist mir
alle Schöpfermacht übergeben
im Himmel und auf der Erde.
Ziehet aus
und seid
die Lehrer aller Völker

und tauft sie
im Namen und mit der Kraft
des Vaters, des Sohnes
und des heiligen Geistes.

Und lehret sie,
sich an die Geistesziele
zu halten,
die ich euch gegeben habe.
Und siehe,
JCH bin
in eurer Mitte
alle Tage
bis zur Vollendung der Erdenzeit.

Matt. 28/18-20 (Übersetzung Emil Bock)

Wer sich nach den bisherigen Ausführungen noch spezieller - als ggf. sakramental Handelnder - der Weihe-Thematik zuwenden will, für den versuche ich folgend weitere Argumente anzuführen. Ich werde dabei aber Wiederholungen *nicht vermeiden können, um die Thematik aus verschiedenen Gesichtspunkten zu befragen.*

NUR MIT WEIHE ?

Notizen zur Priester-Weihe

Volker David Lambertz

Immer wieder hört man :
«Sakramentales Handeln ist nur durch kirchlich geweihte Priester legitim und wirksam.»

Nicht nur seitens der katholischen und orthodoxen Kirchen, auch von der Kirche «Die Christengemeinschaft» wird dieses Axiom verfochten.

Gerade dieses Sakrament der Weihe wird jeweils aus der ganz eigenen, subjektiven Glaubensposition diagnostiziert und eingeordnet und ist damit Spielball der Dogmatik. Das Bestreben um System- und Machterhalt erschweren eine unparteiische Erarbeitung.

In der Bibel findet man keine konkrete Anordnung Jesu Christi oder der Urkirche.
Die Priester-Weihe war eine Einrichtung der unter staatlicher Obhut stehenden Kirche seit der Konstantinischen Wende.
Und heute, und zukünftig ?
Brauchen wir als "freie" Christen, aber vor allem auch als Anthroposophen, immer noch eine spezielle, kirchlich sanktionierte "Priester"-Weihe (und zwar die der Kirche «Die Christengemeinschaft»), um SEINEN Auftrag zum auch sakramentalen Handeln «Gehet hin und taufet und lehret...» wahrzunehmen?

Vielleicht kann auch die nun hierzu versuchte Skizze keine ausreichende Antwort geben, aber vielleicht doch anregen, weiter nach Antworten zu suchen.

Dabei geht es auch hier wiederum nicht um destruktive Kritik an irgendeiner Kirche, insbesondere der Kirche «Die Christengemeinschaft», mit der sich vor allem Probleme ergeben, aufgrund ihres Monopolanspruches auf ein anthroposophisch sakramentales Handeln.

Also, fragen wir nach ... :

Zunächst: Apostolische Sukzession ?

Die «Priester-Weihe» war bisher immer und untrennbar an die «*apostolische Sukzession*» gebunden. Diese ist für die traditionelle (katholische und orthodoxe) Kirche auch heute noch unbedingtes Merkmal ihrer Rechtmäßigkeit und Wirksamkeit.

Hat die «apostolische Sukzession» überhaupt - und speziell für uns - einen Sinn, bzw. welchen könnte sie haben ? :

«Das Resümee der neueren theologischen Forschung nun besagt, dass der Begriff der so genannten '*apostolischen Sukzession*' im Sinne einer bischöflichen Handauflegungskette bis hin zu den Aposteln ein *unzutreffender* ist, insofern er eine historische Vorstellung vermittelt, der keine historische Realität im Sinne der Vorstellung entspricht.

Der *monarchische Episkopat* wurde vielmehr erst in der dritten Generation durch den Autor der Pastoralbriefe, *entgegen einem anderen Ist-Zustand,* eingeführt.

Es war 'der Versuch, in einer noch nach verschiedenen Richtungen hin offenen Entwicklung in den christlichen Gemeinden *ein* Konzept durchzusetzen' ^(L.Oberlinner), dem eine patriarchalisch-monarchische Konzeption (und Anpassung an die gesellschaftliche Umwelt) zugrundelag. Zwischen der apostolischen Zeit und der dritten christlichen Generation (ca. um 100 n. Chr.) gibt es also eine Lücke, eine Zeit, in der es die Bischöfe im Sinne des späteren Verständnisses nicht gab, also auch keine 'apostolische Sukzession' in diesem Sinne. Der Begriff 'Episkopos' wird zwar verwendet, hatte aber noch nicht die Bedeutung, die ihm durch den in den Pastoralbriefen erfolgten und bezeugten Eingriff in die nach verschiedenen Seiten hin noch offene Entwicklung zugewiesen wird.

Aus diesem Eingriff, der eine *Neuerung* darstellt, hat sich die 'bischöfliche Sukzession' der monarchischen Bischöfe entwickelt.

Wenn nun - was niemand bestreitet - historisch *und* theologisch die Kirche auch vorher eine gültige war, dann ergibt sich zwingend die Erkenntnis, dass diese Form der Amtsweitergabe nicht die einzige Möglichkeit der Ämterbestellung in der Kirche sein kann bzw. ist. Noch weniger kann man sie als die alleingültige Form ansehen, wenn bedacht wird, dass sie als eine solche Form nicht bis hin auf die Apostel zurückgeführt werden kann.» (Quadt 161)

«Die Vollmacht des Amtes war nicht mehr geistgewirkte sakramentale repraesentatio, sondern dem einzelnen Amtsträger verliehene und ihm eigene potestas, welche im Rahmen des Systems der *absoluten*, das heißt vom Dienst an einer konkreten Ortskirche *losgelösten* Ordination nicht mehr notwendig als auf die communio bezogen gedacht wurde. Der ordo wurde damit zum *isolierten* sakramentalen Weiheritus, zum Sakrament der Priesterweihe; das *Bischofsamt ... wurde meist nicht mehr sak-*

---

161 Anno Quadt, «Evangelische Ämter gültig - Eucharistiegemeinschaft möglich» Grünewald-Verlag.

ramental, sondern ... als ein Mehr an potestas (iurisdictio) und dignitas innerhalb der Kirche verstanden. Da ist der Hintergrund, vor dem im späten Mittelalter auch einzelnen Nichtbischöfen, ... Priestern also, auf dem Weg der Jurisdiktion durch den Papst die Vollmacht zur Ordination erteilt werden konnte.» *(Kasper 162)*

Kasper deutet auch auf die Tatsache, dass es im 16. Jahrhundert Bischöfe gegeben hat, die nicht einmal die Bischofsweihe empfangen hatten; ...was ist mit der Sukzessionsreihe der durch diese erteilten Weihen?... [163] :
«Im Mittelalter und noch bis ins 17., 18. Jahrhundert hinein gab es Priesterweihen, die von Nicht-Bischöfen gespendet wurden, wo also Priester durch Priester geweiht wurden. Diese Priesterweihen durch Priester sind von Rom immer formell anerkannt worden. Sie sind sogar mit päpstlicher Erlaubnis geschehen. Das bedeutet, dass es nach katholischer Lehre grundsätzlich möglich ist, dass es nicht nur eine episkopale Sukzession gibt, also eine Nachfolge der Apostel durch Handauflegen der Bischöfe, sondern dass es auch eine presbyteriale, eine durch Priester vermittelte Sukzession gibt.» *(Kasper 164)*

Rudolf Steiner verweist darauf, dass «... ein unbedingtes Angewiesensein auf die Sukzession innerhalb der Kirchenströmung ein Herabfallen wäre in das, was durchaus berechtigt war innerhalb der vorchristlichen Menschheitsentwickelung, die eben nur noch durch den Katholizismus hereinstrahlt in die Menschheitsentwickelung seit dem

---

162   Walter Kasper, «Theologie und Kirche», Bd. 2, Matthias-Grünewald-Verlag.
163   Kasper, ebd., S.172 f. .
164   Walter Kasper, «Fragen der offenen Kommunion» (1970), veröffentlicht in der Reihe "Themen des Glaubens", Heft 8 (Januar 1984) der "aktion 365", S.13

Christus-Ereignis.» *(Steiner 165)*

«... denn es sind die Zeiten vorüber, in denen die Zeremonien, die der alten Priesterweihe gedient haben, noch einen Sinn hatten...» *(Steiner 166)*

«Wenn wir heute jemanden vorbereiten wollen - also ich meine auch in dem, was wir als einen neuen Kultus sehen -, wenn wir heute jemanden vorbereiten wollen zum Vollziehen zeremonieller Handlungen, so werden wir für diejenigen, die außerhalb des Katholizismus in der Welt stehen, nicht mehr mit einer vollen inneren Hingabe die Menschen etwa angliedern können an die apostolische Sukzession. Ich habe Ihnen gesagt, das haben zwar merkwürdige Theosophen wie Leadbeater und ähnliche versucht, sie haben sich wiederum hineingestellt in die apostolische Sukzession, aber das wird jedem Menschen widerstreben, der ehrlich der Welt gegenübersteht, wenn er nicht von katholischem Bewusstsein durchdrungen ist.» *(Steiner 167)*

«Es handelt sich hier um Zusammenhänge, die eine Frage nach der Wirksamkeit ganz neuer Ätherkräfte nahe legen. Man wird in diesem Zusammenhang daran denken, wie das Blut des Christus, das am Karfreitag vom Kreuz in die Erde floss, sich vollständig 'ätherisierte' und der Christus-Impuls 'als eine Substanz' [168], als *Christus-Äther* , zu den vier 'alten' Ätherarten [169] hinzutritt. Als 'moralische Äther-Atmosphäre' [170] ist er mit der Moralität der

---

165 Rudolf Steiner, 4.10.1921.

166 Rudolf Steiner, 10.10.1921, Vormittag.

167 Rudolf Steiner, 3.10.1921, Nachmittag.

168 Siehe Rudolf Steiner, «Aus der Akasha-Forschung. Das fünfte Evangelium», 10.2.1914, GA 148.

169 Vgl. Ernst Marti, «Die vier Äther», Verlag Freies Geistesleben, 1981.

170 Siehe Rudolf Steiner, «Das esoterische Christentum und die geistige Führung der Menschheit», 1.10.1911, GA 130.

Menschen verbunden und als neuer *Lebens*keim der Erde und der Leiblichkeit der Menschen eingestiftet. [171] ... Von *diesem* lebendigen Band umfasst zu werden, ist die recht verstandene Sukzession. Das kann man erst durch die Anthroposophie *so* verstehen und gewinnt dadurch einen *neuen* (modernen) Sukzessionsbegriff, für den manches früher entscheidend Wichtige unwesentlich wird. Um den Anschluss an die *geistige* Ahnenreihe zu den Aposteln hin herzustellen, kann das Anknüpfen an das äußerlich historische Band der Handauflegung nicht wesentlich und ausschlaggebend sein.» (Debus 172)

Fazit: Eine *apostolische* Sukzession gibt es gar nicht.

Die tradierte Form, die zudem noch nicht einmal immer und überall lückenlos und unkorrumpiert weitergegeben wurde, geht nicht auf die Apostel zurück, sondern ist erst später durch die frühchristliche Kirche in Gang gebracht worden.

Deshalb ist es Illusion zu meinen, durch die traditionelle, kirchliche Weihe in einer direkten Sukzessionslinie mit den Aposteln zu stehen. Es ist die *geistige* Ahnenreihe, die wirksam ist.

Hier gibt es aber viele Strömungen (die u.a. auch in den verschiedenen Apostel und Jünger zum Ausdruck kamen). Gerade ein freies christliches, ein besonders aus den Qualitäten und Impulsen des Urchristentums schöpfendes Streben, gehört selbstverständlich in den "apostolischen" Strom, allerdings nicht in den von der katholischen Kirche institutionalisierten und korrumpierten petrinischen,

---

171 Vgl. Rudolf Steiner, «Das Johannes-Evangelium im Verhältnis zu den drei anderen Evangelien...», 6.7.1909, GA 112.

172 Michael Debus, «Anthroposophie und die Erneuerung der christlichen Kirche».

sondern in den urchristlich impulsierten Strom, der IHN *direkt* und Ihn *im* Bruder sucht und nicht in einer exklusiven und machtvollen Kirchen-Hierarchie... [173]

Das ist ein Strom, der mit der Verstaatlichung der Kirche aus dieser herausgedrängt wurde und der in den Ketzer-, gnostischen, esoterischen, aber auch urchristlich-fundamentalistisch-brüderlichen, oft auch asketischen Gemeinschaften seine eigenen Wege durch die Katakomben und Höhlen und Hütten, im Verborgenen der Gnosis und der Esoterik im Untergrund nahm, aber auch immer wieder politisch und sozial revolutionär hervorbrach.

Man findet ihn heute ganz besonders im Impuls der *Befreiungstheologie,* in der *Kirche von unten,* aber auch in der *Gesinnung* z.B. von Gemeinschaften wie die «Arche» des Lanza del Vasto oder der des Ernesto Cardenal oder auch in der Ökumene wie z.B. in «Taizé», «IONA», etc., aber auch bei einzelnen Christen, die - zwar Mitglied einer Kirche sind aber - individuell nonkonformistisch wirken, sowie immer mehr bei Christen außerhalb der Kirchen, ja in Gruppen innerhalb der modernen Esoterik und auch bei Anthroposophen... :

Freie Christen, die nicht dem Anspruch einer Kirche, sondern Seinem Ruf folgen... werden aus diesen Impulsen dann dennoch "Kirchen", steht meist Bürokratisierung und die spirituelle Sklerotisierung bevor.

Dieses pfingstliche, brüderliche Prinzip ist nicht neu, sondern ist das Prinzip des Wirkens Jesu Christi. Man kann es in der ganzen Christen- und Kirchengeschichte immer wieder aufleuchten und aktiv werden sehen.

---

173 Welchem Geistimpuls das freie christliche Streben zuzuordnen wäre, kann an diesem Ort nicht behandelt werden. Doch siehe dazu u.a. die Ausführungen Dieter Brülls «Fünf urielische Betrachtungen» in «Bausteine für einen sozialen Sakramentalismus» über Uriel und Maria.

Christen-Gemeinschaften aus diesem brüderlichen und freilassenden Geist waren und sind nicht nur möglich, sondern sind dem Christus wesensgemäß und heute sogar wieder not-wendig. [174] *(Siehe Kap. «Christen-Gemeinschaft»)*

Anzuknüpfen wäre somit *direkt* an IHN und an Seinen *Auftrag* : «Gehet hin ... und taufet und lehret ... (immer und überall) und an die konkrete Nachfrage des Christen-Bruders an uns.

«Wo zwei oder drei versammelt sind, da bin JCh mitten unter ihnen.»

Es ist die *"Christus-Sukzession", an die Freie Christen*, an die Rudolf Steiner anknüpfte.

Christus ist der Priester

Die eine Seite ist also die apostolische Sukzession, die andere die Frage des *Priestertums.*

« Dazu muss zunächst auf etwas hingeblickt werden, das alle *herkömmlichen* Gottesdienstfeiern auszeichnet:
Es ist das *Amt* eines Priesters, Pfarrers, Imans oder sonst einer geistlichen Person, die vermittelnd zwischen dem Göttlichen und der Gemeinde wirksam ist.

---

174 «Aber dadurch, dass die Menschen sich in freiwilligen Zusammenhängen zusammenfinden, gruppieren sie sich um Mittelpunkte herum. Die Gefühle, die so zu einem Mittelpunkt zusammenströmen, geben nun wiederum Wesenheiten Veranlassung, wie eine Art von Gruppenseele zu wirken. Alle früheren Gruppenseelen waren Wesenheiten, die den Menschen unfrei machten. Diese neuen Wesenheiten aber sind vereinbar mit der völligen Freiheit und Individualität der Menschen. Ja, wir dürfen sagen, sie fristen in einer gewissen Beziehung ihr Dasein von der menschlichen Einigkeit; und es wird in den Seelen der Menschen selbst liegen, ob sie möglichst vielen solcher höheren Seelen Gelegenheit geben, herunterzusteigen zu den Menschen, oder ob sie es nicht tun.» Rudolf Steiner, 1.6.1908, Berlin.

Strukturen und Organisationen von Glaubensgemein-schaften mit dem vermittelnden Amt eines Geistlichen ordnen sich in die Richtung "von oben nach unten", will sagen, dass ein Göttliches oben über eine geweihte oder ordinierte Person zu einer Gemeinde nach unten ver-mittelt wird. Verbunden hiermit sind oftmals sehr diffe-renzierte und strikte Lehr- und Verhaltenskodices, denen sich ein Gläubiger anzubequemen hat, und deren Ein-haltung die Priesterschaft oder Kaste der Geistlichen als in ihrem Recht und ihrer Pflicht liegend ansieht.

Nun zeigt die geistige Entwicklung der Menschheit, dass das menschliche Individuum immer selbstständiger, also immer *selbstbestimmender* für seine innersten Angelegen-heiten wird. Diese Entwicklung verwirklicht sich mit solchem Nachdruck, dass sie immer mehr in Gegensatz zu den Prinzipien aller herkömmlichen Glaubensgemein-schaften gerät.

Was liegt dem zu Grunde?

Die Entwicklung zu geistiger Selbstständigkeit verlagert die ehemalige Blickrichtung "von oben nach unten" in eine solche, die im Zentrum der Individualität den Ausgangs-punkt sucht und von dort in den Umkreis geht, also «von innen nach außen». Hier wird das Innerste zum Höchsten und der Umkreis zu dem, was mit dem Unten oder der menschlichen Persönlichkeit korrespondiert. In dieser Mitte wird zunächst instinktiv, dann immer bewusster, das Erlebnis von innerer Aufrichtekraft gesucht. Aber man sucht diese hier jetzt nicht als ein irgendwie geartetes Göttliches "oben" oder "in den Weiten des Weltalls" oder "hinter den Sternen" usw., sondern als im Kern des eigenen Wesens oder der eigenen Identität auffindbar. Ein Menschenwesen, das immer selbstständiger und selbst-bestimmender wird, fühlt immer größere Schwierigkeiten, wenn es seine innere Stärke und das daran gebundene

Wertesystem an und bei Prinzipien suchen soll, die ihm von außerhalb seiner selbst *verordnet* werden.

Dennoch möchte solch ein Mensch etwas finden können, was ihn so sicher stärkt und erfüllt, wie es in alten Liturgien durch die Vermittlung des Priesters geschah. Und weil das Oben-Unten für ihn nicht mehr Bedeutung hat, wird er also die ersehnte Stärkung im ewigen Zentrum seines Wesens selbst suchen. Das ist aber nur möglich, wenn ein Göttliches innerhalb der eigenen Ichhaftigkeit auch tatsächlich auffindbar ist und von diesem Ich in heiliger Erhabenheit erlebt werden kann.

Wenn ein Mensch einmal damit begonnen hat, Ideale und göttliche Prinzipien im Zentrum seines Eigenwesens zu suchen, dann ist die Situation da, dass hier kein Priester oder Geistlicher mehr vermittelnd tätig werden kann. Für solch einen Menschen verliert auch jede auf dem Prinzip "oben-unten" aufgebaute Glaubensgemeinschaft und geistliche Betreuung die tragende Bedeutung. Jedoch verliert sich *keinesfalls* die Sehnsucht nach einem religiösen, evtl. auch liturgisch-kultischen Element, in dem sich ein Verkehr des Göttlichen mit dem Menschen vollziehen kann, jetzt aber von *innen nach außen*.

Die hauptsächliche Änderung gegenüber aller etablierten Religiosität besteht darin, dass dieses Göttliche nun selbst übersinnlich während der Liturgie *das Amt des Priesters übernimmt*. Für die mitteleuropäische Hermeneutik ist dieses Göttliche die *Christuswesenheit*, die ätherisch aus dem menschlichen Inneren heraus als Priester geistig und völlig autonom handelt, getreu dem Pauluswort:

«Nun lebe ja keineswegs ich. Es lebt der Christus in mir. Das, was ich im Physischen als Leben trage, kann ich nur deshalb als Leben tragen, weil es seine Wirklichkeit durch den Sohn des Gottes erhält, der mich liebt und sich für mich hingibt. Nur so würdige ich die Gnade des Gottes.

Denn hätte das Gesetz Gerechtigkeit gebracht, wäre der Tod Christi völlig überflüssig gewesen.» *(Galatherbrief 2, 20-21 Übersetzung aus dem Griechischen durch Noordendorp.)*

Nach hermetischer Auffassung kann der Christus als dasjenige göttliche Wesen erlebt werden, das gemäß diesem Pauluswort als das innerste, erhabenste Göttliche in jedem individuellen Menschen-Ich auffindbar wird, wenn dieses Ich nach ihm sucht. Damit soll nicht gesagt sein, dass der Mensch mit Christus identisch sei. Aber man hat es doch so zu denken, dass das einzelne menschliche Ich so zum Christus steht, wie der Regentropfen zum Ozean. Beide haben dieselbe Substanz, aber der Ozean ist alle Wassertropfen zusammen und zugleich mehr als ihre bloße Summe.

Mit dem Christus in sich kann jeder Mensch, der zu solch einer inneren Findung gelangt, dann in immer wieder neu sich bildende Gemeinschaften mit anderen, gleich gesinnten Menschen eintreten und liturgisch-kultische Feiern vollziehen. Diese können so viele Formen annehmen, als sich Menschen jeweils zusammenfinden, um ihr religiöses Bedürfnis zu verwirklichen. » *(Noordendorp)* [175]

Wir können heute "Priester" sein, wenn und weil Christus in uns einen Wirkens-Raum findet; ER ist es letztlich der handelt und wandelt und somit der Priester ist und wir nur sein Werkzeug. Die Frage ist nur, ob wir Seine ausgestreckte Hand sehen und ergreifen. Unsere Aufgabe dabei ist uns IHM so uneigennützig zu öffnen, dass ER ungehindert durch uns strömen kann. Wenn dann auch noch unsere Worte - unsere Kultus-Texte und -handlungen - mit Seinem Sein und Wollen übereinstimmen, getreues Spiegelbild der Geistrealität des

---

[175] Hergen Noordendorp, in «Warum eine neue hermetische Eucharistiefeier?», 2003.

Geschehens sind (wie ich das von den Fassungen Rudolf Steiners annehme), will und wird ER wirksam werden.

Das mag vielleicht für viele von uns noch Zukunft sein, und deshalb sind heute auch noch verschiedene Wege gegeben und berechtigt. Wonach *wir* aber streben wollen, ist die Saat für die Zukunft heute auszubringen...

Die Weihe - zwei Wege

Ein grundsätzliches, historisch und oft individuell tragisches Missverständnis ist jenes, dass christlich-sakramentaler Dienst nur mit einer kirchlich approbierten "Weihe" berechtigt und möglich sei und es nur diese eine Weiheform gebe.

Kultushistorisch sind grundsätzlich jedoch *zwei* polare Prinzipien priesterlichen Wirkens vorzufinden :

1. Allgemein-christlich, "laien"-priesterlich, direkt :

Gemäß Seinem Auftrag «Gehet hin und taufet und lehret» ist hier *jeder* strebende Christ guten Willens aufgerufen seinem Mitmenschen *auch* sakramental beizustehen.

Dazu benötigt er keine "Weihe" irgendeiner Institution oder Einordnung in eine Organisation, sondern allein SEINE Be-Ruf-ung, SEIN Ja, das Weihe hierzu ist, durch das er geweiht wird, das sich im Schicksal durch die konkrete Bitte des Du um eine Taufe, Trauung, Bestattung, etc. offenbart.

Das war auch das Prinzip der ersten dreihundert Jahre des Christentums. Aber auch danach fand es sich immer wieder, vor allem in den Ketzer- und esoterischen Strömungen und verbreitete sich dann - prinzipiell - im Protestantismus wieder über die ganze Welt. Als dann zum Ende des vorletzten Jahrhunderts *(1894)* die «Philosophie der Freiheit» geschrieben wurde, als durch die Anthroposophie die geistige Welt wieder spirituell konkret erforsch- und erfahrbar wurde, konnte Rudolf Steiner auch die Freiheit des Christenmenschen, die Unabhängigkeit von speziellen Religionsgemeinschaften, ein allgemeines und damit "laien"-priesterliches Christ-Sein praktisch und damit auch kultisch, liturgisch wieder und neu vermitteln.

Dieses urchristlich-pfingstliche Zukunfts-Prinzip - von den Theologen mit dem Begriff «*Laien*priestertum» belegt - wirkt auf der Grundlage *geistlicher Gleichheit*. *Wenn* hier aus einer Gemeinschaft heraus gehandelt werden soll, kann es zwar Dienst-Ämter = Aufgabenverteilungen geben («damit kein Chaos ausbricht» *Luther*), jedoch sind dann die Handelnden aus der Anerkennung "von unten" einvernehmlich benannt, bzw. "gewählt" oder gebeten; dem käme das synodale Prinzip - vor allem der evangelischen Kirchen - nahe.

Grundsätzlich ist und bleibt aber jedes Mitglied der Gemeinschaft *geistlich gleich* und berechtigt (so es sich dazu fähig macht und durch IHN berufen sieht) auch alle *Sakramente* zu spenden.

(Selbst der Vollzug des Abendmahls - wie der aller anderen Sakramente - erfordert z.B. in der evangelischen Kirche grundsätzlich nicht den ordinierten Pfarrer, weil dieser auch nicht "mehr" ist als alle anderen.) [176]

Die "Weihe" ist hier eine direkt-individuelle, jeweils aktuelle, intime Be-*ruf*-ung zwischen dem Suchenden und der

---

176 Siehe Gunther Wenz, «Einführung in die evangelische Sakramentenlehre», S.209.

Geistigen Welt, dem Christus selbst, die Er allein, individuell im Innersten des Einzelnen direkt vollzieht ... :

«Begegne ich ihm ^(dem Anderen) so, dass ich bereit bin, mein Bewusstsein (zeitweilig) für ihn zu opfern, dass seine Entfaltung mir also wichtiger ist als die meine, vollziehe ich - indem ich für ihn ersterbe - in gewissem Sinne eine Nachfolge Christi. Dann nah ich ihm in Seinem Namen. Dann werde ich im gleichen Augenblick von Christus selber zum Priester geweiht: Seine Gegenwart ist Weihe - in diesem Augenblick und für diesen Augenblick. Im Gegensatz zum Amtspriester, der für sein ganzes Leben geweiht wird (und damit auch dem gesellschaftlichen Kräftespiel entzogen sein soll), gilt die Weihe des sozialen Priesters nur für jene Zeitspanne, in der er «agapisch» einem Mitmenschen begegnet. Jede neue Begegnung wird ihn wieder vor die Probe stellen: Wie bist du mit Ihm zusammen?

Es ist ein inneres, ein mystisches Erlebnis dieses Menschen. Kein Kreis von Priestern umringt ihn, kein Recht auf die Weihe kann erworben werden, keine gelungene sakrale Handlung berechtigt zu einer folgenden, wie sehr man es sich auch zum Beruf machen kann, jedem Menschen in Seinem Namen zu begegnen. Und nur das, was sich bei der Begegnung mit dem Andern ereignet, gibt Antwort auf die Frage, ob hier ein "Priester" zelebriert hat. Es ist auch sonst ein Geschehen in denkbar größter Einsamkeit. Der Andere, die Anderen sind ja nur die Auslöser. Die soziale Priesterweihe ist ein Sakrament, das, im übertragenen Sinne, der Christus unter vier Augen vollzieht. Nicht einmal der Andere, der Mensch in Not, braucht zu merken, dass an seinem Gegenüber die Priesterweihe vollzogen wurde; es sei denn, dass er die helfende Kraft des Sakramentes nicht nur erfährt, sondern auch wahrnimmt.»
(Brüll 177)

Ein "kirchenrechtlicher Arbeitsvertrag", d.h. die Unterordnung auch unter die Rechtssphäre einer Religions-Gemeinschaft bzw. Institution ist dann ein anderer Fall.

---

177 Dieter Brüll, «Bausteine für einen sozialen Sakramentalismus».

Ob und wie ein Freier Christ liturgisch bzw. sakramental tätig wird, muss ihm überlassen bleiben und der ggf. nachfragenden oder ihn einstellenden Gemeinschaft. Dabei hat natürlich jede Gemeinschaft das Recht sich eine ihr gemäße Ordnung zu geben.

Eine *Institution*, als deren Vertreter der Kultushandelnde auftritt, ist für ein freies christliches Handeln nicht notwendig.

Das machte auch Rudolf Steiner deutlich, indem er dem als Lehrer tätigen Ruhtenberg die Sakramente (Taufe/Trauung) übergab, obwohl dieser dafür (und damals) keine "Gemeinde" hatte, sondern individuell als Persönlichkeit selbst verantwortlich handelte.

"Laien-"priesterliches, freies christliches Handeln ist eben ein pfingstliches, und der Geist weht wo ER will..

Solch einen direkt-christlichen, sakramentalen Kultus konnte Rudolf Steiner wieder konkret vermitteln. [178]

Aus der Spiritualität der interreligiösen Anthroposophie als Einweihungswissenschaft und -weg kann der strebende Anthroposoph schöpfen, um auch kultisch qualitativ und wirksam zu handeln.

«... (Es fand *VDL*) die Weihnachtstagung zur Begründung der Allgemeinen Anthroposophischen Gesellschaft statt. Man kann verschiedene geistige Ereignisse in ihr finden. Vom kultischen Gesichtspunkt aus ist sie eine Art 'Weihe' der Anthroposophischen Gesellschaft durch die anthroposophische Bewegung, der Michaelsgemeinschaft auf Erden durch die Michaelsbewegung aus der geistigen Welt, die Grundsteinlegung aus der göttlichen Trinität zu einer neuen Würde der anthroposophisch strebenden Individualität. In ihr ist Hirtentum und Königtum miteinander ver-

---

178   Siehe die Erläuterungen dazu im Kap. «Zur Freiheit des Christenmenschen».

bunden. Es ist die 'Priesterweihe' des anthroposophisch strebenden Menschen.» [Benesch 179] [180]

Indem Rudolf Steiner den engagierten Anthroposophen Ruhtenberg und Schuster freie christliche Sakramente übergab, ohne an eine "Weihe" anzuknüpfen, zeigte er, dass wirkungsvolles sakramentales Handeln ohne kirchliche Weihe möglich und zeitgemäß ist. Nicht die Lizenz einer Kirche ist relevant, sondern die individuelle, spirituelle Qualifikation. Und diese traute er dem strebenden Anthroposophen zu.

Er selber konnte zwar noch "aus höherer Einsicht" die dafür geeigneten Persönlichkeiten auswählen, aber schon nach seinem Tod war das nicht mehr möglich. Dennoch ließ er ein freies christliches Handeln fortführen, obwohl er wusste, dass nach ihm dann - wahrscheinlich immer mehr - nicht mehr nur "hoch entwickelte Menschen" sakramental tätig werden würden.

Der freie christliche Impuls war und ist eben nicht nur dadurch möglich, indem, weil "ohne Weihe", zwar einzelne, "besonders hoch stehende Persönlichkeiten" (als "Nicht-Priester") *ausnahmsweise* zum kultischen Dienst berufen werden können, mit Begründung der Kirche «Die Christengemeinschaft» die Angelegenheit aber eigentlich erledigt sei, da man ja nun "richtige Priester" zur Verfügung habe...

Nein, dieser freie christliche Impuls führt die kultushistorische Entwicklung - vom "Zwei-Stände-System" einer römisch hierarchisch gegliederten Kirche zur überkonfes-

---

179 Friedrich Benesch (ehemals Leiter des Priesterseminars der CG), «Das Religiöse der Anthroposophie ...»

180   Die Behandlung der Frage des erforderlichen Schulungsweges hin zu dieser Christusbegegnung, sprengt hier den Rahmen. Siehe zum anthroposophischen Schulungsweg Kap. «SchaleERbilden» im Kultus-Handbuch, bzw. im «Arbeitsmaterial Zur Kultus-Frage», TEIL 4, «Brevier» .

sionell und individuell ergriffenen Selbstverständlichkeit des brüderlichen Christen-Dienstes füreinander, vom "indirekten" Kultus der traditionellen Messeform zum "direkten" Kultus [181] eines Erkenntniskultus - im Sinne des Zeitgeistes Michaels und auch Uriels - fort. Er ist von der geistigen Welt gewollt und für die individuelle und menschheitliche Weiterentwicklung vorgesehen, notwendig und zukünftig unumgänglich. Und sie wirkt in und mit dieser Möglichkeit, weil sie jeden ehrlich, würdig und vor allem demütig Strebenden zum Werkzeug machen kann und *will*, besonders dann, wenn er wie hier einen Kultus zelebriert, der ein getreues Spiegelbild dessen ist, was sich während des Sakramentalaktes real auf der geistigen Ebene abspielt.

Dass die Anthroposophen (nicht nur die) noch nicht reif waren diese Zukunftssaat zu erkennen und aufzugreifen, macht sie nicht unnötig oder gar ungültig, im Gegenteil... !

Fest steht :

Wilhelm Ruhtenberg (der die Sakramente Taufe und Trauung von Rudolf Steiner erhielt), wie auch alle freien christlichen, "laien"-priesterlich wirkenden Religionslehrer bis heute (mit den *Sakramenten* Opferfeier und Jugendfeier betraut), handelten und wirken sakramental berechtigt und wirksam als "Laien" ohne kirchlich sanktionierte Weihe (und erst recht ohne die Weihe der «Christengemeinschaft»).

Als *Anthroposoph* hat Ruhtenberg von Rudolf Steiner die Sakramente erhalten, und nicht weil er früher einmal evangelischer (="nicht-geweihter"!) Pastor *war* und daraus automatisch sich irgendwelche Berechtigungen oder Fähigkeiten ergeben hätten; selbst wenn er noch *aktiver*

---

181   Siehe Fußnote 78/102.

Pfarrer gewesen wäre, hätte er nicht die Befugnis gehabt "anthroposophische" Sakramente zu handhaben.

Und als er dann später zur «Christengemeinschaft» konvertierte und sich dort zu deren *Priester* weihen ließ, wollte Rudolf Steiner davon nichts wissen und erklärte dies zu seiner «Privatsache» («Der Pastor Ruhtenberg muss, wenn er [182] hier ist, vollständig vergessen, dass er Priester ist.») [183] !

"Laien-"priesterliches Handeln war und ist einerseits im *individuellen Rahmen* möglich, wie bei Ruhtenberg, der *aus eigener Verantwortung*, als "Anthroposoph" "privat" innerhalb seines Schicksalsumkreises Waldorfschule und Anthroposophische Gesellschaft und -Bewegung die Taufe und Trauung praktizierte, andererseits auch im Rahmen einer *Gemeinschaft*, wie die Religionslehrer, die sich konkret der Gemeinschaft der Waldorfschulen mit ihrem «Überregionalen Religionslehrerkollegium» verpflichten.

Freies christliches Wirken - wie es Rudolf Steiner vermittelte - ist also sogar auch organisatorisch ein freies und prinzipiell nicht zwangsläufig an eine Gemeinschaft gebunden.

Dieses freie, allgemein-christliche und das heißt eben auch sakramentale Handeln ist aus dem allumfassenden, allgemein-menschheitlichen und doch individuellen Christuserfassen der interreligiösen Anthroposophie geschöpft und so von keiner speziellen Religion oder Kirche und deren Weihe mehr abhängig.

Somit hängt auch die «Weihe» dazu, die Berechtigung und Befähigung zum sakramentalen Handeln, nicht von einer

---

182   ...als freier christlicher Religionslehrer und - Handelnder.
183   9.12.1922, Stuttgart.

"Genehmigung" oder der Einsetzung durch eine Institution, d.h. von Menschen ab.

Und vor allem: Ein allgemein-priesterliches Christ-Sein bleibt ein brüderlich gleichberechtigtes und erhebt den Tätigen nicht in einen spirituell höheren "Stand" mit exklusiven Rechten; sie erhebt ihn zu einer/der höheren Verantwortung zu antworten, wenn ER ruft...

«So wie es zu den Pfeilern der Dreigliederung gehört, dass keinem Menschen das Recht zusteht, über die irdischen Bedürfnisse eines Anderen zu urteilen, so gilt das auch - und a fortiori! - für seelische und geistige Bedürfnisse. 'Solange Bedarf an Kultus da ist', so möchte ich Steiner abwandeln, 'ist dessen Befriedigung gerechtfertigt.'» [Brüll 184]

Ja, das Postulat der Religionsfreiheit beinhaltet, dass prinzipiell jedermann eine (spezielle) Religions-, Kultus-, oder Sakramentengemeinschaft bilden kann [siehe z.B. in den USA], genauso berechtigt, wie wenn Einzelne nur auf aktuelle Nachfrage hin zu einer Kultusfeier = Kultusgemeinschaft zusammen kommen wollen [= «wo zwei oder drei in meinem Namen...»], selbst wenn dies nur für *eine* einzige, gemeinsame Handlung ist.

Möglicher Missbrauch ist dabei kein Argument um Freiheit vorzuenthalten: «So groß die Schuld, so stark sind auch die Kräfte, die ihr entfallen und vernichtend treffen den Sprecher, der nicht würdig seines Amtes.» [Steiner 185] ...

2. Kirchlich, amtspriesterlich, indirekt :

Zu sehr war das Christentum ein überzeitlicher Impuls im göttlichen Weltentwicklungsplan, eine Religion der Zukunft;

---

184   Dieter Brüll, «Bausteine für einen sozialen Sakramentalismus».
185   Rudolf Steiner, 3. Mysteriendrama.

der "Alltagsmensch" konnte den Anforderungen (die Liebe über alles, nicht als Lehre sondern als Leben, Tat) nicht nachkommen. Scheinbar war die Lehre des Christus schon damals nur für moralisch und spirituell Fortgeschrittene im alltäglichen Leben umsetzbar. Dennoch war der Weltenplan - den Christusimpuls der ganzen Welt zugänglich zu machen - zu verwirklichen. Weltmacht war das Römische Reich. Und eben nicht zufällig verlegte das offizielle Christentum die Zentrale nach Rom .. und unterlag dort den Versuchungen und Notwendigkeiten der Macht. Das Abrücken vom allgemein-christlichen, pfingstlichen Prinzip in der Urkirche und die Hinwendung zum römischen Macht-System manifestierte sich in der «Konstantinischen Wende» ab ca. 312. Eine weltweite Ausbreitung war nun gewährleistet, allerdings mit allen Schattenseiten (die dann immer unerträglicher wurden und das "esoterische", "gnostische" Christentum in den Untergrund und auf die Scheiterhaufen verbannten, bevor sich tausend Jahre später die Reformation erhob...)

Entsprechend entstand eine Staatskirche mit ihrem "oben und unten", die Zwei-Klassen-Kirche: die soziale und kirchenrechtliche und vor allem eine habituelle, angeblich gottgewollte Separation der ehemals Christen-Geschwister in «Kleriker» und «Laien». Es etablierte sich in einem monarchischen Machtsystem eine geistliche Klasse, mit zum sakramentalen Handeln allein berechtigten Geweihten, mit einer Kleriker-Hierarchie, die über diese Einteilung und die Erteilung des Berechtigungsmittels Priester-Weihe entschied, gegenüber dem gemeinen Kirchenvolk, den sakramental nicht handlungsberechtigten Nichtgeweihten (= «Laien»).

Nach diesem bis in unsere Gegenwart tradierten Divergenz-Prinzip - das betrifft heute insbesondere die katholischen und orthodoxen Kirchen und aber auch die Kirche «Die Christengemeinschaft» - ist nur derjenige berechtigt Sakramente zu spenden, der von seiner Kirche eine, gemäß deren Kirchenordnung, gültig vollzogene «Weihe» erhalten hat und somit als «Priester» speziell dieser seiner Kirche auftreten darf. Ohne den geweihten Priester ist hier der Vollzug eines Sakramentes prinzipiell nicht möglich, ja verboten.

Diese Würde, Befähigung, Berechtigung besteht durch den «character indelebilis», dem unauslöschlichen Prägemal der Weihe, das gemäß der amtlichen Lehre den Priester vom normalen Gläubigen «dem Wesen und nicht bloß dem Grade nach» unterscheidet, immer und lebenslang. (So lehrte es als Erster Augustinus, «indem er von der Gnade des Heiligen Geistes, die verloren werden kann, eine unverlierbare Gnade des Weihesakramentes unterschied» [Ott])...

(Allerdings gibt es dann doch nicht *die* Priesterweihe, jeder hat eine eigene; untereinander werden sie gegenseitig nicht anerkannt. Auch die «Christengemeinschaft» erkennt die Priesterweihe anderer für sich nicht an. [s.u.])

Auch bei der kirchlichen Weihe ist der eigentliche spirituelle Weihevorgang natürlich Sein Ja, das aber ohne das Ja und Ritual der Institution nicht wirksam werden kann und darf. Dass dieses Ja vorhanden ist, stellt nicht der (nun in der Wahrnehmung seiner Be-Rufung entmündigte) Kandidat sondern die Kirchenleitung fest; sie benennt die Weihe-Kandidaten, vollzieht die Weihezeremonie und autorisiert zum sakramentalen Handeln.

Praktisch ist somit SEIN Ja dem der Hierarchie untergeordnet. Zwischen der Weihe, als dem Ruf des Schicksals, des Christus und der Bereitschaft des Berufenen, hat sich nun eine institutionalisierte Hierarchie, eine irdischmenschliche Rechtssphäre dazwischen geschoben, die für sich in Anspruch nimmt, exklusiv und definitiv die nicht zu begründende «Weiheentscheidung» zu treffen.

Gegen diese wird kein Wider- oder Einspruch zugestanden. ...ja, selbst ein «Damaskus» wäre irrelevant, weil ja möglicherweise "subjektiv", nur eingebildet, nicht nachprüfbar. Dass aber diese Entscheidungen doch immer wieder nichts mit SEINEM Ja zu tun haben können, zeigt die Geschichte. Da auch in der Kirche «Die Christengemeinschaft» geweihte Priester gelegentlich wieder suspendiert werden, zeigt, dass - auch hier - eine "Weiheentscheidung" nicht in jedem Fall (und erst recht nicht prinzipiell "lebenslang") richtig sein muss... Sie muss also letztlich als fehlbar und, als mögliches Manipulationsinstrument zu Gunsten kircheninterner (Macht-, bzw. inhaltlicher Richtungs-) Interessen und als Abwehrmittel gegen gegebenenfalls unloyaler, kritischer Kandidaten, sogar als potenziell tendenziös eingestuft werden.

Die angebliche Subjektivität, weil *nur* individuell erspürt, die der inneren Stimme einer laienpriesterlichen Berufung vorgeworfen wird, erscheint dagegen harmlos.

...Warum solch eine Angst vor der individuell empfangenen und erklärten Weihe, vor Seinem direkten Ja? Weil es hier um Macht und den Erhalt einer Institution geht, die mittels Fremdbestimmung die Linientreue garantieren muss?

Das «Zwei-Stände-System», das "Hirte/Schafe-Prinzip" hat auch die Kirche «Die Christengemeinschaft» übernommen: Denn es gibt «sehr zahlreiche Menschen, welche den angedeuteten Drang und Trieb nach einer religiösen Erneuerung haben, namentlich nach einer christlich-religiösen Erneuerung, und die einfach dadurch, dass sie in gewissen Kulturzusammenhängen drinnen stehen, den

Weg in die anthroposophische Bewegung nicht finden können. Für diese Menschen ist das heute Notwendige dies, dass auf *eine für sie geeignete Weise* der Weg in das der heutigen Menschheit gemäße Geistesleben hinein gefunden werde.» ^(Steiner 186)

Um *diesen* Menschenkreisen zu entsprechen, musste (auch) in der Kirche «Die Christengemeinschaft» offensichtlich noch das Vater-Prinzip der traditionell verfassten Kirche mit dem geweihten Hirten, der Symbolik, etc. gewählt werden.

«Sie werden so wirken können, dass Sie nun wirklich Ihre Gemeindekinder innerlich, gemüthaft an sich ketten können. Wenn ich sage "ketten", so bedeutet das nicht, Sklavenketten anzulegen. Dazu gehört allerdings, dass die Gemeindemitglieder *durch Sie* das Bewusstsein bekommen, in einer gewissen Brüderlichkeit zu leben. Die Gemeinden müssen konkrete brüderliche Gefühle in sich haben und sie müssen ihren Prediger-Leiter als eine selbstverständliche Autorität anerkennen, an die sie sich auch wenden in konkreten Fragen. ... Es muss möglich werden, dass man das Gefühl hat, man bekommt eine Art Direktive aus der geistigen Welt heraus, wenn man den Prediger ^(Priester) fragt.» ^(Steiner 187)

Fazit: Das Urchristentum jedenfalls kannte zwar verschiedenartige Gemeinden und dann je nach Gemeinde auch verschiedene Ämter, jedoch keine geistliche Hierarchie durch eine "Priester-*Weihe*" !

Von einem Priestertum nach heutigem Verständnis kann vor dem 5. Jahrhundert überhaupt nicht gesprochen werden.

---

186 Rudolf Steiner, 30.12.1922.
187 Rudolf Steiner, zu den Gründungsmitgliedern der «Christengemeinschaft».

«Es steht jedenfalls fest, dass bei den älteren (Kirchen-) Vätern irgendwelche Spuren von einem 'character indelebilis' oder einem 'Sakrament' der Priesterweihe nicht nachzuweisen sind, und wo man Derartiges zu finden meint, handelt es sich um Missverständnisse. ... Der Nachweis, wie ein Sakrament, von dem vierhundert Jahre lang in der Kirche nichts wahrzunehmen ist, von Christus eingesetzt, ja ein 'Grundamt der Kirche' sein kann, muss den Dogmatikern anheim gegeben werden. Für den Exegeten ist die Sache längst klar.» *(Campenhausen 188)*

Und damit steht die Einrichtung der kirchlichen Priester-Weihe auch jederzeit zur freien Disposition der Kirchen. Sie kann beibehalten, verändert oder wieder abgeschafft werden. [189]

Die evangelischen Kirchen haben es hier leichter. Die Reformation hat die institutionalisierte Priester-Weihe wieder abgeschafft. Der Pfarrer/Pastor wird hier lediglich «ordiniert», d.h. mit spezifischen Aufgaben betreut und in seine Aufgabe = sein «Amt» - in das er (in der Regel) von der Basis = der Gemeinde, bzw. deren Vertretern (also "demokratisch") hinein gewählt wurde - eingeführt. Geistlich bleiben sich aber alle gleich!

«Nach reformatorischer Auffassung stellt die Taufe nicht nur die erste Stufe der Kirchengemeinschaft dar, sondern gewährt die volle Teilhabe am Leib Christi und bildet so einen unüberbietbaren, nicht steigerungsfähigen Gnadenstand. In der Gemeinde der Getauften kann es kein Glied mehr geben, das den anderen gegenüber vor Gott eine besondere Stellung einnähme. Eine Priesterkaste mit

---

188 Hans von Campenhausen, «Die Anfänge des Priesterbegriffs in der alten Kirche».
189 Siehe ausführlich bei Herbert Haag, «Worauf es ankommt - Wollte Jesus eine Zwei-Stände-Kirche?».

religiösen Vorrechten hat in ihr keinen Raum.» *(Niedermeyer)*
Daraus ergibt sich für die evangelische Theologie, dass selbst die Gültigkeit und Wirksamkeit des Zentralsakraments Abendmahl «nicht vom ordinierten Pfarramt abhängt». *(VELKD 11)*

Der theologische Begriff des *Priestertums aller Getauften* hebt die Differenz zwischen Klerus und Laien, geistlichem und weltlichem Stand auf. Insofern gelten hier nach Luther alle Getauften als gleichrangige Glieder: «Was ausz der Tauff krochen ist, das mag sich rumen, das es schon Priester, Bischoff und Bapst geweyhet sey.» *(Luther)*

Bedürfnisse - Standorte

In den alten Zeiten, erfuhr das "einfache Volk" die göttliche Führung durch eingeweihte Priester-Könige. Damals war das priesterlich-väterliche Führer-Prinzip berechtigt, seit Rom wurde es korrumpiert, spätestens mit der Entfaltung der «Bewusstseinsseele» und allerspätestens mit dem 3. Jahrtausend müssen individuelle und direkt dem JCh verantwortete Wege eröffnet und möglich werden.

Doch die Menschheitsentwicklung wird ausgebremst, der Himmel ist (immer noch und vor allem) wieder verdunkelt. Eine geistige Welt wird abgestritten, die Christenheit ist gespalten und zerstritten. Das Christentum existiert nicht als tolerante, brüderliche Christengemeinschaft. Eine Vielzahl von Standpunkten und Kirchen existieren und jede beansprucht (im Prinzip) die "allein selig machende" zu sein...

Positiv betrachtet: Weil es so viele verschiedene religiöse und kultische Bedürfnisse und Befähigungen gibt, bestehen auch entsprechend viele und verschiedene Religionsgemeinschaften um diesen gerecht zu werden.

Und über deren Berechtigung hat nur der Inanspruch-nehmende zu entscheiden (wenn es sich nicht um a-soziale, destruktive Kulte bzw. Gemeinschaften handelt und solange sie nicht in die Freiheit anderer eingreifen).

Dementsprechend hat natürlich jede Konfession ihre charakteristischen Zugänge zur geistigen Welt und ent-sprechende Zugangsberechtigungen (Ordination, Weihe) zum kultischen Dienst.

Dabei sind die *konservativen* Wege / Systeme / Hand-habungen nicht die einzigen Möglichkeiten zu Gott zu kommen, religiös, kultisch, sakramental zu leben und zu wirken.

So verhalf Rudolf Steiner, auf entsprechende Fragen und Bedürfnisse, einerseits dem freien christlichen, "laien"-priesterlichen Impuls zur Wirksamkeit und andererseits dem «Zwei-Stände-Prinzip» einer Kirche zur Begründung.

Denn «... wenn jemand berechtigten Rat auf irgendeinem Gebiete fordert, es Menschenpflicht ist, wenn man den Rat erteilen kann, ihn auch wirklich zu erteilen.» [Steiner 190]

Dass die «Christengemeinschaft» *auch* Rat und Begrün-dungshilfe von Rudolf Steiner erhielt, ist kein Argument dafür, dass deren Weg der nun allein berechtigte und zeitgemäße für alle sei. Auch *nach* Begründung der «Chris-tengemeinschaft» setzte Steiner den freien christlichen Weg fort: mit der Einsetzung der Opferfeier. Die Inaugu-ration der «Christengemeinschaft» war also noch nicht einmal die letzte Einsetzung eines Kultes durch die Hilfe Rudolf Steiners.

Zwar ist - auch meiner Meinung nach - die «Christen-gemeinschaft» von allen *"Kirchen"* die fortschrittlichste was die *spirituelle, esoterische Tiefe* ihrer Kultustexte betrifft.

---

190 Rudolf Steiner, GA 219, 30.12.1922.

Beachtenswert ist auch, dass erstmalig die Weihe für Frauen geöffnet wurde (wie inzwischen allerdings auch in der alt-katholischen Kirche). Die gepriesene Loslösung von der irdisch-historischen, apostolischen Sukzession ist jedoch nichts Neues, das praktizieren andere, insbesondere die evangelischen Kirchen, schon seit Jahrhunderten.

Mehr war jedoch innerhalb des Systems Kirche damals und gegenwartig faktisch nicht machbar.

Die Gründungsväter mussten die ins Auge gefasste Klientel (in der Regel Nichtanthroposophen) berücksichtigen, die «nicht in der Lage sind, unmittelbar den Gang zur anthroposophischen Bewegung anzutreten. Für sie muss durch Gemeindebilden in herzlichem, seelischem und geistigem Zusammenwirken der Geistesweg gesucht werden» *(Steiner)* und für sie war die Kirchenstruktur mitsamt Hierarchie und kirchlicher Weiheliturgie "noch" nötig.

Erst dem freien christlichen, «spezifisch anthroposophischen» Impuls gestand Rudolf Steiner zu und war es dann tatsächlich möglich *ohne institutionalisierte* Weihe, Hirten-Amt, Hierarchie und Institution sakramental wirksam werden zu können:

«... zusammengeschaut, machen klar, wo die Opferfeier *(und damit der freie christliche Impuls -VDL)* auf der Linie historischer Entwicklung einzureihen ist: nicht vor, sondern *nach* der Messe mit Brot und Wein [191].» *(Röschl 192)*.

In diesem Zusammenhang wird auch die missverständliche und oftmals irreführend angeführte Aussage Rudolf Steiners klar, dass er mit den freien christlichen (insbesondere Schul-) Handlungen, so weit gegangen sei wie er

---

191   Hierzu gehört auch die Menschenweihehandlung der CG.
192   Maria Lehrs-Röschl, GA 269, S.128.

mit «Nichtgeweihten» gehen könne: nicht weniger weit als mit Geweihten, sondern weiter, weil er hier frei war vom traditionellen Ballast des «Zwei-Stände-Systems»!

«Was in der Entwicklung der Christenheit als Sehnsucht und Streben nach Laienpriestertum immer wieder erstand - allerdings auch immer wieder verfolgt und schließlich zum Verschwinden gebracht wurde -, das hat hier durch Rudolf Steiner eine neue Keimlegung erfahren.»
(Lehrs-Röschl 193)

Die Keime sind damals gelegt worden, dabei blieb es... Was damals versäumt wurde aufzugreifen, ist heute überfällig ... damit es nicht wieder "zum Verschwinden gebracht" werden kann...

Allerdings: «Demonstrativer Charakter»

Geweihter oder Ein-geweihter ?

Kein wirklicher Esoteriker wird behaupten, dass die kirchliche Priester-Weihe-Liturgie eine reale, lebendige «Ein-weihung» bewirkt, sondern lediglich (nur noch) deren formale, menschliche Tradition auf Erden andeutet.

Kein Bischof oder Erzoberlenker kann die Einweihung am Schüler als tatsächliche Initiation vollziehen, wenn der Weihenden selbst diese Stufenleiter als sein eigenes okkultes Leben, als eigene Einweihung nicht erlebt hat.

Darum ist mit der Erteilung der kirchlichen «Priester-Weihe» nicht zugleich deren okkulte Realität für den Betroffenen verbunden, der Geweihte wird damit nicht zum Ein-geweihten...

Diese "formale" Initiation hat lediglich «demonstrierenden», also aufzeigenden, darstellenden Charakter. Sie

---

193 Maria Lehrs-Rösch,I GA 265, S.42.

kann nur Anregung, Hinweis in die Richtung sein, in die der Suchende sich selbst zu beleben hat, wovon dieser Kultus nur ein Abbild ist.

Der WEG zur Ein-weihung bleibt ein intimer und wird individuell gegangen oder nicht...

Das Priester-Amt und auch der Weiheakt allein bewirken noch nichts, ...und wenn doch, bliebe immer noch die Frage: welche Weihe welcher Kirche ist denn nun die - individuell oder allgemein?   wirksame?

Meine Weihe, deine Weihe, keine Weihe

Der Weg der Veräußerlichung, Institutionalisierung und Verstaatlichung des christlichen Glaubens führte zu Macht-kämpfen, Krieg, theologischem Streit, zur Zersplitterung, zu einer Vielzahl von Konfessionen und zu der paradoxen Situation, dass bald die eine Kirche (als "*allein* selig machende") die andere und damit auch deren Priester-Weihe oder Ämter nicht mehr anerkannte, bis heute.

Auch die Kirche «Die Christengemeinschaft» erkennt die Priester-Weihe anderer Kirchen nicht an und wiederholt eine erteilte Priester-Weihe (= *lebenslänglich, unauslöschlich einge-prägtes Mal, das ist ebenso das Verständnis der «Christengemeinschaft!)*, wenn sie von einer anderen christlichen Kirche verliehen wurde.

Warum? Es gibt innerhalb der christlichen Religion nicht *den* «Priester», der als *Priester des Christus* und nicht nur als Priester/Pfarrer und damit Beauftragter einer be-stimmten Kirche immer und überall innerhalb aller Kirchen/Konfessionen allgemein-christlich tätig sein dürfte. Das spiegelt sich in der rechtlichen Bindung der kirch-lichen Priester-Weihe (in der «Christengemeinschaft» u.a.

im Teil der «Angelobung» und dem «Treuegelöbnis») speziell an die eigene Religionsgemeinschaft und äußert sich in der Nichtanerkennung fremder Weihen durch die konkurrierenden Kirchen.

Die Wiederholung der Weihe macht deutlich, dass man die Weihe prinzipiell nicht für allgemein wirkungsvoll und einmalig und «unauslöschlich» hält, ansonsten könnte man ja lediglich Angelobung und Treuegelöbnis neu vollziehen... [194]

Gibt es also unwirksame, mehr wirksame, richtig wirksame... Weihen (und damit auch Sakramente)?

Die Frage ist nicht *ob* sondern *wo* wirksam!

Die Weihe einer Kirche berechtigt und ist wirksam *nur* für den *speziellen* Kultus der diese Weihe erteilenden Kirche, innerhalb deren Rechtsgefüge.

In anderen Kirchen/Institutionen gibt es andere Aufgaben, Bedingungen und damit Formen und Wirksamkeiten und somit auch andere Zulassungs- und Weiherituale und -texte, die - "so Gott will" - in dem jeweiligen Rahmen auch ihre spezifische Wirksamkeit zu entfalten in der Lage und berechtigt sind.

So mag man auch an einen «character indelebilis» glauben oder nicht; wenn man von diesem Prägemal, Geistniveau ausgeht, so ist es ein karmisch gegebenes, eine Qualität, die der Berufene in sich trägt, bzw. ausgebildet hat, so wie ein jeder auf dem Schulungweg die Chakren (Lotusblumen) ausbildet, aber eben nicht "per Weiheentscheid" verliehen bekommen kann. Denn ansonsten müsste man allen Ernstes behaupten, dass z.B. alle von den evangelischen Kirchen gespendeten Sakramente unwirksam seien,

---

194 Siehe unten «Zur Struktur der Weihe».

weil diese von Nichtgeweihten = "Laien" (Nichtgeprägten!) gegeben werden und man würde vor allem Rudolf Steiner widersprechen, der ebenso "Nichtgeweihten" - jedoch strebenden Anthroposophen - (sicherlich nicht unwirksame) Sakramente zur Verfügung stellte...

Im Streit um die "gültige" Weihe ist es interessant in der *«Gemeinschaftsordnung für die Seelenhirten der Christengemeinschaft»*, und zwar in den Gründungsakten der CG nachzulesen:

«Die in der freien Waldorfschule zu Stuttgart und in den Schwesternschulen im Auftrage Dr. Steiners den freien Religionsunterricht erteilenden und Kultushandlungen zelebrierenden Persönlichkeiten erkennt die Christengemeinschaft als zur Erteilung des Religionsunterrichtes und zur Ausübung der drei Ritualien bevollmächtigte Helfer an.» ... [195]

1. Frage: Wer hat "anzuerkennen" ob die freien christlichen Religionslehrer berechtigt sind, die *ihnen* übergebenen Handlungen auszuüben oder nicht: Die «Christengemeinschaft» oder die ausübenden Lehrer? :

«Wenn die Christengemeinschaft gewünscht hat ihrerseits, sie erkennt diejenigen, die in der Waldorfschule Religionslehrer sind, als Helfer an, so ist das Sache der Christengemeinde. Wenn ein Lehrer sagt: Das ist mir höchst gleichgültig, so kann er das tun. Dagegen ist die Christengemeinde verpflichtet, auch einen anzuerkennen, der sagt: Das interessiert mich gar nicht. So steht die Sache tatsächlich. Die Sache ist so klar, wie nur irgend-

---

[195] Damit sind (wahrscheinlich) die von Rudolf Steiner gefasste Kinder-Sonntagshandlung und die Sakramente Jugendfeier und Opferfeier gemeint. Vorgelegt am 21.9.1922 nachmittags, siehe GA 344, S.237.

etwas. ... Die Christengemeinschaft geht uns gar nichts an.» ^(Steiner 196)

2. Das Gravierende dieser Erklärung ist andererseits jedoch: Diese "großzügig" erklärte Anerkennung stellt seitens der «Christengemeinschaft» - entgegen dem Weihe-Dogma - fest, dass nicht nur "geweihte Priester", sondern - anderswo - eben *doch* auch *"Laien"* zum wirkungsvollen sakramentalen Vollzug («zur Ausübung der drei Ritualien bevollmächtigt») befugt sind und anerkannt werden, wie z.B. in einem freien christlichen Handeln (in den Waldorfschulen und Heimen).

Das gefährdet aber den eigenen Monopolanspruch und so degradiert und deklariert man diplomatisch, eindeutige Sakramente (Opferfeier, Taufe, Trauung, Jugendfeier [Konfirmation]) zu «Ritualien» und die berechtigt sakramental, "laien"-priesterlich Handelnden zu «Helfern»...

Der Zwiespalt zeigt sich aber genauso bei der Bewertung und Handhabung der kirchlichen *Priester-Weihe*.

Geht es einerseits darum, die kirchliche Weihe als Berechtigung für ein sakramentales Handeln hervorzuheben um ein *freies* christliches, anthroposophisch sakramentales Handeln abzuwehren, behauptet die «Christengemeinschaft» ¹⁹⁷, dass der damals als (frei christlich handelnde) Anthroposoph Hugo Schuster die Bestattung ^(1918/19) ¹⁹⁸ von Rudolf Steiner *nur* deshalb erhielt und berechtigt zelebrieren konnte und durfte, weil er *geweihter Priester* der Christkatholischen Kirche war. Damit wird also die Weihe dieser Kirche (für dieses auch von der CG benutzten Sakramentes) anerkannt! Will aber andererseits *tatsächlich* ein christkatholisch (das gilt für Priester

---

196 Rudolf Steiner, Stuttgart, 9.12.1922.
197 U.a. Michael Debus, Leiter des Priesterseminars in Stuttgart.
198 ...wortgleich mit dem Text, den die CG 1922 dann auch bekam.

aller Kirchen) geweihter Priester mit diesem Text handeln, ist plötzlich genau die gleiche - "fremde" - Weihe keine Grundlage mehr; besteht er darauf, muss er zur «Christengemeinschaft» konvertieren und wird dann nochmals "richtig" geweiht [(s.o.) 199].

Evolution der Weihe

«Dem traditionell kirchlichen Priestertum kommt aus seiner Stellung gegenüber der Gemeinde der Laien und durch die institutionalisierte Weihe immer noch eine Art hierarchischen Selbstverständnisses zu. Hierarchie ist die Struktur der geistigen Welt, die über dem Menschen steht. Ihr gehört auch der Mensch als Wesenheit an. Eine Priesterschaft, die den Initialimpuls ihrer Priesterlichkeit als von über dem Menschen stehenden Hierarchien ausgehend versteht, und zu der ein Novize nur durch Erteilung eines hierarchisch geformten Weiheritus Zugang findet, erscheint aus der Laienschaft herausgehoben und ihr vorgesetzt. Von außen betrachtet erscheint sie als die physisch wirkenden Ausführungsorgane der Interessen ihres Gruppengenius, der nach anthroposophischem Verständnis ein Erzengelwesen ist.

Beim allgemeinen Menschenpriestertum liegt die Sache etwas anders. Das Weiheerlebnis ist ein sich (durch den Christus) im Selbsterzeugen Vollziehendes. Die daraus folgende Priesterlichkeit ebenfalls. Für hierarchisch höher rangierende Wesen bedeutet das, wenn sie über priesterliche Impulse in der Welt wirken wollen, dass sie zunächst Ausschau halten müssen nach Menschen-Ichen, die in solcher Weise geartet sind. Dadurch erhält aber die Weltwirksamkeit höherer Hierarchien eine ganz andere

---

199   Dieses Vorgehen liegt uns dokumentiert vor.

Qualität, als wenn sie selbst die Initiationsimpulse für eine Priesterströmung gibt. Auch im allgemeinen Menschenpriestertum finden also Erzengelwesen die Möglichkeit, sich durch Menschen betätigen zu können. Sie können sich als Genius mit dem Kultuskreis, jedes Mal, wenn er sich neu bildet und seine geistige Gültigkeit von den Feiernden ebenfalls neu erzeugt werden muss, verbinden. Aber ihr Verhältnis zu diesem Menschenkreis ist notwendig ein viel freibleibenderes. Im traditionellen Priestertum ist dieses selbst ein Offenbarungsorgan für hierarchische Wesenheiten. Im allgemeinen Menschenpriestertum liegt die Sache so, dass es selbst zum Offenbarer für hierarchische Wesenheiten wird oder werden kann.» *(Noordendorp 200)*

Die "Weihe" (= Sein Ja zu meiner Nachfolge seines Aufrufes zum auch kultischen Dienst füreinander) tritt im Zeitenlauf wie auch in den verschiedenen Konfessionen in sehr unterschiedlichen und sich wandelnden Formen auf. Sie ist ein ständig angepasstes Werkzeug der geistigen Welt an die individuellen Möglichkeiten und Aufgaben der zu Weihenden und deren Gemeinschaften. Auf keinen Fall ist sie "ewig" gleich bleibend, wie auch nicht nur einer Zeitepoche oder Gemeinschaft vorbehalten und nur in dieser berechtigt und wirksam und sichtbar zu machen.

Wenn nun die kirchliche Weihe öffentlich gemacht wird, warum nicht möglicherweise heute auch die allgemeinpriesterliche Weihe?

Würde ggf. auch für ein freies christliches Wirken dieser innere Weihe-Prozess auch in Worte gefasst, von einer

---

200   Hergen Noordendorp, Zeitschrift «Info-3», 9/93.

Gemeinschaft mitgetragen und öffentlich gemacht, entsteht die Frage:

Welchen übergeordneten Inhalt könnte ein individuell differenziertes Geschehen haben?

Mit welchen/wessen Worten soll/kann dies geschildert werden? Idealerweise mit dem, was ein Eingeweihter, der auch die Geschehnisse der geistigen Ebene deutlich erkennen und schildern kann, vermittelt.

Solange wir die spirituellen Möglichkeiten zu "eigenen Texten" nicht haben, werden *wir* dankbar sein, mit der Fassung Rudolf Steiners umgehen zu können.

Dieser würde man nur das offensichtlich Einsichtige der aktuellen Perspektive und Gegebenheit hinzufügen, bzw. entsprechend den Text anpassen oder ggf. gar neu formulieren.

Aber vielleicht ist Steiners Fassung doch so universal umfassend, dass bald deutlich wird wie wenig anzupassen wäre...

Obwohl der durch die Sakramente auszugleichende Involutions-/ Evolutionsprozess [201] *alle* Menschen - mit ihren unterschiedlichsten Standorten - betrifft, hat uns Rudolf Steiner für das Sakrament der «Verbindung» = der Weihe folgenreich nur *eine* Fassung hinterlassen, eine Fassung - scheinbar? - aus der Perspektive des Priesterberufes in einer speziellen Kirche.

Der Grund dafür war jedoch nicht der, dass *nur* die «Christengemeinschaft» fähig und berechtigt wäre sakramental zu handeln.

Das Problem lag in der mangelhaften Wachheit der Anthroposophen für das zukünftig Not-wendige und der deshalb *nicht gestellten Frage* nach einer allgemeinen, freien

---

201   Siehe Kap. «Sieben Sakramente?»

christlichen Perspektive; während die Begründer der «Christengemeinschaft» ihre Fragen stellten und Antworten bekamen...

Wenn Rudolf Steiner es jedoch als «lehrreich» bezeichnete, dass er für verschiedene (aus der Anthroposophie schöpfende) Impulse mit kultushistorisch verschiedenen Aufgaben und Möglichkeiten dennoch die gleichen Texte gab, darf man fragen, ob überhaupt bzw. wo der Text der Weihe anzupassen wäre.

Ich neige der Hypothese zu, dass es auch bei einer Frage seitens frei christlich Strebender bei diesem *einen,* ggf. nur leicht modifizierten Text geblieben wäre,

weil die Weite und auch die Aufgabenstellung dieses Textes eine universelle ist und nicht nur auf eine spezielle (Anthroposophen-) Gruppe (auch die Priester der «Christengemeinschaft» sind Anthroposophen) eingeengt ist. Denn eine «Weihe» besteht ja auch beim freien christlich Handelnden, also kann diese auch "formuliert" und liturgisch vollzogen werden. Und dies ggf. auch mit einem gemeinsamen, gleichen Text, *wenn* die Schilderungen in diesem Text dem zukünftigen Handeln der Kandidaten entsprechen.

Die Aufgaben und Grundgesten der Sakramente sind prinzipiell *überall* gleich. [202]

Die nötigen Aussagen, um die Aufgaben eines sakramental Handelnden und die Wirkungen, das Geschehen einer Beauftragung und Weihe in Worte zu bringen, lägen, trotz der eminenten Aufgaben- und Wesensverschiedenheit der kultushistorisch ganz unterschiedlichen Position des freien christlich Handelnden und des Priesters der

---

202 Siehe Kultus-Handbuch «Die Sakramente», Kap. «Die heilende Arznei: das Sakrament» - Die Sakramente als Involutions-/ Evolutionsakt im Lebenslauf des Menschen.

«Christengemeinschaft», für beide rein *textlich* jedoch nur geringfügig auseinander.

Der Anpassungsbedarf liegt dort wo es um die spezifische Eigenart des Prinzips und der Organisation der entsprechenden, speziellen Gemeinschaft/Institution geht, in der die Kandidaten aufgenommen und gemäß deren Typus und Aufgabenstellung sie wirken und verpflichtet werden.

(In den Anmerkungen/Fußnoten des Weihetextes im «Kultus-Handbuch» wurde versucht dem zu entsprechen, siehe dort.)

Solch einen anthroposophisch gegründeten, universalen Text zu fassen, ist Rudolf Steiner (meiner Meinung nach) gelungen.

Der prinzipielle Unterschied ist, dass der "Kandidat" im freien christlichen Impuls bereits vorher die «Weihe», seine Berufung individuell und intim durch IHN schon erhalten hat, diese also nicht angeblich erst *während* der Weihezeremonie durch einen anderen Menschen (Bischof, Erzoberlenker, etc.) vermittelt wird. Hier wäre die Weihe-*Liturgie* lediglich die Veröffentlichung des innerlich Geschehenen und andererseits die Aufnahme in eine freie, *brüderliche* (nichtklerikale) Kultus-Trage- und Wirkens-Gemeinschaft.

Doch, auch *wenn* eine freie christliche Weihe grundsätzlich "veröffentlichbar" ist, bleibt dennoch aufschlussreich und maßgebend, dass wir an einer kultushistorisch bedeutsamen Schwelle der Evolution der Weihe stehen, an der Seine Weihe, nunmehr - für ein freies christliches, sakramentales Handeln - im Prinzip keines "Textes nach außen", keiner öffentlichen, institutionalisierten Zelebration mehr bedarf!

Zur Struktur der Weihe

Man kann [203] die kirchliche Weihe (auch die in der CG) unterscheiden in:

- die *"Weihe-selbst" (= SEIN Ja)*

Auch in der kirchlichen Weihe verspürt der Kandidat SEIN Ja doch nicht erst während der Zelebration der Weiheliturgie zum ersten Mal; auch wenn diese Einsicht, diese Be-ruf-ung des Kandidaten für die Kirchenhierarchie unmaßgebend ist, es ist ehrlicher Weise auch hier ein Prozess. Wird dieses Ja dann in einer Liturgie zum Ausdruck gebracht, öffentlich gemacht, wird diese «Weihe-selbst» nur nachträglich beschreibbar sein.

In der öffentlich vollzogenen "Weihe" stehen also vor allem Teil 2 & 3, die Verpflichtungen und Verbindlichkeiten gegenüber der den Kandidaten aufnehmenden, speziellen Gemeinschaft im Vordergrund.

- die *Mitgliedschaft*

(als kultisch Tätiger / Priester) in einer Kultus-Trage- und Verantwortungs-*Gemeinschaft*, d.h. einer bestimmten Kirche, Religions-, Weltanschauungs-, Kultusgemeinschaft.

Weil Christ-Sein nicht ohne Bruder-Sein wahr ist, ist dieses Sakrament in seiner *öffentlichen* Wirksamkeit vor allem ein *soziales Sakrament*, ein "Sakrament der Aufnahme in eine kultisch-sakramental und brüderlich aktive Gemeinschaft" (die Priesterschaft), in einen Kultus-Verantwortungs-, Träger- und Pflege-Kreis.

- den *Hirten- / Aussendungs-Auftrag*

---

203 Aus römisch-katholischer Sicht gibt es eine Perspektive, die das Priesteramt unterteilt in das 1. Lehramt (magisterium), zur Pflege der Heilslehre, 2. Weiheamt (ministerium), zur Verwaltung des Kultus, 3. Hirtenamt (regimen), zur Wahrung der Disziplin und zur Seelsorge.

der den Einzelne be-*recht*-igt im Auftrag einer Gemeinschaft nach außen zu wirken.

Relevant für die Wirksamkeit der Weihe ist der erste
Aspekt, und der ist im freien, allgemein-christlichen
Wirken (wenn es wahrhaftig ergriffen ist) gegeben.
Aber auch Teil 2 trifft hier zu, wenn ich mich zusammen-
finde mit einer Kultustrage-Gemeinschaft,
und auch - wenn ich solo, ohne Anbindung an eine
Gemeinschaft, kultisch handle, als auf Christus getauftes
und damit Mitglied der ganzen, überkonfessionellen
Christen-Gemeinschaft;
und Teil 3, indem ich, im Namen einer speziellen Kultus-
Gemeinschaft oder aber auf IHN direkt zugeordnet,
Seinem Aufruf «gehet hin und taufet und lehret» folge.

Ein und der bedeutsame Unterschied zwischen kirchlicher
und freier, individueller Weihe ist das in der Kirche mit
der Weihe installierte "Zwei-Stände-System" und der dort
unabhängig jeglicher spiritueller und moralischer Entwicklung und Zustände gültige «character indelebilis».
Im freien christlichen Handeln gibt es kein geistliches,
hierarchisches "oben und unten" und keine [204] lebenslang
verliehene Berechtigung, die gleichzeitig fortwährende
Befähigung ist. Und so wird dementsprechend SEIN Ja,

---

204 Natürlich kann man hier kein Dogma aufstellen; es ist nicht auszuschließen,
dass auch eine einmalig erlauschte/erfahrene aber dennoch damit auch lebenslange Befähigung empfunden wird; ein jeder muss seinen individuellen Weg erlauschen, finden und ver-antworten, sich selbst und IHM gegenüber und ggf. der
Gemeinschaft, der er sich verpflichtet. Als Fragesteller, der um die Liturgie eines
Sakramentes bittet, werde ich natürlich denjenigen ansprechen, in dessen Persönlichkeit und Fähigkeit ich Vertrauen finden kann. So werden "schwarze Schafe"
bald ungefragt sein.

Seine Weihe immer wieder neu errungen werden müssen. [205]

Es ist hier ein lebenslanger Werde-/Nachfolge-Prozess, der daher auch als Handlung - *wenn* sie liturgisch vollzogen wird - ggf. immer wieder offenbart werden könnte.

(Mit der Konfirmation / Jugendfeier stehen wir vor einem ähnlichen Phänomen. Während in der Kirche die Konfirmation ein einmaliger Akt ist, wird sie in den freien christlichen Handlungen noch ein bis zwei Jahre, bis zum Beginn des Besuchs der Opferfeier, wiederholt.)

Auch hier zeigt sich wieder die Verantwortlichkeit der Handelnden selbst, die das Richtige und Gute in und aus Freiheit (im Sinne der «Philosophie der Freiheit») zu erarbeiten, das göttliche Wollen zu erlauschen und einzubringen haben.

Die Veröffentlichung

Wenn also der frei christlich, "laien-priesterlich" Handelnde sich außerdem noch einer speziellen Gemeinschaft verpflichten will, ist dies sein freier Wille und sein Schicksal, ein weiterer und anderer - insbesondere sozialer - Akt, der die «Weihe-selbst» nicht tangiert.

Ob und *wie* in diesem Fall ein frei christlich, sakramental Tätiger seine «Weihe» "hörbar" macht, ob und wie er sie in eine Kultus-Plege-Gemeinschaft Gleichstrebender hineinstellt und dieses innerlich erfahrene JA dann auch öffentlich verbindlich offenbaren, begründen und vertiefen will, (noch einmal und immer wieder) IHM gegenüber und eben auch den Mitbrüdern und -menschen, liegt in aller

---

205 Siehe oben Dieter Brüll und in «Bausteine für einen sozialen Sakramentalismus», S.114-115.

Freiheit nur bei ihm und der Gemeinschaft, in die er sich stellen will!

In einer ggf. öffentlichen Gestaltung ist jeder Weg berechtigt, der SEIN Ja wiederspiegelt.

Ob dies im jeweiligen Fall dann "berechtigt" ist oder nicht, obliegt ebenso nicht uns zu beurteilen.

Das aber wird sich auch darin zeigen, ob der freie christliche Liturg dann in Anspruch genommen werden wird oder nicht: «An ihren Früchten werdet ihr sie erkennen...»

Die Hauptübung des freien christlich Handelnden ist deshalb die demütige Frage an IHN und das selbstlose Hinlauschen auf Seine Antwort ...und die kann von überall her kommen... wenn er als selbstlose Schale IHM zur Verfügung steht.

Innerhalb eines "freien" christlichen Wirkens ist die ungeheure Bandbreite Seines Willens möglich und deshalb unermessliche Toleranz unerlässlich!

ER-wach-sen-Werden

Im Ergreifen des allgemein-priesterlichen Auftrages Christi, kann solch eine Weihe zu dem werden was dann oftmals als *"Erwachsenen-Taufe"* tituliert, verstanden und gesucht wird: Als religiös erwachsen Gewordener trete ich nun aktiv und voll bewusst meine Christen-Verantwortung an: der Schwester/ dem Bruder auch in den Hoch-Zeiten des Lebens beizustehen, indem und weil ich IHM folge, auch und konkret in Seinem ausdrücklichen Aufruf - auch - sakramental tätig zu werden.

Diese Schicksals-Entscheidung, hierzu zur Verfügung zu stehen, kann nur eine sein, die wir als Erwachsene = als Erwachende treffen können. Die Taufe des Neugeborenen - und auch die Konfirmation/Jugendfeier - hat ganz andere Aufgaben (und war im Urchristentum unüblich) und bleibt daher ergänzungsbedürftig und rechtfertig, ja fordert geradezu die dann voll bewusste JCh-«Verbindung» heraus, die konkrete Tat, Lebenspraxis, wird.

Das Sakrament der Weihe ist solch ein bewusster Auftragsannahme-, Aufwach- und Wieder-Verbindungs-Akt, in dem ER mich erwachen lässt für Seine Be-rufung, für meine Nachfolge...

Ob ich dabei als "Freier Seelsorger", "Liturg", als einzeln Handelnder, oder aber aus der Kraft einer Gemeinschaft, nur aktuell, spontan oder prinzipiell zur Verfügung stehe und handle, das obliegt allein mir, das wird mein Schicksal vorgeben.

Aufgerufen ?

Die traditionelle «Kirche» verschwindet.
Rupert Lay spricht bereits vom «nachkirchlichen Christentum»... [206]

So besteht die Frage, ob wir konsequenter Weise heute nicht wieder eine freie und zugleich urchristliche, ökumenische Gesinnung finden könnten und müssten, die keine Trennungslinie mehr zwischen den unterschiedlichsten Christen-Gemeinschaften zieht?

Diese Gesinnung sollte innerhalb der Anthroposophischen Gesellschaft selbstverständlich sein, in der sogar Mitglieder verschiedener Religionen zusammenarbeiten (sollen und wollen...).

---

206   Rupert Lay, «Nachkrichliches Christentum», Econ-Verlag

Sollten also nicht auch wir uns aus religiöser Mündigkeit, Selbstbestimmung und Freiheit, aus einem ethischen Individualismus, aus moralischer Intuition, aus Nächstenliebe frei machen können und jeder Schwester, jedem Bruder als Christ eben *auch* sakramental beistehen, wenn wir be- und gerufen werden...?

Dürfen wir - gerade als Anthroposophen und - als Zeitgenossen der Jahrtausendwende solch ein kostbares Geschenk wie den «freien christlichen» Impuls, solch eine not-wendige Aufgabe wie das Weiterschreiten im Kultus, in einer immer apokalyptischer werdenden Zeit derartig negieren?

«Aus dem Ernst der Zeit
muss geboren werden
der Mut zur Tat!»

(R. Steiner)

... Vielleicht hat die ganze Diskussion auch nur akademische Relevanz, denn die avantgardistisch, freiheitliche Gesinnung und zukunftsorientierte und oftmals anarchische Praxis frei christlich Gesinnter und Wirkender fragt sowieso nicht nach einer "Erlaubnis" oder dem Monopolanspruch irgendeiner Kirche oder Gesellschaft... sondern - wird gerufen und - handelt !

P.S.: Und andererseits und nochmals:

Diese Darstellung und der freie christliche Impuls ist *nicht gegen* die Kirche «Die Christengemeinschaft» gewendet = Jedem das Seine!!

Gerade - und auch immer noch - heute ist für viele Menschen (die den Weg zur Anthroposophie noch nicht finden können oder wollen) eine «Bewegung für religiöse Erneuerung», eine *erneuerte Kirche*, die «Christengemeinschaft» segensreich und nicht nur berechtigt sondern absolut notwendig!

Würde dieser Auftrag nicht erfüllt: das Ringen um die Suchenden zwischen den großen Kirchen (und nicht innerhalb der Waldorf- und Anthroposophen-Scene), denen die katholische zu dogmatisch und die evangelische spirituell zu intellektuell ist, der Fortbestand der Institution Kirche wäre in Frage gestellt.

Ich glaube und habe die Hoffnung, dass sich in der «Christengemeinschaft» die Besinnung auf diesen gestellten Gründungs-Auftrag durchsetzen wird...

Der Weihe-Frage war hier deshalb näher nachzugehen, weil 1. gerade das Hauptargument, der Gegner eines freien christlichen Handelns, die angeblich fehlende "Weihe" ist ...

und 2. weil, aus Unklarheit und Unsicherheit in den Reihen der freien christlich Gesinnten und Handelnden, innerhalb der Siebenheit der Sakramente der Weihe und deren "Veröffentlichung" bisher wenig Berücksichtigung geschenkt wurde.

Wenn Sie bestimmte oder gar viele Fragen und Antworten hier vermissen, haben Sie ganz recht!

Dieses Konzept ist noch lange nicht zufrieden stellend ausgearbeitet! Deshalb kann ich Sie nur ermutigen, auch selbst Ihre Pespektiven und Hypothesen darzustellen, bzw. die fehlenden Fragen mir zu stellen; ich werde diese in der nächsten Ausgabe des Info-Buches (bzw. im AMzKF) berücksichtigen und Ihnen auch direkt persönlich antworten.

V.D.Lambertz

Die freie christliche Weihe

Begegne ich ihm ^(dem Anderen) so,
dass ich bereit bin,
mein Bewusstsein (zeitweilig)
für ihn zu opfern,
dass seine Entfaltung
mir also wichtiger ist
als die meine,
vollziehe ich - indem ich für ihn ersterbe -
in gewissem Sinne
eine Nachfolge Christi.

Dann nah ich ihm in Seinem Namen.
Dann werde ich im gleichen Augenblick
von Christus selber zum Priester geweiht:
Seine Gegenwart ist Weihe
- in diesem Augenblick
und für diesen Augenblick.

Im Gegensatz zum Amtspriester,
der für sein ganzes Leben geweiht wird,

gilt die Weihe des sozialen Priesters
nur für jene Zeitspanne,
in der er «agapisch»
einem Mitmenschen begegnet.

Jede neue Begegnung
wird ihn wieder vor die Probe stellen:
Wie bist du mit Ihm zusammen?

Es ist ein inneres, ein mystisches Erlebnis
dieses Menschen.
Die soziale Priesterweihe ist ein Sakrament,
das, im übertragenen Sinne,
der Christus
unter vier Augen vollzieht.

Dieter Brüll
«Bausteine für einen sozialen Sakramentalismus».

Priesterlichkeit
im Wandel der Evolution

Hergen Noordendorp

Gerade im ausgehenden 20. und beginnenden 21. Jahrhundert gibt man sich über das Phänomen der Priesterlichkeit manch einer nicht hinreichend klaren Vorstellung hin. Dass ein Priester Messhandlungen vorzunehmen habe, ist dabei allgemein gesprochen richtig, aber weshalb braucht es hierfür einen Priester? Und was in den Messhandlungen (oder Menschenweihehandlungen, wie Rudolf Steiner solche kultischen Feiern hier *im Allgemeinen* nennt) ist für einen rechten Vollzug von einem "autorisierten" Priester abhängig?

In den beiden ersten Vorträgen von "Apokalypse und Priesterwirken" (GA 346) legt Rudolf Steiner offen, dass Priesterlichkeit nicht etwas Abstraktes sei, sondern eine spirituell wirksame Realität. Diese vollzieht sich zwischen Wesen der göttlichgeistigen Welt und geweihten Priestern in einer Weise, dass sich aus diesem Zusammenwirken das wirkliche Ereignis der Transsubstanziation vollzieht. Für dieses Zusammenwirken muss eine Priesterpersönlichkeit aber zunächst vorbereitet werden. Sie hat in gewissem Sinne den Weg der Einweihung zu gehen. Heute hat sich dieses mehr oder weniger in ein formal durchgeführtes Priesterweiheritual verflüchtigt. In den echten Mysterien, so Rudolf Steiner, musste der Einzuweihende konkret an den von ihm kultisch behandelten Substanzen die durch Transsubstanziation vollzogene Veränderung wahrnehmen. Dann erst ging man davon aus, dass er aus dem Geistigen heraus in der rechten

Weise geweiht worden sei für das Zusammenwirken von Göttern und Menschen zur Transsubstanziation. Das Erlebenkönnen der intimen Vorgänge im Zusammenhang hiermit nennt Rudolf Steiner **Apokalyptik**. Und diese Apokalyptik musste dem Priester wirklich inhaltlich in seinem Bewusstsein oder denkend erfahrbar werden.

Daher stehen Apokalyptik und Transsubstanziation in einer Weise miteinander in Beziehung, dass es hinsichtlich der Apokalyptik auf die priesterliche *Gestimmtheit* und hinsichtlich der Transsubstanziation auf das priesterliche *Wirken* ankommt. Das sind zwei Bedingungen für ein wahres Priestertum. Es kommt dann noch als drittes hinzu, dass im priesterlichen *Bewusstsein*, welches sich aus dem Einweihungs-Übungsweg stark verändert, apokalyptisches Empfinden und transsubstanziierendes Wirken gedanklich klar erlebt werden können. Priestertum ergreift also in unterschiedlicher Weise das Denken, Fühlen und Wollen eines Menschen, der sich in der rechten Weise hierzu vorbereitet. Mantrisch-künstlerisch hat Rudolf Steiner diese drei Bedingungen in seinem Drama "Der Hüter der Schwelle", sechstes Bild formuliert:

In deinem Denken leben Weltgedanken.
In deinem Fühlen weben Weltenkräfte.
In deinem Willen wirken Weltenwesen.

Die *webenden Weltenkräfte* erzeugen die *apokalyptische Stimmung*, die *wirkenden Weltenwesen* bewirken im Verein mit dem Menschenwollen der Priesterpersönlichkeiten die *Transsubstanziation* und im Bewusstsein eines so priesterlich gewordenen Menschen lebt das *Kultuswesen als Archetypus, als Weltgedanke*. Mit dem bewussten Kontemplieren lebendiger Weltgedanken beginnt der meditative Übungsweg, der einen Priesteranwärter zum Erleben von

Apokalypse bringen muss. Heute ist hiervon noch das so genannte Brevierbeten übrig geblieben. Dadurch werden solche Transformationen hervorgerufen, dass Zugang zu Apokalyptik und Transsubstanziationswirken zwischen dem Göttlichen und der Menschenwelt erreicht wird.

Allerdings sind die Schulungswege unterschiedliche gewesen im Zuge der Evolution der Menschheit :

In den genannten beiden Vorträgen aus GA 346 gibt Rudolf Steiner einen Abriss des sich verwandelnden Mysterienwesens, welches er in vier aufeinander folgenden Epochen darstellt.
Er charakterisiert eine alte Zeit, die noch außerhalb der geschichtswissenschaftlichen Nachweisbarkeit liegt. Ihre Besonderheit vollzog sich im unmittelbaren direkten rituellen Verkehr von Göttern und Menschen. Die Götter schildert Steiner als real anwesend in diesen **alten Mysterien**, deren Tempelräume sich fast immer in Erdhöhlen befanden. Ein solches reales Götterwahrnehmen sowie der Verkehr mit ihnen war dem alten Atlanter zu Eigen. Schon der altindische Mensch empfand mehr die Sehnsucht hiernach und unternahm große Anstrengungen, wieder das alte atlantische Erleben zu bekommen.

So kann von den oben zitierten Meditationssprüchen aus dem Drama "Der Hüter der Schwelle" der dritte auch zur Charakterisierung der alten Mysterien herangezogen werden. Es wirken Götter und Menschen direkt zusammen:

In deinem Willen wirken Weltenwesen.

Aber schon im alten Indien liegen die Beginne der **"halbalten" Mysterien**, wie Steiner sie nennt, in denen die

Priester statt mit den Göttern selbst, nun mit den von ihnen in den Tempeln auffindbaren Kräften wirkten. Diese Mysterien liegen bezüglich ihres Anfangs noch im Dunkel der Geschichte. Ihnen kann der mittlere Meditationsspruch zugeordnet werden:

In deinem Fühlen weben Weltenkräfte.

Es setzen dann etwa um die Zeit der ägyptisch-mesopotamischen Epoche die *"halbneuen" Mysterien* ein, deren allerletzte Nachklänge bis in unsere Gegenwart reichen. Man findet sie in den verschiedenen Messkulten der koptischen, katholischen, orthodoxen Kirchen.

Und hinsichtlich der erneuerten Messe in der Christengemeinschaft ist zumindest die Frage nicht unberechtigt, inwieweit sie eine Art Bindegliedfunktion erfüllt (erfüllen sollte...) zur Überführung der halbneuen in die *neuen Mysterien*, welche mit dem 20./21. Jahrhundert in der Menschheit zu walten beginnen wollen.

Den halbneuen Mysterien lässt sich der erste Meditationsspruch zuordnen:

In deinem Denken leben Weltgedanken.

Will man das Vorgebrachte genauer erfassen, so ist wichtig, sich ein Bild davon zu machen, in welcher Weise in den jeweiligen Epochen das Erleben der Apokalyptik gesucht wurde.

Denn erst wenn ein Mensch bis zu diesem Erleben vorangeschritten war, konnte sich der Akt der Transsubstanziation mit ihm als wirkendem Priester auch als ein realer vollziehen. Und diese Umstände schildert Steiner sehr differenziert :

In den alten Mysterien erlebten die Priester die Gegenwart des Göttlichen selbst schon als Apokalypse. Der geistige Verkehr mit ihnen offenbarte die Evolutionsziele an die Menschen. Der priesterliche Wille wurde unmittelbar von den anwesenden Göttern gelenkt. *In deinem Willen wirken Weltenwesen*. Das Werk der Transsubstanziation diente dazu, die Keime für das rechte Fortschreiten der Evolution zu legen. Und in diesen alten Zeiten hatte ein Priester das Apokalypse-Erleben an der Transsubstanziation so, dass sie sich ihm an der physischen Organisation entgegenspiegelte. Dieser Bezug zum physischen Leib ging einher mit dem Bedürfnis, kultische Handlungen im Erdinnern, in Felsenhöhlen zu vollziehen.

In den halbalten Mysterien, in denen Transsubstanziation nicht mehr mit den Göttern direkt, sondern mit den von ihnen eingeströmten Kräften in den Mysterientempeln vollzogen wurde, spiegelte sich Apokalyptik für einen Priester an dessen Ätherleib. Er erlebte jetzt die Transsubstanziation im Prozessualen der Ätherströmungen, die den ganzen Säftestrom in der Menschenleiblichkeit regeln. In dieser Epoche wurde daher alles wichtig, was mit Wasser, rituellen Waschungen, und allen Lebensvorgängen in Beziehung stand. Das Wässrige im Menschen hat besonders eine Beziehung zum Fließenden des Fühlens. *In deinem Fühlen weben Weltenkräfte*.

Nun ist es so, dass physischer Leib und Ätherleib in gewissem Sinne für das Selbsterleben eines Menschen eine Einheit und "Außenwelt" darstellen. Die Anthroposophie weist immer wieder auf die innere Verbundenheit von physischem Leib und Ätherleib einerseits und Astralleib und Ich andererseits. Dies wird besonders dort deutlich, wo es um den Wach-Schlaf-Rhythmus geht. Physischer und Ätherleib bleiben im Bett zurück, während Astralleib und Ich sich in die Weiten der Planetenwelt begeben. So kann deutlich werden, dass mit Eintritt der halbneuen Mysterien ein merkbarer Umschwung für das Erleben von Apokalyptik eintritt. In den ersten beiden Epochen erlebte der Priester, wie sich die Götter allmählich aus dem direkten Verkehr mit den Menschen zurückzogen und nur noch ihr Kräftewirken zurückließen. Anders ausgedrückt könnte man auch sagen, dass der priesterliche Mensch im Zuge der Mysterienentwicklung herabstieg von seiner vormals geistigen Wahrnehmungsweise und in eine immer irdischere hineingelangte.

Rudolf Steiner schildert nun, dass mit Eintritt in die halbneuen Mysterien der Mensch Anstrengungen aus sich selbst zu unternehmen hatte, um wieder zu den Göttern hinauf zu steigen. Das Erleben von Apokalyptik an der Transsubstanziation vollzog sich jetzt am Spiegel des Astralleibs. Das Medium für die sich vollziehende Transsubstanziation war das in den Weihrauch, in die Luft hineingesprochene Kultwort, welches einstmals noch ein magisch wirkendes, ein "Zauberwort" war. Was die Priester hier zu erfahren hatten, war das sich selbst transsubstanziierende Kultwort.

«Wenn der Mensch dies halbbewusste Kultwort intonierte und dies sich selber transsubstanziierte, [..] dann wurde in der dritten Epoche das Apokalyptische wahrgenommen. [..] Sie zelebrierten die Weihehandlung mit dem Kultwort, von dem sie erlebten, dass in ihm anwesend wurde die Gottheit. Sie hatten das Kultwort hinaufgeschickt, die Gottheit war in das Kultwort hineingeströmt.»[1]

Weil nun diese kultischen Formen der halbneuen Mysterien bis in unsere Zeit hineinreichen und damit in eine Epoche, für die seit dem Beginn der Neuzeit alle alte Hellsichtigkeit verschwunden ist, um der Intellektualität Platz zu geben, deshalb ist dasjenige eingetreten, dass auch die Transsubstanziation immer mehr nur noch formal, nicht mehr real erlebt wird. Hier sagt Rudolf Steiner etwas Erstaunliches über den Charakter eines liturgischen Wortlautes:

"Und so ist, wenn mit dem wirklichen Kultwort die Weihehandlung zelebriert wird - sei es auch durch den unwürdigsten Priester -, vielleicht nicht seine Seele, aber immer Geistiges vorhanden; sodass in der Tat der Gläubige unter allen Umständen, wenn die Liturgie eine richtige ist, einem geistigen Vorgang beiwohnt." [2]

In deinem Denken leben Weltgedanken, dann wenigstens, wenn die Liturgie eine richtige ist, wenn sie in Wort und Gebärde ein Wahrabbild realer Geistesvorgänge nachzeichnet. Aber im Zuge der Zeit wird alles für das menschlichpriesterliche Bewusstsein immer abstrakter bis hin zum nicht mehr Verstehenkönnen, was es wirklich mit dem realen Prozess der Transsubstanziation auf sich hat. Hierzu enthüllt Rudolf Steiner etwas ganz Wichtiges über eine *richtige* Liturgie:

"Man kann nicht mit diesen intonierten Worten zelebrieren, ohne die Inkorporation von Luftwesenheiten, das heißt, ohne dass Geistigkeit anwesend ist." [3]

Das bedeutet unabhängig von der Fähigkeit eines Priesters die Transsubstanziation noch wirklich hellsichtig im Astralleib verfolgen zu können - was sie in den alten Zeiten überhaupt erst gültig gemacht hätte, indem sich das Transsubstanziationsgeschehen als Apokalyptik in einem Wesensglied des Priesters spiegelte - dass jetzt ersatzweise Elementarwesen der Luft in einer richtigen Liturgie die Substanzwandlung hervorbringen.

Es mag noch kurz gefragt werden, welche Substanzen in den alten Mysterien der Wandlung unterlagen. Hierüber berichtet Rudolf Steiner nichts genauer. Für die halbalten Mysterien charakterisiert er die Substanzwandlung mit dem Hinweis auf Vorgänge der Fermentation. Als Beispiel weist er auf die Sauerteigführung hin. In ähnlicher Weise finden auch Fermentationsprozesse bei der Weingärung statt. Mit dem Übergang von der Atlantis in die nachatlantische Zeit geht der Weinbau in die menschliche Kultur ein. Das alte Testament drückt es so aus, dass gesagt wird, Noah wurde zum Weinbauern. Noah ist nach Rudolf Steiner der Manu, der die Menschheit über die atlantische Katastrophe hinüberrettete. In GA 89, Seite 241 deutet er an, dass ein anderer Name für den Manu Melchisedek ist. So war es Melchisedek, der für die nachatlantische Zeit die Weinkultur einführte, damit über den Alkohol das alte Hellsehen beseitigt würde.

Aus diesen Andeutungen heraus kann vorsichtig angenommen werden, dass in den halbalten Mysterien die Substanzen für die Transsubstanziation genau so Brot und Wein waren, wie in den halbneuen. Nur interessierte den Priester in der halbalten Zeit vordringlich dasjenige, was er geistig-seelisch im Beobachten der Fermentationsprozesse bei der Teigwerdung oder Weingärung erleben konnte. Beides sind von ätherischen Kräften gelenkte Prozesse. Und wenn er *sie* in seinem Ätherleib erleben konnte, dann wurde ihm das Ferment geistig durchscheinend für die Apokalyptik.

In der Anfangszeit der halbneuen Zeit lag nicht mehr das Ferment bzw. der Fermentationsprozess als das Wichtige im Interesse des Priesters, sondern dasjenige, was über das kultische Wort göttlich hineinwirkte in die Substanzwandlungsprozesse. Die Wandlung wurde für ihn im aufsteigenden Weihrauch in der Luft wahrnehmbar und ermöglichte ihm hier die Erfahrung von Apokalyptik. Es darf wohl auch ebenso vorsichtig angenommen werden, dass in den alten Mysterien Getreide und Weintrauben als Substanzen zur Wandlung herangezogen wurden, aber doch so, dass die Priester das unmittelbar physische Wandlungswirken der Götter in den Keimkräften des Getreidekorns und in dem Hervorrufen der physischen Grundlage für die Weingärung im Weingewächs als Apokalyptik erlebten, nicht den Prozess der Fermentierung.

Die Getreide- und Weinmysterien durchziehen die ganze Mysterienkultur. In den Getreidemysterien wurde die Geisterkenntnis und Einweihung über die oberen Götter, wie die Griechen es nannten, gesucht. Man blickte in die Sphären von Mars, Jupiter und Saturn, um die Weisheit zu erkennen. Die Weinmysterien hingegen suchten die Einweihung durch die Erde hindurch bei den unteren Göttern, deren Wohnsitze man in Mond, Merkur und Venus suchte. Der Einweihungsweg führte hier durch das Totenreich.

Als Melchisedek bei der Berufung Abrahams diesem in einer Felsenhöhle als Priester des höchsten Gottes Brot und Wein gab, bildete er die Verknüpfung dieser zwei Mysterienströmungen vor, die dann am Gründonnerstag - beim Heiligen Mahl - vom Christus fortan in einen Strom zusammengelenkt wurden, indem er der Transsubstanziationsrealität einen neuen Inhalt gab: Er verband seinen Leib mit den im Brot repräsentierten Mysterien der Weltenweiten, mit seinem Blut hingegen die Weinmysterien, die in die Unterwelt wiesen. Er als das Sonnenwesen Christus im Erdensein greift die eine Strömung mit der einen Hand, die andere mit der anderen und hält sie in seinem eigenen Wesen fortan real miteinander verbunden. Diese Gebärde ist in der Skulptur Rudolf Steiners, die er den Menschheitsrepräsentanten nannte, wunderbar ausgedrückt und erscheint in der ganz merkwürdigen Gebärde der Handhaltungen. In der Natur erscheinen Luzifer und Ahriman miteinander verbunden. Für den Menschen müssen die ihnen eignenden Welten auseinander gehalten, der aus ihnen zu erringende Geistertrag jedoch miteinander verknüpft werden.

Die Tragik der letzten 2000 Jahre Priesterkultur bestand darin, dass die Wandlung von Brot und Wein in Christi Leib und Blut zwar durch das Kultuswort vollzogen, aber immer weniger erlebt wurde. Als um das Jahr 1250 herum dann, wie Rudolf Steiner sagt, für einige Jahre selbst für höchste Eingeweihte der Einblick in die geistige Welt verschlossen war, wurde der Priesterschaft im Grunde genommen der Zugang zur Apokalyptik entzogen. Luftwesen traten stellvertretend ein, während die Theologie über die Realität oder Nominalität der Ideen stritt und nach dem Gottesbeweis suchte.

Die neuen Mysterien sind gerade im Morgendämmer ihres Beginnes. Sie werden dahin führen, dass Apokalyptik jetzt über das Ich erlebt werden kann, und wenn sie erlebt wird, dann führt sie unmittelbar aus dem Innenwesen des Ichs eines Menschen dahin, dass dieser die Transsubstanziation als real sich ereignende Gottestat des Christus aus dem Mittelpunkt seines Ichs heraus verfolgen lernt. Im Feuer seines eigenen Blutsstroms begegnet er dem Christus-Ich, welches feurig durch des Menschen Ichfeuer flammt. Den Christus in seinem menschlichen Ich erleben zu können, das entzündet sich zum Feuer der Apokalyptik. Das ist die Taufe mit dem Feuer, auf die Johannes der Täufer hinsichtlich des Christus anspielt. Der Bildinhalt dieser Apokalyptik ist das, was in der Offenbarung des Johannes als Evolutions- und Heilplan für Erden- und Menschenentwicklung aufgeschrieben wurde. Aber wenn ein Mensch im Inhalt dieser Johannesoffenbarung die ganze Wesenssubstanz des Christus erleben lernt, dann kann er das nur in einer solchen Weise, dass er mit diesem Erleben zugleich diesen Inhalt als durch Selbsterzeugung hervorgebracht erlebt. Er kann mit dem ganzen Inhalt der Apokalypse nur wirklich umgehen, wenn er ihn durch eigene Kraft in sich fortwährend erbildet. Dann erst strömt in diese Selbsterzeugung als Substanz das Ichwesen Christi ein, welches dem apokalyptischen Selbstzeugnis eines Menschen in seinem Ich den einzig möglichen Inhalt geben kann. Und wenn dieser Mensch die apokalyptische Stimmung, die selbsterzeugend in seiner Seele aufgeht, erlebt, dann wird ihm das selbsterzeugte Erleben zu einer solchen Evidenz, dass damit untrennbar verbunden ist das göttliche Wirken Christi in der sich parallel dazu vollziehenden Transsubstanziation. Erlebt er als das selbsterzeugte Apokalyptische in sich den Welteninhalt des Christuswesens, dann sind ihm in dem Moment, wo sich die Wandlung (ob über die Substanzen Brot und Wein "indirekt" - wie auch in der «Christengemeinschaft» -, oder "direkt" - wie in der «Opferfeier» - mit der "Substanz" des eigenen Leibes und Blutes des Kommunikanten) in Leib und Blut durch die Gottestat des Christus ereignen, ebenso evident. Und die Transsubstanziation wird dadurch wahr, dass der Mensch, der Apokalyptik als den Christus in sich erlebt, genau das wieder errungen hat, was für die alten Mysterien das unmittelbare Zusammenwirken von Menschen mit Göttern zum Hervorrufen der Wandlung war. Damals kamen diese

Götter von außerirdischen Sitzen herunter in die Mysterien. Heute tritt dieses wirkende Göttliche von innen her wieder durch den Christus an das Menschen-Ich und in dieses hinein. Das liegt dem zu Grunde, wenn Rudolf Steiner am Ende des zweiten Vortrags aus GA 346 sagt: "Wird das ich apokalyptisch, dann ist das Ich priesterlich." Ein solches Ich erfährt die Weihe zum Priester durch die Priesterschaft die der Christus selbst hat. Während der kultischen Handlungen erfüllt der Christus als der Hohepriester im Rang des Melchisedek dieses Menschen-Ich.

Hieraus folgt, dass es künftig keine *äußere* Priesterweihe mehr in der neuen Mysterienzeit geben kann. Das hierzu jetzt noch dienende Sakrament wird eine inhaltliche Transformation erfahren. Menschen, die den Christus in sich erleben, die also Apokalypse in sich erleben, sind in dem Augenblick, wo sie kultisch zu handeln beginnen, durch den Christus in sich vollgültige Priester, die alle Kriterien erfüllen, von denen Rudolf Steiner für die drei vorangegangenen Mysterienzeiten gesprochen hat. *Aber sie sind es ohne jeden Amts- oder ohne jeden Laiencharakter. Sie sind es direkt durch Christus für die Zeit der kultischen Handlung.*

Diese förmliche Umstülpung von Apokalyptik und Priesterlichkeit von außen nach innen wird notwendigerweise auch einen anderen Grundton im Liturgischen anschlagen müssen. Wenn alle, die eine Handlung feiern, ausnahmslos durch Christus zu Priestern geworden sind für die Dauer dieser Handlung, dann wird ein Amtspriester, der die Heilige Handlung *für* eine Gemeinde vorzunehmen hätte, absurd. In einer aus dem Bedürfnis eines menschlichen Ich erstrebten Eucharistiefeier ist entweder jeder Teilnehmende daran Gemeinde *oder* jeder ist Priester. Das eine *mit* dem anderen gibt es nicht. Sind räumlich

Zuschauer oder Leute dabei, die die Feier kennen lernen wollen, dann sind diese während der Zeit *weder* Gemeinde *noch* Priester.

Folglich wird überall dort, wo in den Liturgien der halb-neuen Mysterien der Priester noch "ich" sagt und damit wirklich sich selbst meint im Gegensatz zur Gemeinde, an die Stelle von "ich" liturgisch das "wir" treten müssen, welches im Christus seine höhere Ichheit erlangt. Und in der letzten Konsequenz bedeutet dies, das mit allem heute noch auffindbaren Amtspriestertum zugleich alles Kirchentum verschwinden wird, weil an ihre Stelle eine Priesterlichkeit tritt, die aus dem Kairos, aus der rechten Zeit der Kulthandlung geboren wird und in ihrem Vollzug für diese Zeit dann Kirche oder Gemeinde *ist*. Und wenn die kultische Handlung vollzogen ist, dann begeben sich sowohl die Priesterlichkeit der Teilnehmer als auch ihre zeitlich begrenzte Wirklichkeit als Gemeinde oder Ekkle-sia - als "heraus Berufene" - wieder zurück in den Wesenskreis Christi, in das Reich, das nicht von dieser Zeit ist.

Das Priestertum und die menschliche Gemeindebildung in der vierten Mysterienepoche ereignen sich ganz wirklich mit dem göttlichen Wandlungswirken Christi aus dem Reich heraus, das Er als das Reich bezeichnet, welches nicht von dieser Welt ist. Aber aus dem freien Willen aller, die solch eine Kulthandlung wollen, tritt sie jedes Mal neu aus diesem Reich, das nicht von dieser Welt ist, in diese Welt herein, um in ihr und an ihr wandelnd tätig zu werden. Das Werk mündet in einen Frieden oder eine Friedfertigkeit aus dem *guten Willen*. Dieser gute Wille ereignet sich in die Erdenwelt *herein* aus dem Reich, das nicht von dieser Welt ist, indem er, Apokalypse er-zeugend, Menschen, die den Christus in sich erleben, zum

Vollzug dieses guten Willens aus ihrem innersten Ich heraus priesterlich werden lässt.

1 *GA 346, zweiter Vortrag.*
2 / 3 *ebenda*

Heute

(Es fand vor) die Weihnachtstagung
zur Begründung der
Allgemeinen Anthroposophischen Gesellschaft
statt.
Man kann verschiedene geistige Ereignisse
in ihr finden.
Vom kultischen Gesichtspunkt aus
ist sie eine Art 'Weihe' der Anthroposophischen
Gesellschaft durch die anthroposophische
Bewegung, der Michaelsgemeinschaft
auf Erden durch die Michaelsbewegung
aus der geistigen Welt,
die Grundsteinlegung
aus der göttlichen Trinität
zu einer neuen Würde
der anthroposophisch strebenden Individualität.
In ihr ist Hirtentum und Königtum
miteinander verbunden.
Es ist die "Priesterweihe"
des anthroposophisch strebenden Menschen.

Friedrich Benesch

VOM GEWEIHTEN ZUM EINGEWEIHTEN

Der Abel- und der Kain-Weg

Jan K. Lagutt

Abel-Weg
= Sommer-Weg, ist der Weg der «Christengemeinschaft»
in Erinnerung an eine Gemeinschaft (vorgeburtlich) in der
geistigen Welt.
Kains-Weg
= Winter-Weg, ist der Weg der Anthroposophen durch
kalte Einsamkeit zur Erkenntnis.

(Notiz Rudolf Steiners für Prof. Hans Wohlbold, München, ca.1923 , GA 265, S.454)

Der Unterschied zwischen diesen beiden Wegen findet sich schon von *Jan K. Lagutt* in dessen Schrift «Grundstein der Freimaurerei» *(Zürich, 1958)* in dem Abschnitt «Das Wesen des Priestertums und das Wesen der Initiation» charakterisiert *(GA 265, S.503ff)* :

Das Priesterliche aller Religionen ("Abel-Weg") beruht auf der *Weihe*. Durch sie werden auf den Träger, den Priester, höhere, außerpersönliche Kräfte übertragen, welche als Ausfluss der göttlichen Gnade betrachtet werden. Die Weihe bewirkt, dass göttliche Gnadenwirkungen durch den Priester in die physische Welt getragen werden können. Bildhaft gesprochen wird der geweihte Priester zu einem Kanal, durch welchen göttliche Wirkungen in die Erdenwelt einfließen.

Es könnte somit, theoretisch wenigstens, einer Priester von zweifelhafter persönlicher Moralität sein und dennoch Wirkungen hervorrufen, weil diesselben ja nicht aus seiner persönlichen Sphäre stammen, sondern aus einer übermenschlich-göttlichen. Damit würde der Priester zum Magier, welcher kraft seiner Weihen und unter Verwendung bestimmter sakraler Wortformeln die Gottheit zwingt, ihre Gnadenwirkungen fließen zu lassen. Eine solch extreme Auffassung des Priestertums, wie sie hin und wieder zu Tage tritt, geht bestimmt an der Wahheit vorbei. Doch sie weist auf den sehr alten Ursprung des Priesterwesens hin, auf eine vergangene Menschheitsepoche, die man als die magische bezeichnet.

In dieser Darstellung geht es nicht um Kritik. Es handelt sich allein um klärende Charakterisierung.

Jene Strömung, die u.a. [207] auch der Freimaurerei zugrunde liegt, geht andere Wege ("Kains-Weg"). Hier findet keine Weihe im Sinne der Übertragung höherer Kräfte statt, sondern eine *Initiation*, eine *Einweihung* oder *Erweckung*. Das Wesen derselben ist dadurch gekennzeichnet, dass sie Kräfte aufruft, die bereits im Menschen veranlagt sind. Die symbolisch-kultischen Handlungen, welche mit der Initiation meist verbunden sind, haben den einzigen Sinn, die latenten Kräfte zu wecken und in Tätigkeit zu setzen.

Wie in allen großen Religionen und Kulturen der Antike gehen auch im Christentum zwei Strömungen nebeneinander her, die priesterliche und die initiatorische.

Es ist, als ob in Jesus beide Strömungen, die uralt sind, zusammenlaufen, um von ihm neubelebt wieder auszuströmen.

Als Jesus seine Jünger aussendet *(Markus 6/7, Lukas 9/1)* stattet er sie mit Kräften aus, die ganz auf der priesterlichen Linie liegen und nicht aus der menschlich-persönlichen Sphäre

---

207   Und eben auch dem freien christlichen Impuls. VDL

der Jünger stammen. Es heißt: '... und gab ihnen Gewalt und Macht ...'

Im Johannes-Evangelium tritt Jesus in Deutlichkeit als der große Initiator, als Eingeweihter im höchsten Sinne auf. Andeutungsweise kommt es schon im 1.Kapitel des Evangeliums zum Ausdruck, wo er Nathanael zur Jüngerschaft beruft. Im Sinne des Einweihungswesens spricht er Nathanael in besonderer Weise an, und dieser erkennt in ihm alsogleich den höheren Eingeweihten. In aller Offenheit tritt Jesus als der große Eingeweihte, als Hierophant im Sinne der alten Mysterien auf, als er die Auferweckung des Lazarus vollzieht $^{(Kap.11)}$. Jesus erweckt von neuem das Leben des im Todesschlaf erstarrten Lazarus. Und neben dem 'äußeren' Erweckungsvorgang vollzieht sich in Lazarus, 'den der Herr lieb hatte', ein anderer tiefer Vorgang. In Lazarus bricht das Ewige durch. Und dieses Ewige ist das Leben, von dem Jesus sagt, dass ER es sei. Wo immer im Menschen der Geist, das Ewige, das höhere Selbst durchbricht, oder anders ausgedrückt, der Mensch in seinem strebenden Bemühen sich dem Quell seines wahren Wesens nähert, erlebt er die große Auferweckung.

Ist es nun verwunderlich, dass das Johannes-Evangelium in der esoterisch-christlichen Strömung eine solch zentrale Stellung einnimmt?

Steht am Beginn wahren Priestertums die *Gnade*, die übermenschlicher Natur ist, so sollte echte Initiation in der Gnade enden. Werden dem Priester außerpersönliche Kräfte höherer Natur durch die Weihe verliehen, so liegt es an ihm, sich derselben würdig zu erweisen, an ihnen zu erwachen und die Kräfte gleichsam zu verpersönlichen. Die Initiation, insofern sie nicht leere Zeremonie ist, ruft die tieferen, individuellen Kräfte des Menschen auf. Und durch sie soll der Mensch jene Sphären entgegenreifen, worin die göttliche Gnade beheimatet ist.

Das Höchste ist somit der Priester, der zum Eingeweihten, zum Initiierten wird. Umgekehrt wird dem initiierten Menschen die priesterliche Würde zu Eigen, wenn das zutiefst Menschliche, das ein Göttliches ist, in ihm zur Entfaltung gelangt, dann steht er in der Gnade.

Hier schließt sich der Kreis scheinbarer Gegensätzlichkeit. Eines schließt das andere nicht aus. Beides sind Pfade auf dem großen Wege des Menschen zu seinem wahren Wesen. Und dieses ist Gott.

Siehe auch
«Anthroposophische Bewegung und Christengemeinschaft -
Kainiten und Abeliten - Manes, Gautama und Maitreya»
und
«Thematischer Leitfaden für dasStudium der Anthroposophie -
Religion, Sakrament und Kultus -
Abel der Priester und Hirte - Kirche und Okkultismus»
Herbert Wimbauer, Selbstverlag (vergriffen)

Du bist nicht Öl noch Luft -
nur der Verbrennungspunkt,
der Brennpunkt,
wo das Licht geboren wird.

Du bist nur die Linse im Lichtstrom.
Nur so kannst du das Licht
entgegennehmen
und geben und besitzen.

Suchst du dich selbst
'in deinem eigenen Recht',
so verhinderst du die Vereinigung
von Luft und Öl in der Flamme,
raubst der Linse
ihre Durchsichtigkeit.
Weihe -
Licht oder im Licht zu sein,
vernichtet, damit es entstehe,
vernichtet, damit es sich sammle
und verbreite.

Dag Hammarskjöld

Welcher Kultus ?

ARBEITSMATERIAL ZUR KULTUS-FRAGE

«Ich darf empfangen
- Christi Geist»

Hinblick auf die **OPFERFEIER**
als ein spezifisch anthroposophischer
Kultus

Welcher Kultus, welches "Zentralsakrament" wäre dem *überkonfessionell* strebenden Anthroposophen gemäß ?
Die Antwort ist inzwischen deutlich geworden: Wir finden diesen Kultus in der «Opferfeier». Diese war zwar zunächst für die Schüler und Lehrer/Eltern der Freien Waldorfschule erfragt, aber es zeigte sich immer mehr, dass diese Feier eine ganz spezifisch anthroposophische ist und keineswegs nur für Schüler oder nur für Waldorfschulen und Heime. Allerdings wurden wir aufgefordert diese für unseren speziellen Gebrauch weiter zu entwickeln; das ist bisher nicht geschehen...

In unserer Kultus-Initiative versuchen wir uns den Fragen und Forderungen zu stellen. So münden unsere Betrachtungen zum Abschluss in diese Handlung als Zentralsakrament.

Frau Lehrs-Röschl gehört zu denen, die die Opferfeier erhalten und gehalten haben. Ihr Hinblick auf diese Handlung soll nun - unter Berücksichtigung des bisher Vorgebrachten - Sie einladen letztendlich Ihre Aufmerksamkeit nocheinmal auf deren Tiefe und Relevanz und unsere Aufgaben zu lenken.

Maria Lehrs-Röschl

In der Besprechung, die wir Religionslehrer am 9. Dezember 1922 mit Rudolf Steiner hatten, brachten wir auch vor, dass Johanna Wohlrab, eine Schülerin der damals obersten Kalsse, gefragt hatte, ob nun die Schüler der Oberklassen nach beinahe zweijähriger Teilnahme an der Jugendfeier nicht eine Sonntagshandlung bekommen könnten, die über die Jugendfeier hinaus weiterführt. Ich erinnere, dass wir Lehrer diese Frage als zumindest verfrüht ansahen und keineswegs erwarteten, dass Rudolf Steiner positiv darauf eingehen würde.

Doch er griff diese Anregung besonders nachdenklich auf und bezeichnete sie als von weittragender Bedeutung. Er wolle es weiter erwägen. Eine Messe woll er in die Handlungen, die mit unserem Religionsunterricht verbunden waren, nicht hereinnehmen, «aber etwas Messe-*Ähnliches* können wir machen.»

Im März 1923 übergab Rudolf Steiner in Stuttgart den Text der Opferfeier Dr.Hahn, Dr.Schubert und mir. Wir sollten ihn uns abschreiben. Am Palmsonntag, 25. März, hielten wir drei diese Feier zum ersten Mal für die Schüler der 11. Klasse und die Lehrer.

Es traten danach Kollegen an uns heran mit dem Ersuchen, die Opferfeier für die Lehrer allein zu wiederholen. Wir waren unsicher, ob nicht auch diese Handlung wie die bisher gegebenen nur für die Schüler - wenn auch unter Teilnahme von Lehrern und Eltern - gegeben sei. Ja, wir neigten ausgesprochenerweise zu dieser Meinung. Es wurde mir aufgetragen, Rudolf Steiner diese Frage vorzulegen.

Ich fragte ihn in einer Formulierung, die bereits zeigte, ich sei der Meinung, es gehe nicht an, die Opferfeier anders als für Schüler zu halten. Rudolf Steiner aber blickte mich mit weit geöffneten Augen an (ich kannte diese Geste als Ausdruck überraschten, leicht missbilligenden Erstaunens) und sagte: «Warum nicht? Diese Handlung kann überall gehalten werden, wo Menschen sind, die sie wünschen!»

So hielten wir die Opferfeier zum ersten Mal ohne Schüler vor Lehrern allein am Karfreitag, den 30. März 1923. In der Folgezeit wurde sie in dieser Weise wiederholt gehalten, insbesondere zum Gedenken an verstorbene Kollegen und bei den jährlichen Begegnungen der ehemaligen Schüler, bisher zunächst nur für die früheren Teilnehmer am freien Religionsunterricht.

Für das Verständnis dieser Handlung gilt es zu versuchen, Rudolf Steiners Ausspruch «etwas Messe-Ähnliches» in *seinem* Sinne zu erfassen. Man kann ja diese Worte verschieden interpretieren und darunter etwas verstehen, was in der Entwicklungslinie der Messe vor oder auch nach dieser einzureihen ist - was rangmäßig unter oder über der Messe steht. Hier können sich leicht subjektive Tendenzen geltend machen, die mit der objektiven Entwicklung dieser Art von Kulthandlungen in Widerspruch stehen. Der Ausdruck «Messe-Ähnliches» besagt ja, dass einerseits Messe-Gleiches vorliegt, andererseits aber doch keine volle Übereinstimmung vorhanden ist.

In frühen Ausführungen Rudolf Steiners (z. B. Köln, 17. März 1905) [1] finden wir den Hinweis, dass die katholische Messe ihrem Ursprung nach auf Mysterien zurückführt, die von Persien und Ägypten herüberkamen und in diesen Kulturströmungen eine besonders populäre Form angenommen hatten.

Dem Schüler solcher Geheimschulen wurde ursprünglich zunächst die Entstehung der Welt und des Menschen, seine Bedeutung in der Welt verkündet, wie der Weltengeist sich ergoss in jede Erscheinungsform der Schöpfung der Naturreiche, und wieder Mensch ein Zusammenfluss von all dem Geschaffenen sei - die kleine Welt innerhalb der großen. Wie dann der Mensch, der in diese reine Welt durch seine Leidenschaften und Unvollkommenheiten Trübung hineinbrachte, durch die Opferung seiner niederen Natur zur Katharsis, dadurch zur Wandlung seines Wesens und so zur Vereinigung mit seinem göttlichen Ursprung kommen konnte, wurde dem Schüler auf einer nächsten Stufe durch Handlungen vorgeführt.

Aus solchen Handlungen jener Mysterien ist die Messe hervorgegangen.. Und bis heute entfaltet sich die christliche Messehandlung in den vier Teilen: Evangelium (Verkündigung), Offertorium (Opferung), Wandlung und Kommunion. So ist auch die Opferfeier aufgebaut, und darin gleicht sie der Messe. Keineswegs gleich, also nur ähnlich, ist sie der Messe bezüglich der Substanzen des Opfers und der Wandlung. Es wäre unrichtig zu meinen, in der Opferfeier gäbe es keine Substanzen. Sie sind da in Gestalt des Leibes und des Blutes des Menschen; der sich in seinem Bewusstsein zutiefst durchdringen möchte mit dem inneren Erleben des Opfers des Christus auf Golgatha - entsprechend den Worten:

Die Andacht unserer Seelen
Führe in diesen Opferraum
Das Erleben von Christi Menschheitsopfer

mit denen der Teil der Opferfeier schließt, der dem einleitenden «Staffelgebet» der Messe entspricht. Es beginnt also die Ähnlichkeit, das heißt Nicht-Gleichheit mit der Messe im zweiten Teil der Opferfeier.

Für das Geschehen auf dem Altar hat Rudolf Steiner diese Veränderung als in der Entwicklungslinie der Messehandlung gelegen schon 1909 und 1911 sehr klar aufgezeigt, und zwar in der Besprechung der Transsubstantiation zunächst im 14. Vortrag des Kasseler Johannes-Evange-lium-Zyklus. [2)] Da ist darauf hingewiesen, dass wir erst am Anfang der christlichen Entwicklung leben. Die Zukunft dieser Entwicklung wird in der vollen Erfassung der Tat-sache bestehen, dass Christus durch das Mysterium von Golgatha einen neuen Lichtmittelpunkt in der Erde geschaffen hat, so dass seine Worte der Einsetzung des Abendmahls aussprechen, er habe die Erde zu seinem Leib gemacht. Das wird kultisch realisiert an den Substan-zen von Brot und Wein.

«Und diejenigen Menschen, welche im Stande sind, den richtigen Sinn dieser Worte des Christus zu fassen, die machen sich Gedankenbilder, die anziehen in dem Brot und in dem Rebensaft den Leib und das Blut Christi, = die anziehen den Christus-Geist darinnen. Und sie vereinigen sich mit dem Christus-Geist. So wird aus dem Symbolum des Abendmahls eine Wirklichkeit. Ohne den Gedanken, der an Christus anknüpft im menschlichen Herzen, kann keine Anziehungskraft entwickelt werden zu dem Chris-tus-Geist im Abendmahl. Aber durch diese Gedanken-formen wird solche Anziehungskraft entwickelt. Und so wird für alle diejenigen, welche das äußere Symbolum brauchen, um einen geistigen Actus zu vollziehen, nämlich die Vereinigung mit dem Christus, das Abendmahl der Weg sein - der Weg bis dahin, wo ihre innere Kraft so stark ist, wo sie so erfüllt sind von dem Christus, dass sie ohne die äußere physische Vermittlung sich mit dem Christus vereinigen können. Die Vorschule für die mysti-sche Vereinigung mit dem Christus ist das Abendmahl - die Vorschule. So müssen wir diese Dinge verstehen. Und ebenso wie alles sich entwickelt vom Physi-schen zum Geistigen hinauf unter dem christlichen Einfluss, so müssen sich zuerst unter dem christlichen. Einfluss heran ent-wickeln die Dinge, die zuerst da waren als eine Brücke:

Vom Physischen zum Geistigen muss sich das Abendmahl entwickeln, um hinzuführen zur wirklichen Vereinigung mit dem Christus.

Über diese Dinge kann man nur in Andeutungen sprechen, denn nur, wenn sie aufgenommen werden in ihrer vollen heiligen Würde, werden sie im richtigen Sinne verstanden.»

In dieser wie in der hier folgenden Ausführung geht Rudolf Steiner aus von einem Hinweis auf das herannahende Atomzeitalter. Im Jahre 1911 besprach er im Zyklus «Von Jesus zu Christus» [3] den exoterischen Weg, der den Menschen zum Christus führen kann durch das Abendmahl und die Evangelien. Er betont im weiteren, dass dadurch, dass die Menschen durch ihr Streben auf dem inneren Pfade, den die Geisteswissenschaft gibt, reif werden können,

«in ihrem Inneren nicht bloß Gedankenwelten, nicht bloß abstrakte Gefühls- und Empfindungswelten zu leben, sondern sich in ihrem Inneren zu durchdringen mit dem Element des Geistes, dadurch werden sie die Kommunion im Geiste erleben. Dadurch werden Gedanken - als meditative Gedanken - im Menschen leben können, die eben dasselbe sein werden, nur von innen heraus, wie es das Zeichen des Abendmahles - das geweihte Brot - von außen gewesen ist.»

Dieser Weg - so fährt er fort - soll in Zukunft ein exoterischer Weg für die Menschen werden.

«Aber dann werden sich auch die Zeremonien ändern, und was früher durch die Attribute von Brot und Wein geschehen ist, das wird in Zukunft durch ein geistiges Abendmahl geschehen. Der Gedanke jedoch des Abendmahles, der Kommunion, wird bleiben.»

Diese beiden Stellen von 1909 und 1911, zusammengeschaut, machen klar, wo die Opferfeier auf der Linie historischer Entwicklung einzureihen ist: nicht vor, sondern nach der Messe mit Brot und Wein. Sie ist also nicht - weil sie scheinbar keine Substanzwandlung bringt - eine Vorstufe, eine Vorbereitung auf eine Messe mit Brot und Wein. Denn das empfangene Brot und der genossene Wein werden im Menschen aufgenommen von jener Kraft, die in unbewussten Tiefen seines eigenen Leibes stoffverwandelnd wirkt, und von da aus im Bewusstsein allmählich Klärung, Umwandlung erzeugen kann. Während die Kommunion im Geiste, wie sie in der Opferfeier erlebt wird, ein *Bewusstseinsakt* ist, der sich immer heller klären und bis ins Physische des Menschen auswirken kann. Die zitierten Stellen weisen deutlich auf die Wandlung und Kommunion hin, wie sie Rudolf Steiner zwölf Jahre später in der Opferfeier gegeben hat. In Fortsetzung des oben Zitierten stellt er als Voraussetzung für eine solche Kommunion im Geiste hin,

«dass gewisse innere Gedanken, innere Fühlungen ebenso weihevoll das Innere durchdringen und durchgeistigen, wie in dem besten Sinne der inneren christlichen Entwicklung das Abendmahl die Menschenseele durchgeistigt und durchchristet hat. Wenn das möglich wird - und es wird möglich -, dann sind wir wieder um eine Etappe in der Entwicklung weitergeschritten. Und dadurch wird wieder der reale Beweis geliefert werden, dass das Christentum größer ist als seine äußere Form.»

Die Form für diese weihevollen, das Innere durchdringenden und durchgeistigenden Gedanken ist in der Opferfeier gegeben. Man muss sich bloß von dem Vorurteil frei machen, als seien Gedanken immer nur ein abstraktes Etwas. Ihre Art hängt vom denkenden Subjekt ab. Gedanken können ein Erlebnis werden, das die Macht hat, bis ins Physische gestaltend zu wirken. So kann es geschehen durch die Opferfeier bis in Leib und Blut des nach dem Christus strebenden Menschen.

Und so können sich im Verfolg dieses Erlebens - Dank dem Werdebild von Welt und Mensch, das uns die Geisteswissenschaft gibt - die Worte des Offertoriums der Opferfeier, die mit erhobenen Armen gesprochen werden, und diejenigen, die darauf der rechts Stehende spricht, weihevoll weiten zum Gedanken der kosmischen Biographie des Wesens Mensch: Es kann vor uns stehen die Schilderung der Zeit, da die Sonne heraustrat aus der Mond-gefesselten Erde. Mit der Sonne verließ die Erde auch das hohe Wesen des Menschheits-Ich, das wir jetzt Christus nennen. Es verließen uns die hierarchischen Urbilder des Menschen, die bloßen Abbilder zurücklassend. Das hieß: Der Mensch nahm im Dienste der Weltentwicklung das Opfer auf sich, tiefer hineinzusteigen in die nun sich bildende Finsternis der Stoffeswelt - ein Entwicklungsmoment, vor dem hohe Geistwesen, die dem Menschen in diesen Abstieg nicht folgen wollten, «ihr Antlitz verhüllten».

In eine noch weiter zurückliegende Entwicklungsphase kann der Gedanke zurücktauchen: als das vorsaturnische Geistwesen der Menschheit, das eine sehr hohe Entwicklung ohne Stoffesverbundenheit (allerdings ohne Entfaltung des freien Ichs) hätte durchmachen können, eintrat in diesen Weltenzyklus, um eben diesen Weg der physischen Gesetzmäßigkeit durchzumachen. [4] Dieser Schritt war es, der

das Opfer

Unseres Menschenseins

Unseres beseelten Leibes

Unseres durchgeisteten Blutes

eingeleitet hat, jenen Abstieg in die Finsternis des Stoffes, aus dem wir ohne die Kraft des Christus die Möglichkeit zum Wiederaufstieg nicht gewinnen könnten. Wesen einer Zukunftswelt können entstehen, wenn der Mensch im Laufe seiner Entwicklung die Kraft findet, jenes «wesenschaffende Liebe-Feuer» entstehen zu machen, das von «Mensch zu Gott» und auch «von Mensch zu Mensch» walten kann.

Gewiss wird nicht jeder Teilnehmer der Opferfeier diese Bezugnahme auf weit zurückliegende kosmische Phasen des Menschheitsweges aufgreifen können oder wollen. Verschiedenheiten in der Erlebnisweise gibt es ja bei jeder Art von Kulthandlungen.

Um die *Zielsetzung* handelt es sich hier, denn diese wirkt. Und das Ziel der Opferfeier ist, sich in Leib und Blut, bis ins Physische, mit dem Menschheits-Ich zu verbinden. Dass dieses Ziel erreichbar ist in unserer Gegenwart, hat Rudolf Steiner auch in persönlichen Gesprächen betont, so zu Friedrich Rittelmeyer, wie dieser in seinem Buche «Meine Lebensbegegnung mit Rudolf Steiner» mitteilt, indem er daran eigene wesentliche Gedanken über die zwei Arten der Kommunion anknüpft.

So waren Anfrage und Forderung jener Schülerin von weittragender Bedeutung und gaben Rudolf Steiner die Möglichkeit, was er schon 1909 und 1911 angedeutet hatte, in Kultform der Menschheit zu geben.

Auf die Frage, wie es sich damit verhält, dass dieser Kult von Menschen ohne Priesterweihe vollzogen wird, soll Rudolf Steiner geantwortet haben, er sei hier so weit gegangen, wie er eben mit Nichtgeweihten gehen könne. Diese Antwort ist auch von weittragender Bedeutung: Was in der Entwicklung der Christenheit als Sehnsucht und Streben nach Laienpriestertum immer wieder erstand - allerdings auch immer wieder verfolgt und schließlich zum Verschwinden gebracht wurde -, das hat hier durch Rudolf Steiner eine neue Keimlegung erfahren, die je nach der Schicksalsführung des Einzelnen ihre Früchte zeitigen kann. Dies wird erreicht sein, wenn durch innerstes Streben in der Begegnung mit dem höchsten Selbst, dem Christus, die Weihe erworben ist.

Eckwälden, Ostern 1964

1) *Über die Bedeutung der Messe im Sinne der Mystik. Veröffentlicht m. Beiträge zur. Rudolf Steiner Gesamtausgabe, Heft 110. Die Erneuerung des religiösen Lebens. Vorträge, Briefe und Dokumente 1905 - 1922, Dornach 1993*
2) *GA 112, S. 268, Dornach 1984*
3) *GA 131, 9. Vortrag, S. 204 - 205, Dornach 1988*
4) *Anthroposohische Leitsätze. Der Erkenntnisweg der Anthroposophie - Das Michael-Mysterium. GA 26, S.157-166 (Weihnachtsbetrachtung: Das Logos-Mysterium). Dornach 1989. Auch Köln, 27.April 1905 (noch nicht publiziert).*

Wo
zwei oder drei
in meinem Namen
versammelt sind,
da bin JCh
mitten unter ihnen.

Fortsetzung in Form und Inhalt … !

« … Als wir nach der Delegiertentagung (1923) die Arbeitsgruppe der Freien Gesellschaft aufbauten und gleichzeitig die Christengemeinschaft ihre Arbeit begann, kam es in unserem Mitarbeiterkreis zu einem Gespräch über unsere Aufgaben und unsere Arbeitsweise. Von einigen wurde festgestellt, dass die Christengemeinschaft es mit ihrer Arbeit leichter habe, da sie eine Kultus besitze, wir dagegen nur die Möglichkeit hätten, durch das Wort zu wirken. Man fragte sich, ob es wohl denkbar sei, dass für die Gesellschaft auch einmal ein Kultisches gegeben werden könnte. Die Meinungen waren geteilt. Ich wandte mich darauf mit dieser Frage an Dr. Steiner selbst. Er erklärte, dass dies wohl denkbar sei. So habe es vor dem Kreige ja auch die Esoterische Schule gegeben. In der Zukunft werde das (was damals noch in Anlehnung an die Theosophische Gesellschaft entstanden war) in anderer Gestalt gegeben werden. Es käme auch nicht die Form der Christengemeinschaft in Frage. Er charakterisierte darauf, wie auch später in Dornach (30.12.1922), die andersartigen Grundlagen von Anthroposophie und Christengemeinschaft.

Eine kultische Arbeit in der anthroposophischen Bewegung muss aus dem selben geistigen Strom hervorgehen wie die Schulhandlungen, gewissermaßen eine *Fortsetzung* dessen, was in Form und Inhalt in der *Opferfeier* gegeben war… »

René Maikowski

in einem Brief an Gotthard Starke vom 29.8.1983 (Auszug), s.a. GA 269, S.133.

Die «direkte» Kommunion

Brot und Wein ?

Als am Anfang des 20. Jahrhunderts Rudolf Steiner den «freien christlichen» Impuls zu vermitteln hatte, war Maria Lehrs-Röschl im Kreis der Empfangenden.

In ihrem Beitrag - hier auf Seite 266 bis 269 - geht sie auch auf den kultushistorisch fortgeschrittenen Charakter der Opferfeier ein, die nun nicht mehr auf den "Umweg" der Substanzen Brot und Wein zurückgreifen muss, allerdings: «Es wäre unrichtig zu meinen, in der Opferfeier gäbe es keine Substanzen. Sie sind da in Gestalt des Leibes und des Blutes des Menschen..» [GA 269]

Dass dies nicht nur möglich sondern anzustreben ist, darauf hat Rudolf Steiner schon früh hingewiesen: «Und diejenigen Menschen, welche im Stande sind, den richtigen Sinn dieser Worte des Christus zu fassen, die machen sich Gedankenbilder, die anziehen in dem Brot und in dem Rebensaft den Leib und das Blut Christi, = die anziehen den Christus-Geist darinnen. Und sie vereinigen sich mit dem Christus-Geist. *So* wird aus dem *Symbolum* des Abendmahls eine Wirklichkeit. .. Und so wird für alle diejenigen, welche das äußere Symbolum brauchen, um einen geistigen Actus zu vollziehen, nämlich die Vereinigung mit dem Christus, das Abendmahl der Weg sein - der Weg bis dahin, wo ihre innere Kraft so stark ist, wo sie so erfüllt sind von dem Christus, dass sie ohne die äußere physische Vermittlung sich mit dem Christus vereinigen können. Die Vorschule für die mystische Vereinigung mit dem Christus ist das Abendmahl - die Vorschule. So müssen wir diese Dinge verstehen. Und ebenso wie alles sich entwickelt vom Physischen zum

Geistigen hinauf unter dem christlichen Einfluss, so müssen sich zuerst unter dem christlichen. Einfluss heran entwickeln die Dinge, die zuerst da waren als eine Brücke: Vom Physischen zum Geistigen muss sich das Abendmahl entwickeln, um hinzuführen zur *wirklichen* Vereinigung mit dem Christus.» [Steiner, GA 131]

«Aber dann werden sich auch die Zeremonien ändern, und was früher durch die Attribute von Brot und Wein geschehen ist, das wird in Zukunft durch ein geistiges Abendmahl geschehen.»

Schon allein diese Stellen «machen klar, wo die Opferfeier auf der Linie historischer Entwicklung einzureihen ist: nicht vor, sondern nach der Messe mit Brot und Wein. Sie ist also nicht - weil sie scheinbar keine Substanzwandlung bringt - eine Vorstufe, eine Vorbereitung auf eine Messe mit Brot und Wein.» [Maria Lehrs-Röschl]

Das bestätigte Rudolf Steiner auch dem Gründer der «Christengemeinschaft»:

Friedrich Rittelmeyer: Ist es nicht auch möglich, Leib und Blut Christi zu empfangen ohne Brot und Wein, nur in der Meditation?

Rudolf Steiner: Das ist möglich. Vom Rücken der Zunge an ist es dasselbe. [GA 265]

Wie sieht dies in der Opferfeier praktisch aus?

Die Wandlung und Kommunion in der traditionellen, "indirekten" Messe (wie auch in der Menschenweihehandlung der "Christengemeinschaft") findet folgend statt: 1. Brot und Wein werden durch den Priester - und nur durch ihn! - gewandelt, dann nimmt der Kommunikant diese zu sich und diese gewandelten Substanzen wandeln nun 2. in ihm seinen Leib, sein Blut.

Im "direkten" Kultus (wie in der Opferfeier) wird während des Kommunionempfanges (der Berührung der Stirn) *direkt* Leib und Blut des Kommunikanten gewandelt. Es ist nicht mehr der "Umweg" über die Substanzen nötig, die Wandlung und der Kommunionsakt braucht nicht mehr einen "geweihten" Amts-Priester; hier ist *jeder* "Priester" («"Laien"-Priester») und Bruder zugleich.

Es soll nun hier in keiner Weise die eine oder andere Form für die "zeitgemäße" und einzig richtige deklariert werden! Ein jeder muss seinen ganz speziellen Weg und Schicksalsstrom herausfinden.

Denn auch die Opferfeier ist noch "Zwischenstation", auf dem langen Weg unserer Erdenleben, bis wir letztlich mit IHM wieder eins werden.

Auch wenn das noch lange dauert, können wir die Möglichkeiten und Not-wendigkeiten der Gegenwart aufgreifen, ist unser Erdenweg Übungsweg dahin.

Auch dazu wurde uns die Anthroposophie gegeben.

Suchen wir einen «spezifisch anthroposophischen» Kultus (und das ist ein freier, individueller, überkonfessioneller und zukunftsgemäßer) finden wir mit der Opferfeier *ein* Werkzeug; das jedoch nicht festgeschrieben, dogmatisch verstanden und gehandhabt werden darf, sondern das - immer - auf seine lebendige «Fortsetzung in Inhalt und Form» wartet...

VDL

Der Text der
OPFERFEIER

Die Opferfeier ist das zentrale Sakramente im «freien christlichen» Impuls. Sie kommt aus der Tradition der Messe, geht aber über sie hinaus; das ist hier geschildert.

Wie können Sie nun aber einen Eindruck von dieser neuen Form erhalten, eine wesentliche Begegnung finden? :
Natürlich indem Sie eine Opferfeier besuchen, an ihr teilnehmen. Geistreale «Handlung» wird sie im Vollzug.

Das ist leider nicht mehr oft und überall möglich: in den Waldorfschulen wird sie immer weniger und vor allem meist im geschlossenen Schul-Rahmen vollzogen; da sie dort - berechtigt - für die Schüler konzipiert und vorgesehen ist (auch wenn heute fast nur Erwachsene kommen).

So bleibt zunächst die schriftliche Annäherung.
Hierzu können Sie das Kultus-Buch «Die Sakramente...» hinzuziehen. Dieses ist jedoch sehr umfangreich und enthält *alle* sieben Sakramente, eine Vielzahl von weiteren Texten, Hin- und Nachweisen, etc. auf über 400 Seiten...

Lediglich zur pressanten Über- und Einsicht sei deshalb hier der Text der Opferfeier angefügt.
Wenn Sie wirklich mit diesem Text arbeiten wollen, empfehle ich Ihnen jedoch dringend das Kultus-Handbuch (s.S.352), dort finden Sie auch notwendige weitere Hinweise und Anregungen zur Opferfeier und eine praktische Bearbeitung (in großer Schrift), in einer angemessenen und würdigen Verarbeitung und Ausstattung!

So hoffe ich, dass diese Texte auch hier bei Ihnen in guten Händen sind... ansonsten schützen sie sich, indem sie einfach unverständlich - "Rauch und Schall" - bleiben...

DAS SAKRAMENT DER OPFERFEIER

ARBEITSMATERIAL ZUR KULTUS-FRAGE

Der folgende Text ist komprimiert: anstelle von | ist im Original ein Zeilenumbruch.
Der kursive Text = die Handlungsanweisungen sind nicht von Rudolf Steiner formuliert,
sondern aus der Praxis entnommen.
Es stehen drei Handelnde am Altar (oder im Kreis, es gibt verschiedene Möglichkeiten);
hier die traditionelle Form (in den Waldorfschulen, also für Schüler) mit Altar und
frontal ausgerichtet.

Wenn der links Handelnde spricht ist der Text folgend linksbündig ausgerichtet,
beim rechts Handelnden rechtsbündig und zentriert, wenn der in der Mitte handelt.

(Die Kerzen sind durch den links Handelnden entzündet.
Die Handelnden stehen vor Einlass der Feiergemeinschaft am Opfertisch, Gesicht nach diesem gerichtet.
Nach dem Einlass öffnen alle ihre Bücher).

EVANGELIUM

(Es spricht der in der Mitte Handelnde zum Opfertisch hin:)

Christi Taten auf Golgatha | Stehen vor unseren Seelen. | Die Weihe-
Stimmung unserer Seelen | Offenbaret uns Christi Taten auf Erden. |
Die Verehrung unserer Seelen | Betet zu Christi Menschheitsopfer. |
Die Andacht unserer Seelen | Führe in diesen Opferraum |
Das Erleben von Christi Menschheitsopfer. |

Der Vatergott sei in uns, | Der Sohnesgott schaffe in uns, |
Der Geistgott erleuchte uns.

(Der in der Mitte Handelnde wendet sich zur Feiergemeinschaft um und spricht:)

Christus in euch.

(Der rechts Handelnde erwidert in Richtung Opfertisch:)

Und deinen Geist erfülle Er.

(Der in der Mitte Handelnde wendet sich wieder zum Opfertisch um.)

(Nun spricht der rechts Handelnde in Richtung Opfertisch:)

Zu dem Vatergotte wenden | Wir unseren Geist. | Er webt im
Weltengrunde, | Er lebt in unserer Menschheit. | Wir sind alles, |
Was wir sind | In Seinem Sein, | Durch Seine Kraft. |

Zu dem Sohnesgotte wenden | Wir unsere Seele. | Er waltet als ewiges
Wort | In Weltensein und Menschenwesen. | Wir finden Trost |
Für unsere Schwachheit | In Seiner Stärke, | In Seiner Opfertat. |

Zu dem Geistgotte wenden | Wir unseren Willen. | Er leuchte
in unseren Entschlüssen, | Er walte in unseren Taten. | Wir finden Stärke |
In unserer Finsternis | Durch Sein Licht | Und Seelenkraft durch Ihn |
Als Geistessonne.

(Zum Opfertisch gewandt spricht der links Handelnde:)

Mein Herz trage in sich | Das Bewusstsein Deines Lebens, | O Christus; |
Meinen Lippen entströme | Dein reines Wort, | O Christus. |
Deine Gnade würdige | Mich, zu sprechen Dein Wort, | O Christus.

*(Alle drei Handelnden wenden sich zur Feiergemeinschaft. Kleine Pause,
dann spricht der links Handelnde zur Feiergemeinschaft hin:)*

Es wird nun verkündet das Evangelium nach:

(siehe Perikopen-Buch)

(Zur VERLESUNG DES EVANGELIUMS durch den links Handelnden stehen alle auf.)
(Nach dem Evangelium wenden sich alle drei Handelnden zum Opfertisch zurück.)

(Der in der Mitte Handelnde spricht:)

Wir erheben unsre Seele | Zu Dir, O Christus. | Dein Evangelium |
Als reines Wort, | Tilget aus unsern Worten, | Was unrein in ihnen ist.

*(Nur zu Pfingsten wenden sich alle Drei wieder zur Feiergemeinschaft um zur Verlesung des Pfingst-
Hymnus «Veni creator spiritus» in der Übersetzung Goethes durch den in der Mitte Handelnden und
wenden sich danach wieder zurück. Text siehe: Pfingsthandlung der Kinder-Sonntagshandlung)*
*(Dann bzw. während des restlichen Jahres wendet sich nach obigen Worten der in der Mitte und der
rechts Handelnde zur Feiergemeinschaft um.
Der in der Mitte Handelnde spricht mit Segensgebärde:)*

Christus in euch.

(Der rechts Handelnde antwortet zur Feiergemeinschaft:)

Und deinen Geist erfülle Er.

(Beide wenden sich wieder zum Opfertisch um.)

(Größere Pause)

OPFERUNG

(Der rechts Handelnde spricht zum Opfertisch hin:)

Dir, ewiger Weltengrund, | Webend in Raumesweiten |
Und in Zeitenfernen, | Opfern die heiligsten Gefühle |
Deiner Menschensprossen | Hingegebene Herzen. |
Du schauest in die Schwächen | Dieser Herzen; | So ströme zu Dir auch |
Die Sehnsucht dieser Herzen.

(Der links Handelnde spricht, zum Opfertisch hin:)

Ja, so sei es.

(Der in der Mitte Handelnde spricht, sehr langsam, zum Opfertisch hin:)

All unser Menschensein | Denke hin zu Christi Tat. |
Unser Leib sehnet sich | Nach Christi Kraft, |
Unser Blut sehnet sich | Nach Christi Licht.

(Mit erhobenen Armen und Blick zum Bild, frei gesprochen:)

In Deinen Sonnenhöhen | O Christus, schaue | Auf das Opfer |
Unseres Menschenseins; | Unseres beseelten Leibes, |
Unseres durchgeisteten Blutes. | Sie seien in Dir, | Du seiest in ihnen.

Aus des Menschen Seelenopfer, | Aus des Menschen Geistesopfer, | Werde das wesenschaffende Liebefeuer, | Das walte von Mensch zu Gott, | Das walte von Mensch zu Mensch.

(Der links Handelnde spricht, zum Opfertisch hin:)

Ja, so sei es.

(Der in der Mitte und der rechts Handelnde wenden sich zur Feiergemeinschaft um, der in der Mitte spricht mit Segensgebärde:)

Christus in euch.

(Der rechts Handelnde antwortet zur Feiergemeinschaft:)

Und deinen Geist erfülle Er.

(Beide wenden sich zum Opfertisch zurück.)

(Größere Pause)

WANDLUNG

(Der links Handelnde spricht, zum Opfertisch hin:)

Unser Denken leuchte | Dir entgegen, | Unser Fühlen sehne / Sich nach Dir, | Unser Wollen krafte | Nach Dir, | Göttlicher Weltengrund.

(Der rechts Handelnde spricht, zum Opfertisch hin:)

Unser Schicksal walte | Mit Dir, | Unser Leben fließe | In Dir, | Unser Sehnen trachte | Nach Dir, | Christus, Du Walter für uns.

(Der in der Mitte Handelnde spricht, zum Opfertisch hin:)

Er hat sich geeint, | Bevor Er hinging | Zum Menschentode, | Mit den Seinen. |

Er weihte Seinen Leib | - Den Träger Seiner Seele - | Dem göttlichen Weltengrund. | Er weihte Sein Blut | - Den Träger Seines Geistes - | Dem Lichte des Weltengrundes. | Und so gab Er sich hin | Den Seinen. |

So lasset in Geistes-Wandelung | Unseren Leib | - Unserer Seele Träger -, | Unser Blut | - Unseres Geistes Träger - | Werden Seinen Leib, | Werden Sein Blut. |

Er sprach: | Nehmet hin; | Seine Gnade lasse uns sprechen: | Nimm hin. |

Wir möchten | Dir geben: | Das Opfer, | Im Lichte | Deines Opfers, | Suchend unser Sein | In Deinem Sein. |

Christus walte | Heil-tragend | In unserer Seele, | Kraft spendend | In unserem Geiste.

(Der rechts Handelnde spricht zum Opfertisch hin:)

Christus ist in uns. | Sein Licht leuchtet, | Seine Gnade waltet, | Seine Kraft webet allhier.

(Der links Handelnde spricht, zum Opfertisch hin:)

Der Geist-Gott | Walte über unser Denken, | Webe in unserem Fühlen, | Wirke aus unserem Wollen.

(Alle Handelnden wenden sich zur Feiergemeinschaft um.
Der in der Mitte Handelnde spricht mit Segensgebärde:)

Christus in euch.

(Der rechts Handelnde antwortet zur Feiergemeinschaft:)

Und deinen Geist erfülle Er.

(Der links Handelnde spricht:)

Ja, so sei es.

(Alle Handelnden wenden sich wieder zum Opfertisch.)

(Größere Pause)

KOMMUNION

(Der links Handelnde spricht, zum Opfertisch hin:)

O Christus, Du hast | In unerschöpflicher Güte, | In unermesslicher Liebe, | In grenzenloser Gnade, | Den Frieden gegeben | Den Deinigen.

(Der rechts Handelnde spricht, zum Opfertisch hin:)

So mache unseren Geist | Hell von Licht erfüllt, | So mache unser Wort | Rein von Gedanken erfüllt, | So mache unser Herz | Lauter und sündenrein.

(Der in der Mitte Handelnde spricht langsam, zum Opfertisch hin:)

Christus in uns. |
Sein heller, lichterfüllter Geist | In unsrem Geiste, |
Seine reinen, seelewarmen Gedanken | In unsrer Seele, |
Sein lautres, sündenreines Herz | In unsrem Herzen. |

Christus, wir empfangen Dich: |
Zur Gesundung unsres Leibes, | Zur Gesundung unsrer Seele, |
Zur Gesundung unsres Geistes.

(Der links Handelnde spricht, zum Opfertisch hin:)

Ja, so sei es.

(Alle drei Handlungshaltende wenden sich zur Feiergemeinschaft um.
Zur Kommunion stehen die dazu bereiten Teilnehmer auf, bzw. sitzen in der ersten Reihe.)

(Der rechts Handelnde geht zu ihnen,
berührt mit folgenden Worten deren Stirn mit Zeige- und Mittelfinger:)

Christi Geist lebe in dir.

(Der/die Empfangende antwortet:)

Ich darf empfangen Christi Geist.

(Der rechts Handelnde geht wieder auf seinen Platz, mit Blick zum Opfertisch,
gleichzeitig wenden sich die beiden anderen Handlungshaltenden mit ihm zurück.)

(Größere Pause)

S C H L U S S

(Alle Handelnden wenden sich zur Feiergemeinschaft um.
Der in der Mitte Handelnde spricht mit Segensgebärde:)

Christus in euch.

(Der rechts Handelnde antwortet:)

Und deinen Geist erfülle Er.

(Der links Handelnde spricht:)

Nehmet hin dies, | Als die opfernde Tat | Der Menschenseele.

(Der rechts Handelnde spricht:)

Ja, so sei es.

(Die Handelnden wenden sich wieder zum Opfertisch hin.Die Handlungsbücher werden geschlossen.
Musik möglich.
Die Feiergemeinschaft verlässt den Raum.
Danach werden die Kerzen vom links Handelnden gelöscht.
Die Handelnden verlassen ihre Plätze am Opfertisch.)

BITTE VERTIEFEN SIE DEN TEXT IM KULTUS-HANDBUCH !! (s.S. 352)

Original Rudolf Steiner (ohne Gewähr),
1923 den freien christlichen Religionslehrern der Freien Waldorfschule in Stuttgart gegeben.

Handlungsanweisungen gemäß Rudolf Steiners (im Original sind keine vollständigen Anweisungen gegeben)
und der gegenwärtigen Praxis insbesondere in den Freien Waldorfschulen.

Angaben und Beiträge zur Opferfeier siehe auch in: «Hinweise zu den Handlungen des freien christlichen
Religionsunterrichts und zur Raumgestaltung», Ausarbeitung: Helmut von Kügelgen, Januar 1993.
Zu beziehen bei der Pädagogischen Sektion, Goetheanum, Dornach, bzw. als private Kopie ggf. beim FKFK.

Siehe Text u.a. auch: GA 269 (1997), S.63-79, handschriftliches Original (Faksimile).

Andere Formen - von der FCAG skizziert -, wie z.B. die KREIS-Form,
oder wie z.B. ein Einschub für eine Gründonnerstagshandlung (mit Brot und Wein)
und weitere Details und Hinweise - wie z.B. die Angaben der Drehungen am Altar, der
Kleidung, der Raumausstattung - im Kultus-Handbuch !

284

«Diese Handlung kann *überall* gehalten werden,
wo Menschen sind, die sie wünschen!»
Rudolf Steiner, GA 265, S.38-39

Die OPFERFEIER ist der Strom, «von dem ein anthroposophischer Kultus
ausgehen», in den er sich stellen kann.
Rudolf Steiner zu René Maikowski, GA 269, S.133

«Die verschiedenen Angaben Steiners zusammengeschaut, machen klar,
wo die Opferfeier auf der Linie historischer Entwicklung einzureihen ist:
nicht vor, sondern *nach* der Messe mit Brot und Wein.»
Maria Lehrs-Röschl, GA 269, S.128

Gemeinschaft bauen

ARBEITSMATERIAL ZUR KULTUS-FRAGE

Schale ERbilden
Der Schulungsweg als Voraussetzung

Stehe ich meinem Christenbruder auch sakramental bei, stellt sich nicht nur die Frage nach der Berechtigung, sondern auch nach der Befähigung.

Natürlich bedeutet "frei" nicht Dilettantismus, Narrenfreiheit oder gar Missbrauch. Kultus braucht Ernst, Demut, Treue, Kompetenz und Schutz.

Dieser Werdeprozess, dieses Niveau des Christ-, des Priester-Seins, kommt natürlich (auch "per Weihe") nicht automatisch, das ist ein oft langer Weg; ja, es ist letztlich der Weg vom (wenn auch in früheren Leben) Geweihten zum Eingeweihten.

Anthroposophischer Kultus geht tiefer und fordert daher weit mehr als traditionell üblich, soll ER auch in seinem esoterischen Wesen erfasst werden; auch wenn für eine wirksame Kultushandlung ausdrücklich nicht der Eingeweihte, bzw. "Heilige", sondern das ehrliche, selbstlose Bemühen IHM eine Wirkensstätte zu geben, gefordert ist. Denn es ist immer auch eine Gnaden-Wirkung, aus der Liebes-*Tat* geboren in die ER sich ergießen kann ...

Auf diesem Weg des Strebenden gab es seit alten Zeiten ein Hilfsmittel: das Brevier.

Der anthroposophische Schulungsweg ist kein dogmatischer und kennt keine einheitliche Unterweisung, er muss jeweils ganz individuell erlauscht, gefunden, erstellt und erarbeitet werden.

In diesem Sinne finden sich verschiedenste Angaben, Sprüche, Meditationen, die Rudolf Steiner auf Anfragen gab.

Diese Schulungs-Grundlage ist sicherlich gefordert, behandelt werden kann sie aber *hier* wegen ihres Umfanges nicht.

Sie finden den anthroposophischen Schulungsweg von Rudolf Steiner u.a.(!) in «Wie erlangt man Erkenntnisse der höheren Welten?» (GA 10) geschildert.
Vielfältige Literatur dazu führen die Verlage Freies Geistesleben, Stuttgart und der Rudolf Steiner-Verlag, Dornach; siehe Kapt. «Literatur» S.343 .

Texte Rudolf Steiners für *ein* anthroposophisches Brevier - u.a. mit den Tages-, Wochen-, Monatssprüchen und den Episteln - finden sich im Buch «Ein Brevier» ^(siehe S. 349) !

Da wurden ihre Augen aufgetan,
und sie erkannten Ihn.

Lk. 24,31

Die Kraft die das Ich geschöpft hat, kann es dann fruchtbar weiterschenken, dem fragenden Bruder und der Gemeinschaft und damit IHN im JCh sichtbar machen.
So ist der individuelle Schulungsweg Voraussetzung um kultisch arbeiten zu können, denn ER soll ja uns als selbstloses Werkzeug nutzen können, möglichst unbehindert von unserem Unvermögen, unseren Schatten...

Doch will ich euch
den Weg weisen,
der höher
als alle anderen ist:
Wenn ich mit Menschen-
und mit Engelzungen redete:
bin ich aber ohne Liebe,
so bleibt mein Sprechen
wie tönend Erz
und eine klingende Schelle.
Und wenn ich die Gabe
der Prophetie besäße
und wüsste alle Mysterien
und alle Erkenntnisse
und hätte dazu die Kraft
des bergeversetzenden Glaubens:
wenn ich ohne Liebe bin,
so bin ich nichts.
Und wenn ich alles,
was mein ist herschenkte
und schließlich sogar
meinen Leib hingäbe
zum Verbrennen:
bin ich aber ohne die Liebe,
so ist alles umsonst.

Die Liebe
macht die Seele groß.
Die Liebe erfüllt die Seele
mit wohl tuender Güte.
Die Liebe kennt keinen Neid,
sie kennt keine Prahlerei,
sie lässt keine Unechtheit aufkommen,
die Liebe verletzt nicht,
was wohlanständig ist,
sie treibt die Selbstsucht aus,
sie lässt nicht die Besinnung verlieren,
sie trägt niemandem Böses nach,
sie freut sich nicht
über Unrecht,
sie freut sich nur mit der Wahrheit.
Die Liebe erträgt alles,
sie ist stets zu gläubigem Vertrauen bereit,
sie darf auf alles hoffen
und bringt jede Geduld auf.
Die Liebe
sei euer Weg und euer Ziel.

Brief des Paulus an die Korinther,
Kap. 13,1-7 / 14,1, in der Übersetzung von Emil Bock

CHRISTEN - GEMEINSCHAFT !

Heilsam ist nur, wenn im Spiegel der Menschenseele sich bildet die ganze Gemeinschaft; und in der Gemeinschaft lebet der Einzelseele Kraft.

Rudolf Steiner, 1920, Motto einer neuen Sozialethik

Wir beginnen das erste Verständnis für die geistige Welt erst zu entwickeln, wenn wir am Seelisch-Geistigen des anderen Menschen erwachen. Dann beginnt erst das wirkliche Verständnis für Anthroposophie. Ja, es obliegt uns, auszugehen von jenem Zustande für das wirkliche Verständnis der Anthroposophie, den man nennen kann: Erwachen des Menschen an dem Geistig-Seelischen des anderen Menschen.

Rudolf Steiner, GA 257/6, S.116

Der Mensch kann seine Erkenntnis als Einzelner pflegen, wenn er sie erst durch die Gemeinschaft erhalten hat. Aber jenes unmittelbare, nicht so sehr denkerische als empfindungsgemäße Erleben der geistigen Welt, das als Religiöses bezeichnet werden kann, das Erleben der geistigen Welt als einer göttlichen, das kann nur sich ausleben im Gemeinschaftsbilden. Und so, sagte ich, muss eine Gesundung des religiösen Lebens durch eine gesunde Gemeinschaftsbildung entstehen.

Rudolf Steiner, GA 257/9, S.167

So muss seelische Harmonie sich entwickeln, die durch die Sache selbst gefordert wird: wenn jeder Mensch für sich handelt, so entstehen Disharmonien. Wenn auf unserem Gebiet die einzelnen Menschen, die aus diesem oder jenem heraus wirken, nicht zusammengehen, sich nicht zusammenfinden, so entsteht gar nicht Anthroposophie innerhalb der Menschheit. Anthroposophie erfordert als Sache wirklich menschliche Brüderlichkeit bis in die tiefsten Tiefen der Seele hinein. Sonst kann man sagen: ein Gebot ist die Brüderlichkeit. Bei Anthroposophie muss man sagen: sie wächst nur auf dem Boden der Brüderlichkeit; sie kann gar nicht anders erwachsen als in der Brüderlichkeit, die aus der Sache kommt, wo der Einzelne dem anderen das gibt, was er hat und was er kann.

Rudolf Steiner, 11.6.1922.

Unser Zeitalter ist daran, die Magie der Gemeinschaft zu entdecken... Und es ist in der Tat jede wirkliche Gemeinschaftsbildung eine Art Geisterbeschwörung, weil dadurch eine Kraft entsteht, die größer ist als die Summe der Kräfte, die die Einzelnen besitzen ...

Das Christus-Wort: 'Wo zwei oder drei versammelt sind in meinem Namen, da bin ich mitten unter ihnen' erleuchtet und erfüllt, gerade wenn man es im Blick auf die 'Wiederkunft Christi' versteht, eine wichtigste Gegenwartstendenz.

Dieses Wort enthüllt ja die höhere Vollmacht der Gemeinschaft gegenüber den Möglichkeiten, die der Einzelne besitzt. Dabei dringt es allerdings, indem es die niedrigen Zahlen 'zwei oder drei' nennt, mit stiller Energie auf die Echtheit und Substanz, die nie durch die großen Zahlen propagandistischer Statistik zu ersetzen ist.

Emil Bock, «Michaelisches Zeitalter»

' Wo zwei oder drei in meinem Namen vereinigt sind, da bin ich mitten unter ihnen.' Es ist nicht der eine und der andere und der Dritte, sondern etwas ganz Neues, was durch die Vereinigung entsteht. ... So sind die menschlichen Vereinigungen die geheimnisvollen Stätten, in welche sich höhere geistige Wesenheiten herniedersenken, um durch die einzelnen Menschen zu wirken, wie die Seele durch die Glieder des Körpers wirkt. ... und ich wiederhole noch einmal, es ist das nicht bloß bildlich gesprochen, sondern als volle Wirklichkeit zu nehmen. Zauberer sind die Menschen, die in der Bruderschaft zusammen wirken, weil sie höhere Wesen in ihren Kreis ziehen. ... Höhere Wesen manifestieren sich da.

Geben wir uns in der Bruderschaft auf, so ist dieses Aufgeben, dieses Aufgehen in der Gesamtheit eine Stählung, eine Kräftigung unserer Organe. ... Das ist das Geheimnis des Fortschritts der zukünftigen Menschheit, aus Gemeinschaften heraus zu wirken.

Rudolf Steiner, 23.11.1905.

Dadurch, dass die Menschen freiwillig ihre Gefühle zusammenstrahlen lassen, wird wiederum etwas über den bloß emanzipierten Menschen hinaus gebildet. Der emanzipierte Mensch hat seine individuelle Seele. ... Aber dadurch, dass die Menschen sich in freiwilligen Zusammenhängen zusammenfinden, gruppieren sie sich um Mittelpunkte herum. Die Gefühle, die so zu einem Mittelpunkt zusammenströmen, geben nun wiederum Wesenheiten Veranlassung, wie eine Art von Gruppenseele zu wirken.

Alle früheren Gruppenseelen waren Wesenheiten, die den Menschen unfrei machten. Diese neuen Wesenheiten aber sind vereinbar mit der völligen Freiheit und Individualität der Menschen. Ja, wir dürfen sagen, sie fristen in einer gewissen Beziehung ihr Dasein von der menschlichen Einigkeit; und es wird in den Seelen der Menschen selbst liegen, ob sie möglichst vielen solcher höheren

Seelen Gelegenheit geben, herunterzusteigen zu den Menschen, oder ob sie es nicht tun.

Rudolf Steiner, 1.6.1908, Berlin

Wahre Gemeinschaftsbildung ist ein Mittel zur Herbeirufung helfender göttlicher Kräfte, sie ist schließlich ein Mittel zur Verwirklichung des neuen Kommens Christi selbst.

Emil Bock, «Michaelisches Zeitalter»

Einen neuen Auftrag gebe ich euch: Liebet einander!
Wie ich euch geliebt habe, so sollt ihr einander lieben.
Daran sollen euch alle als meine Jünger erkennen,
dass ihr euch untereinander liebet.

Aus dem Evangelium des Johannes, 14, 34+35

Gott ist die Liebe,
und wer in der Liebe ist,
der ist in Gott
und Gott in ihm.

Aus dem 1. Brief des Johannes, 4,16

Christen-Gemeinschaft ist Liebe-Gemeinschaft! :
An ihren Taten und Früchten werdet ihr sie erkennen...

Es ist jetzt unsere Aufgabe, eine christliche Infrastruktur zu gründen ...

Aus einem Interview von Ramon Brüll *mit*
Bernard Lievegoed *in der Zeitschrift «INFO-3», 11/90*

Lievegoed: ... Und jetzt haben wir erneut eine Chance. Und ich meine, lasst uns bloß alle mitwirken, damit diese Chance nicht erneut vom Tisch gefegt wird. ... Der Zeitgeist Michael bediente sich eines einzelnen Menschen. Heute kann das so nicht mehr stattfinden. Wenn wir aber mit Überschusskräften und Begeisterung im Leben stehen, kann Michael durch diesen Überschuss, durch dieses Mehr wirksam werden.

Wir müssen selbst den Anfang machen. Michael wartet ab. Sobald man aber Mut fasst und etwas anfängt, dann hilft er.

Brüll: Der Anfang, die Tat, muss natürlich schon im richtigen Moment sein.

Lievegoed: Genau das ist ein wichtiger Punkt. Manche Menschen warten nur auf den Anlass, und wollen dann gleich alles und sofort. Auch Anthroposophen. Das kommt, weil sie zu wenig in Entwicklungen denken. ...

Aber der Weg dorthin? Dann kommt die Entwicklung, welche mit der Hoffnung endet: **«Dass gut werde, was wir aus Herzen gründen». Das Gute ist gemeint, nicht das Richtige.** Die Wahrheit, das Richtige zu finden, das ist die Aufgabe der Verstandesseele. Sie hatte zur Aufgabe, richtige Antworten zu finden.

Die Bewusstseinsseele jedoch hat zur Aufgabe, das Gute zu tun. ...

Angewandte Anthroposophie, "die richtige Methode", das ist sektiererisch. Nein, da muss man sich noch zu einer zweiten Phase durchringen, einer Phase, in der man tiefer eindringen kann, die esoterische Phase, wo Begriffe Wesen werden, die selber handeln. Dieses letzte Handeln nennt Rudolf Steiner die dritte Phase oder die moralische Phase, wo man im Einklang mit dem Zeitgeist handelt. Diese moralische Handlung ist unser höchstes Ideal, das Gute zu tun. ...

Wenn man sozial sein will, muss man also auch den Mut haben, dem Widerstand der Wirklichkeit zu begegnen. ...

... Auch hier war es die Lichtaura der christlichen Eingeweihten, die die Dämonen in die Flucht trieb. Nun rechne ich mir aus, die nächste Runde wird 1950 bis 2050 sein. ...

Und ich füge selber hinzu: das wird davon abhängen, ob Europa genügend christliches Licht ausstrahlt. Die ersten Symptome sind bereits da. ...

Das Entscheidende wird die geistige Situation in Europa sein!

Unsere Aufgabe ist es daher, hier eine christliche Infrastruktur aufzubauen. ..

Wenn uns das gelingt, dann werden die Dämonen nicht hierher wollen, oder wenn sie dann doch kommen, dann werden sie zurückgeschreckt. Es ist unsere Aufgabe als Anthroposophen, diese christliche Infrastruktur zu bilden, damit die Atmosphäre mit einem christlichen Licht durchstrahlt wird.

Dieses können wir nicht sehen, aber es schreckt die Dämonen ab. Kanonen werden sie nicht aufhalten können, wohl aber eine christliche Infrastruktur. ..

Meine Bestrebung gilt seit den 50er-Jahren, diese Infrastruktur aufzubauen. Denken Sie aber bloß nicht, dass damit nur Kirchen und Schulen gemeint sind. Nein, das kann auch eine Fabrik sein, in der vielleicht drei oder vier Menschen tätig sind, die etwas verstanden haben von dem, was Anthroposophie will. ...

Rudolf Steiner hat, wenn er über die Zukunft sprach, immer über *mögliche* Entwicklungen gesprochen. Es liegt in der Freiheit des Menschen, das Eine oder das Andere heraufzurufen. Ich wiederhole:

Es ist jetzt unsere Aufgabe in Europa, eine christliche Infrastruktur zu gründen: überall kleine und größere Einrichtungen zu schaffen, wo intensiv geistig geübt und gearbeitet wird.

Dann haben wir die Grundlage geschaffen für unsere Zukunft in dem großen Geisteskampf, worin wir stehen. ...

Das ist meine große Sorge, ob das gelingen wird. ...

Was heißt das alles *konkret* ?

Lässt sich das überhaupt und wie praktisch umsetzen?

Es wurde zumindestens versucht: Dr.Karl Königs Ur-
impulse seiner heilpädagogischen Bewegung «Camphill» ist
ein und vor allem anthroposophisch begründeter Weg zu
einer spirituellen und praktisch gelebten Gemeinschaft
freier Christen.

Weil es hier um eine Christen-Gemeinschaft geht, die
eben nicht mit einer kultische Handlung alleine und isoliert
im sozialen Leben steht, soll folgend doch auch noch ein
Blick - beispielshaft - auf Trage-Schalen für ein erneuertes
und erweitertes, sakramentalisiertes Leben, auf Wege
christlicher Lebensformen geworfen werden, die den
freien christlichen Impuls verinnerlichten.

(Siehe ausführlicher: Arbeitsmaterial Zur Kultus-Frage, «Gemeinschaft bauen»).

Gemeinschaft bauen

Karl Königs [208] Sozial-Impuls

Und die soziale Tätigkeit
wird eine Opferweihehandlung,
sie setzt das fort,
was die alte Kultushandlung war.

Rudolf Steiner, 18.11.22, GA 218

«Wir haben den anthroposophischen Sozial-Impuls als den christlichen Impuls für unsere Zeit kennen gelernt. Wer nicht an den Menschen in jedem Menschen glaubt, der glaubt heute in Wahrheit nicht an den Christus.»
(Sigmund von Gleich 209)

« ... Dreigliederung ... Dieser Impuls ist, wie sich bereits an verschiedenen Stellen zeigte, ein manichäischer ... den man nur gehen kann, wenn einem die Frage ' Was fehlt dir, Bruder? ' im Herzen brennt ... ... dass das Soziale die Fortsetzung der Verchristlichung der Erde ist, die mit dem Mysterium von Golgatha ihren Anfang genommen hat; dass das Christus-Prinzip nur im Sozialen walten kann und darum die Erlösung der Erde von unserem sozialen Wirken abhängt ... » *(Steiner / Brüll 210/ 211)*

«In den Gesprächen mit Alfred Heidenreich ... stand noch die Gestalt eines Ordens vor Königs Seele: die weltliche,

---

208 Dr.med. Karl König ist der Begründer der anthroposophisch-heilpädagogischen Bewegung «Camphill», siehe Arbeitsmaterial Zur Kultus-Frage, «Gemeinschaft bauen», siehe hier Kap. «Literatur», siehe auch: www.Camphill.de
209 Sigmund von Gleich, «Die Inspirationsquellen der Anthroposophie», Zeist, 1953.
210 Siehe auch Rudolf Steiner, GA 139/S.175 + GA 129/S.220.
211 Dieter Brüll, «Der anthroposophische Sozialimpuls», Novalis-Verlag.

spirituelle Kraft Camphills in ihrem Streben nach der - von Rudolf Steiner so genannten - kosmischen Kommunion als Gefäß für die Sakramente zu gestalten und umgekehrt der Einsetzung der Sakramente einen schützenden irdischen Ort zu bereiten.» *(Müller-Wiedemann* 212)

«Gemeinschaften im Geiste der Anthroposophie Rudolf Steiners sollten einmal Inseln werden, in denen das Leben des Geistes die Katastrophen, welche am Ende des Jahrhunderts die Menschheit von allen Seiten überwältigen werden, überleben kann.» *(Heidenreich* 213)

«Die Geburt Christi ist der Neubeginn der Schöpfung. Das Mysterium von Golgatha ist das Ende der alten Welt. Menschen, die sich dazu bekennen, sollten sich vereinigt fühlen, in einem neuen Orden, dem Orden der christlichen Güte. ...

Die Gemeinschaft und ihre Mitglieder fühlten sich als Träger von Aufgaben, die dazu beitragen sollten, die Werke Christi auf Erden Wirklichkeit werden zu lassen.

Jedes einzelne Mitglied sollte erlernen, in diesem Sinne als Helfer und Diener zu wirken. Der Bibelabend und die Kinderhandlungen sowie die Jugendfeier, die Rudolf Steiner für die Waldorfschulen gegeben hatte, vor allem aber jene Handlung, die Rudolf Steiner für die Lehrer und die älteren Schüler der Waldorfschule inauguriert hatte, die Opferfeier, aber auch die regelmäßigen Begegnungen der Mitglieder der Gemeinschaft waren die immer wiederkehrende Manifestation dieses Auftrags im Leben der ganzen Einrichtung.» *(König* 214)

212   Müller-Wiedemann, «Karl König» (Verlag Freies Geistesleben), S.220.
213   Alfred Heidenreich, Nachruf auf Karl König, in Mitteilungen der AG in GB.
214   Karl König, aus den Memoranden, unveröffentlichte Manuskripte, siehe AMzKF, Teil 6.

In den dunkelsten Stunden unseres Jahrhunderts zog Karl König mit einigen Sinnesgenossen - vertrieben von Hitlers Schergen - an den Rand Europas, nach Aberdeen in Schottland, um dort einen «Orden der Barmherzigkeit» zu begründen, um das Licht hinüberzuretten...

Eine Saat, die michaelisch in **drei Leitsternen** das alte mönchische Ideal

> **ora** (bete)

et **lege** (lerne/studiere)

et **labora** (arbeite) [215]

zukunftsgemäß wandelte und damit den Wurzelgrund für anthroposophisch urielische [216] Gemeinschaft bereitete: Bausteine für einen sozialen Sakramentalismus ;
«...dann wird die Begegnung
jedes Menschen mit jedem Menschen
von vornherein eine religiöse Handlung, ein Sakrament
sein.» *(Rudolf Steiner)* :

« **Der erste Leitstern** [217]

Der erste Leitstern ist die
' Schule universaler Weisheit ',
von der Amos Comenius vor dreihundert Jahren träumte.
...

---

215 Die heute häufig benutzte Formel «ora et labora» ist eine Verkürzung, original heißt es in der Ordensregel des abendländischen Ordensgründers Benedikt von Nursia (so auch in der Regel der irisch-schottischen Mönche um Columban [IONA]) «Ora et lege et labora» = «bete» + «studiere» + «arbeite» !.

216 Siehe Dieter Brüll, «Bausteine für einen sozialen Sakramentalismus», Verlag am Goetheanum, CH-Dornach

217 Folgend: Karl König, aus «Die Camphill-Bewegung», vergriffen, Kopie bei VDL.

Wir versuchen immerzu, Geisteswissenschaft in unsere Arbeit einfließen zu lassen, damit deren Resultate Zeugnis von der Wahrheit der Anthroposophie ablegen. ...

Die Aufgabe der Bewegung ist es, Anthroposophie so zu einem gemeinsamen Erlebnis werden zu lassen, dass es immer neues geistiges Ereignis wird.

LERNEN

Durch das *Studium der gesamten Anthroposophie in allen ihren Aspekten* trägt die Camphill-Bewegung dazu bei, dass die ' SCHULE DER WEISHEIT ' von Comenius ' Pansophia ' erbaut wird.

Der zweite Leitstern

Der zweite Leitstern der Camphill-Bewegung ist der Versuch von Zinzendorf, einen
christlichen Organismus aufzubauen.

BETEN

Indem die Camphill-Bewegung versucht, *ein christliches Leben zu führen,* die christlichen Feste (und die kultischen Feiern [Sonntagshandlungen, Opferfeier, Sakramente], wie auch das meditative Leben [VDL]) als heilige Regelung der Jahreszeiten einzuhalten und den Christus-Geist als wahres Licht jeder Menschengemeinschaft zu erkennen, möchte sie den Weg der ' NACHFOLGE CHRISTI ' von Zinzendorf gehen.

Der dritte Leitstern

Der dritte Leitstern, der über Camphill und der Bewegung leuchtet, ist der Versuch einer
neuen wirtschaftlichen Ordnung von Robert Owen.

So offenbart sich das innerste Geheimnis aller Arbeit :

Es ist LIEBE und nichts als endlose Liebe. Es ist die Liebe und Barmherzigkeit, von der Paulus in den Korintherbriefen spricht.

ARBEITEN

Durch die tägliche Arbeit an der *Realisierung des sozialen Hauptgesetzes* hilft die Camphill-Bewegung, Owens 'ALLUMFASSENDE BARMHERZIGKEIT' zu verwirklichen.

In der Bewegung hoffen wir auf ein pansophisches Ideal, das durch die Anthroposophie erneuert wird. Wir glauben an die Taten Christi und an das Mysterium von Golgatha. Wir arbeiten und erkennen immer mehr, dass der innerste Kern der Arbeit Liebe ist. ...

So werden wir innerhalb der Bewegung *Brüder* auf dem ökonomischen Gebiet, wir sind alle gleich am Tisch des Bibelabends und wir erreichen unsere *Gedankenfreiheit* in der Konferenz.

Wir teilen unsere *Arbeit* brüderlich, wir sind alle gleich vor dem Angesicht Christi und wir sind *freie Individualitäten*, wenn wir Anthroposophie erarbeiten.

So versuchen wir, wahre Menschen zu werden,

damit wir der Menschheit dienen dürfen. »

(Karl König 218 *)*

«An einen gemeinsamen Weg mit der ' Christengemeinschaft ' war anfangs noch gedacht. Die spirituell und sozial auseinander laufenden Intentionen beider Gemeinschaften machten dies nicht möglich :

Sollte es sich dabei vielleicht um ein Wiederaufleben des uralten Kampfes um die Selbstständigkeit der Orden gehandelt haben?» *(Brüll* 219)

---

218 Auszüge! Siehe den ganzen Beitrag im «Arbeitsmaterial zur Kultus-Frage», Teil 6, siehe hier Kap. «Literatur».

Die Grenzen einer "Religionsgemeinschaft" (selbst einer «erneuerten») waren für Königs Visionen zu eng. Er ergriff freiere Wege: den Umkreis der allgemein-christlichen, überkonfessionellen «Opferfeier».

«Überblickt man die in diesem Kapitel [220] geschilderten Entwicklungen auf dem Wege zu einer sozialen Gestalt Camphills, so kann deutlich werden, dass hier durch die soziale Gestaltungskraft Königs die im Templerorden noch wirksame kosmisch-ätherische Substanz, aus welcher Regeln und das Leben der Templer geflossen sind, umgewandelt wird in einen größeren Organismus, in dem jeder in allen einzelnen Bereichen teilhaben kann. Der trinitarische Grundstein der sozialen Bausubstanz dieses Organismus, der bei der Weihnachtstagung 1923/24 durch Rudolf Steiner gelegt wurde, tritt deutlich in Erscheinung und wird auch in der Zukunft in den Impulsen Königs leben.» *(Müller-Wiedemann 221)*

«Wie ernst es König mit dem Sozialen war, zeigte sich an einem Wort, das er bestimmt nicht nur mir allein anvertraute. Auf meine Frage, worauf es ihm ankomme, auf das Heilpädagogische oder das Soziale, antwortete er klipp und klar: ' *auf das Soziale* '. Er fügte noch hinzu: ' Wir waren eben Heilpädagogen und Ärzte. Wären wir Lehrer gewesen, hätten wir eine soziale Schule gegründet.

«Camphill» heute ist nicht das Camphill der Gründungszeit ...
Siehe den Ur-«Camphill»-Impuls Karl Königs ausführlicher dargestellt im
«Arbeitsmaterial Zur Kultus-Frage», TEIL 6, «Gemeinschaft bauen»,
und in «Karl König», Hans Müller-Wiedemann, Verlag Freies Geistesleben.

219 Dieter Brüll, «INFO-3», 12/1992, Buchbesprechung zu Wiedemanns «Karl König»-Biografie.
220 Müller-Wiedemann, «Karl König», Kap. «Der Weg zur sozialen Gestalt Camphills».
221 Müller-Wiedemann, «Karl König», S.236.

Irgendwie muss man ja, um das Soziale tun zu können, an seine Existenz kommen. '» *(Dieter Brüll)*

«Dass die geschichtliche Entwicklung andere Wege gegangen ist [222], ändert nichts an der Bedeutung dieses frühen, von König initiierten Schrittes, insofern in ihm Keime zukünftiger sozialer Kulturgestaltung für einen historischen Augenblick - vielleicht zu früh - zu Tage getreten sind. ...

Was bleibt uns? :
Bereitschaft
zu dauernder Verwandlung
bestehender Strukturen.»

(Müller-Wiedemann 223)

« ... bald naht
die Nacht. »
Dem Vergangenen: Dank,
dem Kommenden: Ja!

Dag Hammarskjöld

---

222   Der heilpädagogische Impuls überlagerte immer mehr den sozial-religiösen. Die Anthroposophie verwässert, die "Anthroposophen" und die "Camphiller" des Inneren Kreises sterben immer mehr aus - VDL ...
223   Müller-Wiedemann, in «Karl König».

Noch einige Jahre, und dann ?

Das Leben hat Wert
nur durch seinen Inhalt
- für andere.
Mein Leben
ohne Wert für andere
ist schlimmer als Tod.
Darum
- in dieser großen Einsamkeit -
diene allen.
Darum:
wie unbegreiflich groß,
was mir geschenkt wurde,
wie nichtig,
was ich "opfere".

Hallowed be thy name,
thy kingdom come,
thy will be done -

Dag Hammarskjöld

Handeln
aus der Kraft der Gemeinschaft

Menschen finden sich, die einen Impuls gemeinsam haben. Ein Impuls ist eine konkrete geistige Kraft, die als ein reales Ideal Besitz von ihnen ergriffen hat und dem sie ihr Leben weihen wollen. Diesen Impuls haben sie auch in dem Andern erkannt, und sie treten zusammen zu dem Gelöbnis, dieser Kraft, die sie als ein Höheres, als etwas im Verhältnis zum Menschen Vollkommeneres erleben, die Treue zu halten und einander in diesem Streben zu unterstützen. So bilden sie eine Schale, die das lebendige Wirken dieser Kraft auffängt. Es ist die Form, die dem Geist erst Macht verleiht. - Im Gegensatz zur "Gemeinschaft" stehen die Gefährten mit dem Rücken zueinander: Jeder steht in seinem eigenen Arbeitskreis. Man braucht einander nur selten zu begegnen. Aber bei jedem Schritt im Leben spürt man die geistige Anwesenheit aller anderen: mahnend oder helfend, um die Situation im Sinne des Impulses zu meistern.

... was in der Gemeinsamkeit begnadend empfangen (und auch erarbeitet) ist, ist nicht zur Erbauung der Mitglieder da. Es will gesundend ausfließen in die Gesellschaft ... übernimmt die Gemeinsamkeit als Ganzes die Verantwortung. *Sie* sendet aus und verpflichtet sich dadurch, geistig die Arbeit der Gesandten nicht nur mitzuvollziehen - das ist ja der Grund ihres Daseins -, sondern diese mit ihren Gebeten oder Meditationen weiterzubegleiten. Die Aussendung hat ein biblisches Urbild. ... Wenn sie dann zurückkehren, zeigt sich, dass Er sie auf ihrem Weg begleitet hat (Lk. 10). So mag auch die Schale, also der Zusammenklang der Mitglieder, hinter und neben den

Gesandten stehen, ihre Mission zu unterstützen. Dann können sie 'Lämmer unter Wölfen' sein...

Es ist das *Mehr*, das dem Gesandten mitgegeben wird, und, um der Gerechtigkeit willen, auch das Weniger, das für die Gemeinsamkeit übrig bleibt. Im Sozialen müssen wir absehen von dem trostreichen Gedanken, dass die gute Tat belohnt wird.

Dieter Brüll, «Bausteine für einen sozialen Sakramentalismus», S. 164 & 157.

Wie sich die "kirchlichen" Sakramente in «soziale Sakramente» wandeln, versuchte Dieter Brüll in seinem Buch *«Bausteine für einen sozialen Sakramentalismus»,* Verlag am Goetheanum, herauszuarbeiten.
Siehe Kap. «Literatur».

Ich kann nur helfen, wenn ich gewillt bin, im Bruder den Helfer und in mir selbst den Hilfe-Empfangenden zu erblicken. Wenn ich ihm helfe, wird mir Hilfe zuteil. Wenn ich ihn leite, wird er mich führen. Wenn ich ihn speise, wird mir selber Brot gereicht. Dann erst ist das Wort des Evangeliums auf dem Wege Wirklichkeit zu werden, das sagt: " Was ihr getan habt einem unter diesen meinen geringsten Brüdern, das habt ihr mir getan."

Karl König, in «Die Camphill-Bewegung».

Das Pfingstfest
des seelischen Zusammenstrebens und des Arbeitens an der Vergeistigung der Welt

frei + christlich - ein pfingstlicher Impuls

Wir müssen uns klar darüber sein, dass der Mensch sich immer mehr individualisiert und dass er immer mehr und mehr in der Zukunft den Zusammenschluss mit anderen Menschen *freiwillig* finden muss. Früher bestand der Zusammenhang durch Blutsverwandtschaft, durch Stämme und Rassen. Aber dieser Zusammenschluss geht mehr und mehr zu Ende. Alles im Menschen geht immer mehr darauf hinaus, ein individueller Mensch zu werden. Nun ist nur ein umgekehrter Weg möglich. Denken Sie sich eine Anzahl von Menschen auf der Erde, die sich sagen: Wir gehen unsere eigenen Wege, wir wollen in unserem Innern selbst Richtung und Ziel des Weges finden, wir sind alle auf dem Wege, immer mehr individuelle Menschen zu werden. - Da liegt die Gefahr der Zersplitterung vor. Jetzt halten die Menschen auch schon geistige Zusammenschlüsse nicht mehr aus. Heute gehen wir so weit, dass jeder seine eigene Religion hat und seine eigene Meinung als höchstes Ideal hinstellt. Aber wenn die Menschen die Ideale verinnerlichen, so führt das zur Einigung, zu gemeinsamer Meinung. Wir erkennen innerlich zum Beispiel, dass 3 mal 3 = 9 ist, oder dass drei Winkel in einem Dreieck 180 Grad sind. Das ist eine innerliche Erkenntnis. Über innerliche Erkenntnisse braucht man nicht abzustimmen, über innerliche Erkenntnisse entstehen keine Meinungsunterschiede, die führen zur Einigung. Solcher Art sind alle geistigen Wahrheiten. Was die

Geisteswissenschaft (*Anthroposophie*) lehrt, das findet der Mensch durch seine innerlichen Kräfte. Diese führen ihn zu einer absoluten Einigkeit, zu Friede und Harmonie. Es gibt nicht zwei Meinungen über eine Wahrheit, ohne dass eine davon falsch ist. Das Ideal ist größtmögliche Ver-innerlichung; sie führt zur Einigung, zum Frieden.

Erst war eine Menschengruppenseele da. Dann wurde die Menschheit in der Vergangenheit entlassen aus der Grup-penseele. Aber in der Zukunft der Entwickelung müssen sich die Menschen ein sicheres Ziel setzen, dem sie zustreben. Wenn sich Menschen vereinigen in einer höhe-ren Weisheit, dann steigt aus höheren Welten wieder eine Gruppenseele herab - wenn aus den gebundenen natürlichen Gemeinschaften freie Gemeinschaften ent-stehen. Was gewollt ist von den Leitern der geistes-wissenschaftlichen (*anthroposophischen*) Bewegung, das ist, dass wir in ihr eine Gesellschaft finden, in welcher die Herzen der Weisheit zuströmen, wie die Pflanzen dem Sonnenlichte zuströmen. Wo die gemeinschaftliche Wahrheit die verschiedenen Iche verbindet, da geben wir der höheren Gruppenseele Gelegenheit zum Herabstieg. Indem wir unsere Herzen gemeinsam einer höheren Weisheit zuwenden, betten wir die Gruppenseele ein. Wir bilden gewissermaßen das Bett, die Umgebung, in der sich die Gruppenseele verkörpern kann. Die Menschen werden das Erdenleben bereichern, indem sie etwas ent-wickeln, was aus höheren Welten geistige Wesenheiten herniedersteigen lässt. Das ist das Ziel der geisteswissen-schaftlichen (*anthroposophischen*) Bewegung.

Das ist in großartiger, gewaltiger Form einmal vor die Menschheit hingestellt worden, um zu zeigen, dass der Mensch ohne dieses geistlebendige Ideal in ein anderes Verhältnis übergehen würde: es ist ein Wahrzeichen, das den Menschen mit überwältigender Kraft zeigen kann, wie die Menschheit den Weg finden kann, um im seelischen Zusammenschluss dem gemeinsamen Geist eine Verkörperungsstätte zu bieten. Dieses Wahrzeichen ist uns hingestellt in der Pfingstgemeinde, als gemeinsame Empfindung inbrünstiger Liebe und Hingabe eine Anzahl Menschen durchglühten, die sich zu gemeinsamer Tat versammelt hatten. Da ist eine Anzahl von Menschen, deren Seelen noch nachbeben von dem erschütternden Ereignis, so dass in allen das Gleiche lebte. In dem Zusammenströmen dieses einen, gleichen Gefühles lieferten sie das, worin sich ein Höheres, eine gemeinsame Seele verkörpern konnte. Das wird ausgedrückt mit jenen Worten, die besagen, dass der *Heilige Geist* , die Gruppenseele, sich herniederließ und sich zerteilt wie feurige Zungen. Das ist das große Symbolum für die Menschheit der Zukunft.

Hätte der Mensch diesen Anschluss nicht gefunden, so würde der Mensch in ein Elementarwesen übergehen. Nun soll die Menschheit suchen eine Stätte für die sich herabneigenden Wesen aus höheren Welten. In dem Osterereignisse wurde dem Menschen die Kraft gegeben, solche mächtige Vorstellungen in sich aufzunehmen und *einem* Geiste zuzustreben. Das Pfingstfest ist die Frucht der Entfaltung dieser Kraft.

Immerdar soll durch das Zusammenströmen der Seelen zu der gemeinsamen Weisheit sich das vollziehen, was eine lebendige Beziehung herstellt zu den Kräften und Wesenheiten höherer Welten und zu etwas, was jetzt noch so wenig Bedeutung hat für die Menschheit wie das Pfingstfest. Durch die Geisteswissenschaft (*Anthroposophie*) wird es dem Menschen wieder etwas werden. Wenn die Menschen wissen werden, was die Herabkunft des heiligen Geistes in der Zukunft für die Menschen bedeuten wird, dann wird das Pfingstfest wieder lebendig werden. Es wird dann nicht nur eine Erinnerung sein an jenes Ereignis in Jerusalem, sondern es wird eintreten für die Menschen jenes immer dauernde *Pfingstfest des seelischen Zusammenstrebens*. Es wird ein Symbolum werden für die dereinstige große Pfingstgemeinde, wenn die Menschheit sich in einer gemeinsamen Wahrheit zusammenfinden wird, um höheren Wesenheiten die Möglichkeit zur Verkörperung zu geben. Von den Menschen selbst wird es abhängen, wie wertvoll dadurch die Erde für die Zukunft werden wird und wie wirkungsvoll solche Ideale für die Menschheit sein können. Wenn die Menschheit in dieser rechten Weise zu der Weisheit hinstrebt, dann werden höhere Geister sich mit den Menschen verbinden.

Rudolf Steiner
Auszug aus dem Vortrag am 7.6.1908 in Köln.

Diese anthroposophische Bewegung
ist nicht ein Erdendienst,
diese anthroposophische Bewegung
ist in ihrer Ganzheit
mit all ihren Einzelheiten
ein Götter-, ein Gottesdienst.
Und die richtige Stimmung
für sie treffen wir,
wenn wir sie ansehen
in ihrer Gänze
als einen solchen
Gottesdienst.

Rudolf Steiner
24.12.1923, GA 260

weitergehen ? !

Der Weg geht weiter - ich kann ihn *hier* nur andeuten [224].
Auch die hier geschilderte, «freie christliche» *Kultus-Form*
ist noch "Zwischenstation", wenn auch gegenwärtig vielleicht die "fortgeschrittenste". Der Weg geht weiter: ein
spiritualisiertes «Denken wird zur Kommunion», zum
«Erwachen des Menschen an dem Geistig-Seelischen des
andern Menschen», zum «umgekehrten Kultus», der durch
das «Soziale Urphänomen» zum «Sozialen Sakramentalismus» führt. Letztendlich soll und wird somit das *ganze
Leben sakramentalisiert*, selbst zum Kultus, aus einer
«moralischen Intuition» eines «ethischen Individualismus»,
der Verantwortung ergreift und sein Denken, Fühlen und
Wollen mit dem des Christus eint und so *Ihm direkt im
DU* und in der Schöpfung, in Freiheit und Liebe begegnet...
das will letztlich Anthroposophie...

Trotzdem bleibt die Frage:
Welche Kultus-Formen auch immer wir handhaben:
Wie sollen wir die Hoch- und Notzeiten des Lebens
kultisch, textlich fassen?
Und da werden wir doch von der spirituellen Tiefe und
überkonfessionellen, allgemein-christlichen, universellen
Weite der Fassungen Steiners überrascht sein und diese
anwenden wollen...

---

224 Sie finden das Thema u.a. bei: Rudolf Steiner, «Anthroposophische Gemein-
schaftsbildung», GA 257, insbesondere 28.2.1923 und «Die Philosophie der
Freiheit» und auch Dieter Brüll, «Bausteine für einen sozialen Sakramentalismus»
und «Der anthroposophische Sozialimpuls» und auch Harrie Salman, «Die soziale
Welt als Mysterienstätte» oder Fred Poeppig / Paul Hofmann, «Der umgekehrte
und der kosmische Kultus» und letztlich Gerhard von Beckerath, «Gespräch als
Kultus». Siehe hier auch Kap. «Gemeinschaft bauen»! Man denke auch an die
Einrichtung des Erkenntniskultus der «Klassenstunden»...

Man verleumdet Anthroposophie, wenn man meint, sie wolle eine neue Religion sein ^(s. Rudolf Steiner, 6.9.1921, GA 78).

Denn Re-ligion *(Wiederanbindung)* entsteht nur dann, wenn der Mensch getrennt ist vom Übersinnlichen und eine Vermittlung zu diesem durch das Priestertum braucht. Das Priesteramt ist die sozial-kulturell geformte Mittlerinstanz für solche vom unmittelbarem Geist getrennten Zeiten. Nun will und kann die Anthroposophie jeden Menschen durch dessen eigene Kraft zum Geistigen führen ^(s. Rudolf Steiner, Leitsatz1, GA 26) und auf dem Boden ihrer unmittelbaren Erkenntnis geistigen Lebens alle sozialen und kulturellen Einzelgebiete des Lebens neu gestalten. Durch das Auftreten der Anthroposophie ist darum alles verwandelt worden, was für die exoterischen Zeiten - also jene, da der Mensch auf «Religion» und Kirche angewiesen war, um zum Geisteigen sich in Beziehung zu setzen - Geltung haben mußte. Sie kann darum selbst nicht das sein, was einer älteren Entwicklungsperiode angehört. Sie lebt Esoterik dar, nicht die exoterische Einhüllung der Esoterik in Kultus, Glaube, Religionssysteme oder Kirchen.

Aus der Theosophie der Meister gingen einstmals die Religionen hervor ^(s. Rudolf Steiner, 2.6.1912, GA 137). Die Anthroposophie enthält diesen Wahrheitsquell aller Religionen ^(s. Rudolf Steiner, 16.11.1905, GA 54). Wie könnte da Anthroposophie selbst eine spezielle Religion sein?

Religion sollte das neue Zeitalter des esoterischen Lebens vorbereiten, das mit Anthroposophie, das als Anthroposophie begann ^(s. Rudolf Steiner, 7.7.1909, GA 112 & 13.10.1911, GA 131).

Herbert Wimbauer, Thematischer Leitfaden... 5

Der nur hat die wahre Meinung von dem Christentum, der durchdrungen ist von der Überzeugung, dass alle Kirchen, die den Christus-Gedanken gepflegt haben, alle äußeren Gedanken, alle äußeren Formen zeitlich und daher vorübergehend sind, dass aber der Christus-Gedanke sich in immer neuen Formen hereinleben wird in die Herzen und Seelen der Menschen in der Zukunft, so wenig diese neuen Formen sich auch heute zeigen.

Rudolf Steiner, 13.10.1911

Voraussetzung zu all dem ist die Spiritualisierung des Denkens. Erst davon ausgehend wird man dazu kommen können, nach und nach alle Lebensbetätigungen zu sakramentalisieren. Dann werden sich aus der Erkenntnis der geistigen Wirklichkeiten heraus auch die alten Zeremonien ändern, weil es da wo man Wirklichkeiten hat, keiner Symbole mehr bedarf.

Hella Wiesberger, Einleitung zu GA 265

Friedrich Rittelmeyer: Ist es nicht auch möglich, Leib und Blut Christi zu empfangen ohne Brot und Wein, nur in der Meditation?
Rudolf Steiner: Das ist möglich. Vom Rücken der Zunge an ist es dasselbe.

Rudolf Steiner, GA 265, S.27

Die Vorschule für die mystische Vereinigung mit dem Christus ist das Abendmahl - die Vorschule.

Rudolf Steiner, 7.7.1909

Die Erkenntnis ist die geistige Kommunion der Menschheit. Ich weiß nicht, wie viele die ganze kulturhistorische Bedeutung dieses Wortes ... verstanden haben. Denn in diesem Satze war gegeben die Hinlenkung der materialistischen Auffassung der Gottgemeinschaft zu einer spirituellen Auffassung der Gottgemeinschaft: die Umwandlung des Brotes in die Seelensubstanz des Erkennens.

Rudolf Steiner, GA 190/16

Das Gewahrwerden der Idee in der Wirklichkeit ist die wahre Kommunion des Menschen.

Rudolf Steiner, GA 1b, Vorrede

So ist spirituelle Erkenntnis eine wirkliche Kommunion, der Beginn eines der Menschheit der Gegenwart gemäßen kosmischen Kultus.

Rudolf Steiner, GA 219/12, S.191

Und die soziale Tätigkeit wird eine Opferweihehandlung, sie setzt das fort, was die alte Kultushandlung war.

Rudolf Steiner, 18.11.22, GA 218

Sie müssen ja bedenken, meine lieben Freunde, dass dies nicht bloß sein soll eine Verbesserung, die dann von manchem vielleicht als eine Verschlimm-Besserung aufgefasst werden könnte, sondern dass dies zusammenhängt mit der ganzen Entwicklung.

Ich habe ja oftmals unter Ihnen betont, dass derjenige, der in der Realität lebt und nicht in Ideen, die Realität der Zeit ganz besonders anerkennen muss. Die Zeit ist eine Realität. Allein, es ist schwer, Verständnis hervorzurufen für die Zeit als Realität. Es gibt heute noch Leute, die mit denselben Sätzen die Dreigliederung des sozialen Organismus vertreten, wie ich sie vertreten habe aus den Zeitverhältnissen heraus 1919. Ja, die Geschichte schreitet jetzt so schnell vor, dass es eigentlich einem vorkommt: Wenn heute ^(1923 !!) einer die Dinge in derselben Weise vertritt, mit der man sie 1919 vertreten hat, man da um Jahrhunderte zurückgeblieben ist.

Rudolf Steiner, 31.12.1923

Nehmen Sie auch so etwas ^(wie die Kultushandlungen) als einen Anfang hin, und wissen Sie, dass da, wo man in ehrlicher Weise einen solchen Anfang will, sich schon auch die Kräfte finden werden zur Verbesserung desjenigen, was in einem solchen Anfange gegeben werden kann. ... Es wird Ihnen aber gerade an diesem Beispiel klar sein können, wie überall eben aus dem Lebendigen heraus das Kultusartige gesucht werden muss. ... Etwas Prinzipielles kann es im Leben der Welt überhaupt nicht geben, sondern es kann nur das sich in Leben Wandelnde geben. Das darf man nicht als eine Inkonsequenz betrachten, sondern als eine Forderung des Lebens selbst.

Rudolf Steiner, 4.10.1921, vormittags, GA 269

Alle freie Religiosität,
die sich in der Zukunft
innerhalb der Menschheit entwickeln wird,
wird darauf beruhen,
dass in jedem Menschen
das Ebenbild der Gottheit
wirklich in unmittelbarer Lebenspraxis,
nicht bloß in der Theorie, anerkannt werde.

Dann wird es keinen Religionszwang
geben können,
dann wird es keinen Religionszwang
zu geben brauchen,
denn dann wird die Begegnung
jedes Menschen mit jedem Menschen
von vornherein eine religiöse Handlung,
ein Sakrament sein,

und niemand wird eine besondere Kirche,
die äußere Einrichtungen
auf dem physischen Plan hat, nötig haben,
das religiöse Leben aufrechtzuerhalten.

Die Kirche kann, wenn sie sich richtig versteht,
nur die eine Absicht haben,
sich unnötig zu machen
auf dem physischen Plane,
indem das ganze Leben
zum Ausdruck des Übersinnlichen
gemacht wird.

Rudolf Steiner
«Was tut der Engel in unserem Astralleib?...», 9.10.1918

Hinweise

ANGABEN ZU DEN SAKRAMENTEN

TAUFE

Wilhelm Ruhtenberg erhielt 1921 von Rudolf Steiner das Sakrament der Taufe. Siehe GA 265 (1987), S.36.   Danach bekam *auch* die Kirche «Die Christengemeinschaft» diesen Text.
TEXT s.a.: GA 343 (1993), 5.10.1921, vormittags, S. 373-377.
Ergänzungsvorschläge: FCAG 2003.
Bearbeitung für eine Erwachsenen-Taufe, FCAG 2008.

Sonntagshandlung für die Kinder

Die erste Sonntagshandlung für die Kinder des freien christlichen Religions-unterrichtes wurde am 1.2.1920 in der Stuttgarter Waldorfschule gefeiert. Danach bekam *auch* die Kriche «Die Christengemeinschaft» diesen Text.
TEXT s.a.: GA 343 (1993), 4.10.1921, vormittags, S.315-319 und GA 269 (1997), S.42-44.

Weihnachtshandlung

TEXT s.a.: GA 269 (1997), S. 47-51, & 4.10.1921, GA 343 (1993), S.320-323.

Einschub für die Sonntagshandlung zu Pfingsten

TEXT s.a.: GA 269 (1997), S. 45-46.

JUGENDFEIER (Konfirmation)

wurde erstmalig Palmsonntag 1921 in der Stuttgarter Waldorfschule gehalten. Danach bekam *auch* «Die Christengemeinschaft» diesen Text.
TEXT s.a. (handschriftliches Original - Faksimile): GA 343 (1993), 4.10.1921, vormittags, S.324-327, siehe auch GA 269 (1997), S.53-61.
Archivnummer der Rudolf Steiner-Nachlassverwaltung: NZ 5385-5389.

OPFERFEIER

Die Opferfeier fand erstmalig am 25.3.1923 in der Stuttgarter Waldorfschule für die Schüler ab Klasse 9/10 statt.
Überkonfesssionell "vollziehbar für Menschen, die sie wünschen."
TEXT s.a.: (handschriftliches Original - Faksimile): GA 269 (1997), S.63-79.
Archivnummer der Rudolf Steiner-Nachlassverwaltung: NZ 3553-3541.
Bearbeitung für einen Einschub zu Gründonnerstag, FCAG 2008

LEBENSSCHAU (Beichte)

Dieses Sakrament konnte nicht mehr von allgemein-priesterlich Tätigen erfragt werden und steht erst seit den «Vorträgen und Kursen über christlich-religiöses Wirken» zur Verfügung.
TEXT s.a.: GA 344 (1994), 20.9.1922, vormittags, S.188.

Sterberitualien :

LETZTE ÖLUNG

... So auch dieses Sakrament der Letzten Ölung.
TEXT s.a.: GA 344 (1994), 21.9.1922, S.214-217.

AUSSEGNUNG / BESTATTUNG

Dieses Ritual vollzog Hugo Schuster erstmals am 14.1.1919 am Grabe von Marie Leyh auf dem Arlesheimer Friedhof. Steiner sprach dabei die Gedächtnisworte (GA 261 [1984], S.225), GA 342 (1993), S.250.
Danach bekam *auch* «Die Christengemeinschaft» diesen Text.
TEXT s.a.: GA 343 (1993), 8.10.1921, vormittags, S.520-523.

Kinderbegräbnis

Erst später im März 1923 in den «Vorträgen und Kursen über christlich-religiöses Wirken» vermittelt.
TEXT s.a. (handschriftliches Original - Faksimile): GA 345 (1994), S.128-141.
Archivnummer der Rudolf Steiner-Nachlassverwaltung: NZ 3578-3584.

Totenhandlung

Im März 1923 in den «Vorträgen und Kurse über christlich-religiöses Wirken» in Stuttgart vermittelt.
TEXT s.a. (handschriftliches Original - Faksimile): GA 345 (1994), S.142-145.
Archivnummer der Rudolf Steiner-Nachlassverwaltung: NZ 3523-3524.

WEIHE (Priesterweihe)

Die 1922 in den «Vorträge und Kurse über christlich-religiöses Wirken» gegebene Weihe war für die Tätigkeit innerhalb der Kirche «Die Christengemeinschaft» gedacht. Sollte sie mit dem allgemein-priesterlichen Christusauftrag (Matth. 28,16-20) übereinstimmen, sind Entsprechungen gemäß dieser Perspektive nötig.
TEXT s.a. (handschriftliches Original - Faksimile): GA 344 (1994), 13.9.1922, nachmittags, S. 97-102.
Bearbeitung: FCAG, 2003.

TRAUUNG

Wilhelm Ruhtenberg erhielt im Frühjahr 1922 von Rudolf Steiner das Sakrament der Trauung. Siehe GA 345, S.73 und auch GA 265, S.36.
Danach bekam *auch* «Die Christengemeinschaft» diesen Text.
TEXT s.a. (handschriftliches Original - Faksimile): GA 345 (1994), S.146-157.
Archivnummer der Rudolf Steiner-Nachlassverwaltung: NZ 4964-4969.
Aktualisierungsvorschläge: FCAG, 2003.

An den «Vorträgen und Kursen über christlich-religiöses Wirken» ("Priester-Kurse") nahmen die Interessenten an der Begründung der «Christengemeinschaft», die Religionslehrer des freien christlichen Religionsunterrichtes in der Freien Waldorfschule, der Vorstand der AG sowie verschiedentlich weitere Anthroposophen teil. (Siehe GA 343, S.647-648)

FCAG = Freie christliche Arbeits-Gemeinschaft

PERSONENREGISTER

Rudolf Steiner

hier zu erwähnen scheint überflüssig, blickt man aber "in die Welt" hat er nicht den ihm gebührenden Platz erhalten; das geschah manch wahrem Großen. Bescheidenheit ist hier ein Maßstab, doch schon die Quantität seines Werkes spricht für sich.

Weil dieses Kultus-Handbuch auch Außenstehende zur Kenntnis nehmen, seien hier einige Stationen und vor allem Literaturhinweise zu Rudolf Steiner gegeben:

27. 2. 1861   geboren in Kraljevec (damals Ungarn)

1879   Studium an der Technischen Hochschule Wien

1890   Ständiger Mitarbeiter am Goethe-und-Schiller-Archiv in Weimar

1891   Promotion als Doktor der Philosophie in Rostock

1894   «Die Philosophie der Freiheit» erscheint

Ein Schaffenswerk - in der Gesamtausgabe von über 400 Bänden - beginnt und die Schaffung einer alle Lebensbereiche vertiefende Anthropo-Sophie

1902 Generalsekretär der deutschen Sektion der Theosophischen Gesellschaft.

1913   Gründung der Anthroposophischen Gesellschaft

ab 1913   Bau des ersten Goetheanums in Dornach (Basel/Schweiz)

Sylvester 1922/23   Durch Brandstiftung Vernichtung des 1.Goetheanums

1923/24   Die Allgemeine Anthroposophische Gesellschaft wird neu begründet, mit der esoterischen Freien Hochschule für Geistes- wissenschaft

30. 3. 1925   stirbt Rudolf Steiner in Dornach.

«Mein Lebensgang», Rudolf Steiner
«Meine Lebensbegegnung mit Rudolf Steiner», Friedrich Rittelmeyer
«Rudolf Steiner», Christoph Lindenberg, rororo Monographie
«Rudolf Steiner - Eine Biographie», Christoph Lindenberg
«Rudolf Steiner und die Grundlegung der neuen Mysterien», Sergej Prokofieff
«Rudolf Steiners Aufgabe unter den großen Eingeweihten», Heinz Eckhoff
«Die Entstehung der anthroposophischen Gesellschaft», Frank Teichmann
«Anthroposophie - was ist das?», Maurice Martin

Siehe auch Kap. «Literatur», S.343.

Aus Steiners allumfassenden Werkes, seien hier die Prinzipien eines freien Handelns herausgegriffen :

Zur Voraussetzung hat eine solche (freie) Handlung die Fähigkeit der **moralischen Intuitionen**. ..(9K/25A)

Der gerade Gegensatz dieses Sittlichkeitsprinzips ist das Kant'sche. Handle so, dass die Grundsätze deines Handelns für alle Menschen gelten können. Dieser Satz ist der Tod aller individuellen Antriebe des Handelns. Nicht wie *alle* Menschen handeln würden, kann für mich massgebend sein, sondern was für mich in dem individuellen Falle zu tun ist. ... (9K/26A) ...

Man kann diesen Standpunkt den

ETHISCHEN INDIVIDUALISMUS nennen. ... (9K/28A) ...

Während ich handle, bewegt mich die Sittlichkeitsmaxime, insofern sie intuitiv in mir leben kann; sie ist verbunden mit der **Liebe** zu dem Objekt, das ich durch meine Handlung verwirklichen will. Ich frage keinen Menschen und auch keine Regel: soll ich diese Handlung ausführen? - sondern ich führe sie aus, sobald ich die Idee davon gefasst habe. Nur dadurch ist sie *meine* Handlung. ... Nur wenn ich *meiner Liebe zu dem Objekt* folge, dann bin ich es selbst, der handelt. .. Ich erkenne kein äußeres Prinzip meines Handelns an, weil ich in mir selbst den Grund des Handelns, die Liebe zur Handlung gefunden habe. .. ich vollziehe sie, weil ich sie *liebe*. Sie wird "gut", wenn meine in Liebe getauchte Intuition in der rechten Art in dem intuitiv zu erlebenden Weltzusammenhang drinnensteht; "böse", wenn das nicht der Fall ist. (9K/30A)

Eine Handlung wird als eine freie empfunden, soweit deren Grund aus dem ideellen Teil meines individuellen Wesens hervorgeht; jeder andere Teil einer Handlung, gleichgültig, ob er aus dem Zwange der Natur oder aus der Nötigung einer sittlichen Norm vollzogen wird, wird als *unfrei* empfunden. (9K/33A)

Frei ist nur der Mensch, insofern er in jedem Augenblicke seines Lebens sich selbst zu folgen in der Lage ist. Eine sittliche Tat ist nur *meine* Tat, wenn sie in dieser Auffassung eine freie genannt werden kann. ... (9K/34A)

Die Handlung aus Freiheit schließt die sittlichen Gesetze nicht etwa aus, sondern ein; sie erweist sich nur als höherstehend gegenüber derjenigen, die nur von diesen Gesetzen diktiert ist... Die Freiheit des Handelns ist nur denkbar vom Standpunkt des ethischen Individualismus aus. ...
(9K/35A)

Rudolf Steiner

Leben in der Liebe zum Handeln und Lebenlassen im Verständnisse des fremden Wollens ist die Grundmaxime der freien Menschen. ..

... mitten aus der Zwangsordnung heraus erheben sich die Menschen, die *freien Geister*, die *sich* selbst finden in dem Wust von Sitte, Gesetzeszwang, Religionsübung und so weiter. ... in jedem von uns wohnt eine tiefere Wesenheit, in der sich der freie Mensch ausspricht. ^(9K/38A) ...

Was der freie Geist nötig hat, um seine Ideen zu verwirklichen, um sich durchzusetzen, ist also die **moralische Fantasie**. Sie ist die Quelle für das Handeln des freien Geistes. ... ^(12K/3A) ...

Das moralische Handeln setzt also voraus neben dem moralischen Ideenvermögen und der moralischen Fantasie die Fähigkeit, die Welt der Wahrnehmungen umzuformen, ohne ihren naturgesetzlichen Zusammenhang zu durchbrechen. Diese Fähigkeit ist *moralische Technik*. Sie ist in dem Sinne lernbar, wie Wissenschaft überhaupt lernbar ist. ... ^(12K/4A)

Rudolf Steiner, *«Die Philosophie der Freiheit»* GA 4, Rudolf Steiner-Verlag
(K= Kapitel / A = Absatz - - Kursivsetzung Steiner, fett VDL)

Wilhelm Ruhtenberg

geb. 17.1.1888 in Riga, studierte von 1907 bis 1913 Geschichte, Philosophie und dann Theologie. Die geistlose Textkritik der Professoren enttäuschte ihn sehr. Nach dem Studium unterrichtete er alte Sprachen und wurde dann doch noch als evangelischer Pastor tätig. Er schied aber 1917 aus seinem Amt wieder aus, weil ihm wesentliche Fragen unbeantwortet blieben. Mit 30 Jahren kamen ihm Bücher von Rudolf Steiner in die Hand, hier fand er die Antworten. Als "Pastor" kam er dann in russische Kriegsgefangenschaft, konnte dort, dem Hungertod nahe, fliehen und in Stuttgart mit Frau Nora und Kindern wieder zusammentreffen. Hier schloss er sich der Anthroposophischen Gesellschaft an. Ab 1920 unterrichtete er als Klassen- und Religionslehrer des «freien christlichen» Religionsunterrichtes an der ersten FWS. Eine kultushistorisch bedeutsame Tat des Durchbruchs zu einem spirituell tiefst greifenden, freien Christ-Sein war die entscheidende Frage Ruhtenbergs an Rudolf Steiner. Nachdem er immer wieder von anthroposophischen Freunden um *TAUFE und TRAUUNG* gebeten wurde, wandte er sich an ihn und erhielt diese neuen, allgemein-priesterlichen Kultustexte 1921 [225]. Später nahm er zwar auch an den "Priesterkursen" zur Begründung der «Christengemeinschaft» teil, konvertierte und ließ sich am 16.9.1922 [226] zu deren Priester weihen. Doch Rudolf Steiner dazu: «Der Pastor Ruhtenberg muss, wenn er hier ^(als freier christlicher Handelnder) ist, vollständig vergessen, dass er Priester

---

225   Siehe GA 265, (1987) S.361.
226   Siehe GA 344, (1994) S.15, Inhaltsangabe.

ist.» [227] Mit 42 Jahren, 1930, verliess er Stuttgart und war u.a. als Lehrer in der FWS Hannover tätig. Von 1933 bis 1941 entschloss er sich dann das Priesteramt in der CG auszuüben. Nach dem Krieg wirkte er bis zu seinem Tod am 1.9.1954 als Privatlehrer und in heilpädagogischen Heimen an verschiedenen Orten und zuletzt in Bensberg bei Köln. Unerwartet starb er in der Nacht vom 31.8. zum 1.9.1954.

Siehe auch: «Wilhelm Ruhtenberg», in «Der Lehrerkreis um Rudolf Steiner in der ersten Waldorfschule», Stuttgart (1977), S.209, sowie GA 265 (1987), S.36.

Hugo Schuster

geb. 7.2.1876 in St. Gallen, lernte 1903/04 die Theosophie kennen, wurde am 9.9.1905 Mitglied der Theosophischen Gesellschaft und war initiativ und intensiv als persönlicher Schüler Rudolf Steiners am Aufbau der anthroposophischen Arbeit in der Schweiz beteiligt, insbesondere in St.Gallen und dann in Basel. Durch die Christus-Darstellungen Rudolf Steiners fühlte er sich zum Priesterberuf gedrängt und begann 1913 das Theologiestudium und empfing am 23.7.1918 die Priesterweihe der christ-(«alt»-)katholischen Kirche in der Schweiz (dort Pfarrer 1919-22 in CH-Magden/Aargau). Auf Grund der Nachfragen von Anthroposophen wandte er sich an Rudolf Steiner und erhielt 1918/19 Aussegnung und Beerdigung des *STERBERITUALS* und beerdigte damit eine Anzahl von Anthroposophen (der erste war Robert Hahn). Schuster nahm auch an den Begründungskursen für die neue Kirche «Die Christengemeinschaft» teil, wurde auch aufgefordert dort Priester zu werden, lehnte aber ab. Er ahnte als «christ-katholischer» Priester - einer Kirche die sich dem Zentralismus, dem Dogmatismus und Konservatismus der «römisch-katholischen» Kirche entrungen hatte - die Gefahren der aufkommenden, problematisch "katholischen" Entwicklung der «Christengemeinschaft» vorher. Schusters Geist suchte die allgemeine, reform-engagierte, zeitgemäße Kirche, die «Christengemeinschaft» war nicht sein - und auf diesem - Weg. Umso mehr brach es ihm das Herz, dass er von seiner Gemeinde
- nach schwerer Krankheit - als christkatholischer Pfarrer nicht mehr wieder gewählt wurde. Kurz darauf starb er am 4.1.1925 in Davos.

Siehe auch GA 342 (1993), S.249, Fußnote 105, sowie GA 265, S.491
und seitens der CG (M.Debus) betrachtet:«Anthroposophie im 20.Jhdt.», S.739-742.

---

227   «Besprechung Rudolf Steiners mit den Lehrern des Freien Religionsunterrichtes», 9.12.1922.

Johannes Geyer

geb. am 26.1.1882 in Hamburg, wurde als Sohn eines Berliner Kaufmanns
streng religiös erzogen. Schon sein Großvater war Mitbegründer der Alt-
apostolischen Kirche. So erwählte Johannes Geyer schon früh das Theologiestudium. Mit 22 Jahren hatte er seine erst Begegnung mit Rudolf Steiner, der
ihn dann auch in die «Esoterische Schule» aufnahm. Dennoch übernahm er
1912 - durch den Beistand Rudolf Steiners ermutigt - das Amt des Pastors
der evangelischen Kirche am Friedhof in Hamburg-Ohlsdorf, das er sieben
Jahre ausübte. Als er nach dem 1.Weltkrieg von Rudolf Steiner zum Lehrerkreis der ersten Waldorfschule berufen wurde, folgte er ohne Zögern. Zwei
Klassenzüge hat er durch die Grundschuljahre geführt Im August 1920
erhielt Johannes Geyer von Rudolf Steiner das Sakrament der Taufe für die
allgemein-priesterliche Handhabung als Anthroposoph, die allerdings eine
freimaurerische Perspektive einnahm. Denn auch zu Freimaurerkreisen fand
er - mit Zustimmung und im Auftrag Rudolf Steiners - Zugang und verwies
dort immer wieder und erfolgreich in zahlreichen Vorträgen auf die Erkennt-
nismöglichkeiten der Anthroposophie. Seinem Geist war eine spezielle religiöse Ausrichtung zu eng, sein Herz aber stand jedem offen; der Christus selbst
war sein Führer. So wurde er während der Verbotszeit wieder im evangelischen Kirchendienst tätig. Murr bei Marbach (Neckar) und Schwäbisch-Hall-
Steinbach waren bis 1945 seine Hauptwirkensstätten. Seine letzten Jahre
verbrachte er in Stuttgart. Am 21.7. 1964 ging er in seine geistige Heimat
zurück.

*Siehe auch: «Johannes Geyer», in «Der Lehrerkreis um Rudolf Steiner in der
ersten Waldorfschule», Stuttgart (1977), S.16-18.*

Maria Röschl-Lehrs

geb. am 8.12.1890 in Lancut, in Galizien (Österreich-Ungarn) war sie zeit
ihres Lebens jungen Menschen nah verbunden. Sie war ein künstlerisch
begabter Mensch, entschloss sich dann aber zum Studium der Germanistik,
Philologie, Kunstgeschichte und der Philosophie an der Universität Wien,
absolvierte die Staatsprüfung für das Lehramt und promovierte 1914 über
den Traum bei Goethe und war dann als Lehrerin an einem Wiener
Mädchengymnasium tätig. Durch Karl Schubert wurde sie 1918 in die
Anthroposophische Gesellschaft eingeführt und dort 1920 Mitglied. Durch
seine Vermittlung lernte sie die Freie Waldorfschule kennen und wurde dort
1922 zur Lehrerin berufen. Mit Herbert Hahn und Karl Schubert erhielt sie
als Religionslehrerin 1923 von Rudolf Steiner die freie christliche «Opferfeier». Am 6.6.1924 berief Rudolf Steiner sie als Leiterin der Sektion für das
Geistesstreben der Jugend der Freien Hochschule für Geisteswissenschaft
nach Dornach, bis sie 1930 aufgrund der tragischen Entwicklungen in der AG

ihr Amt zurückgab und wieder Waldorflehrerin in Stuttgart und Leiterin des dortigen Lehrerseminars wurde. Nach der Machtergreifung der Nazis emigrierte sie nach Clent in England, zwischendurch nach Costa Rica und begann 1940 mit Ernst Lehrs eine anthroposophische Arbeit mit Karl König in Aberdeen. 1947 bis 1952 war sie als Dozentin für die Lehrerausbildung in Michael Hall, Forest Row und im Hawkwood College in Gloucester tätig. 1952 kehrte sie mit Ernst Lehrs nach Deutschland zurück und war bis zu ihrem Tode 1969 Dozentin am heilpädagogischen Seminar in Eckwälden. Die freie christliche Gesinnung war dieser «Ketzerin für Christus» Quelle für ihre lebenslange Arbeit mit und für junge Menschen.

Siehe auch: «Maria Röschl-Lehr», in «Der Lehrerkreis um Rudolf Steiner in der ersten Waldorfschule», Stuttgart (1977), S.16-18
und «Zur religiösen Erziehung», II.Kap. «Zur Opferfeier», S.56.

René Maikowski

geb. am 11.3.1900 in Berlin, setzte sich schon in jungen Jahren aus sozialpolitischem Interesse für die anthroposophische Bewegung ein, war seit 1923 Sekretär des Bundes für anthroposophische Hochschularbeit, gehörte zu den Mitinitianten des Pädagogischen Jugendkurses und war Komiteemitglied der Freien Anthroposophischen Gesellschaft. Nach dem Abitur wurde er noch als Soldat eingezogen und erlebte den Spartakusaufstand, der in ihm die Sehnsucht nach einer sinnerfüllten und menschenwürdigen Lebensgestaltung aufrief. Auf dieser Suche wurde er von Rudolf Steiner auch beauftragt am Aufbau der Waldorfschule in Essen mitzuwirken. Er wurde Lehrer, wechselte zur Waldorfschulinitiative nach Lissabon und dann nach Hannover. 1934 versuchte er als Leiter des «Bundes der Waldorfschulen» deren drohendes Verbot zu verhindern. Nach dem Krieg unterrichtete er bis 1960 weiter in Hannover. Wie Schüler berichteten muss sein Unterricht etwas Mitreißendes und Begeisterndes gehabt haben, man nannte ihn «die Flamme». Den "Ruhestand" verbrachte er als Autor für die Zeitschrift «Die Kommenden» und mit vielen Vorträgen und Seminaren in Europa, Russland und Israel. Sein religiöser Weg war für den freien christlichen Impuls entflammt, dem er als Waldorflehrer verbunden war, doch unerlöst blieb die Antwort Rudolf Steiners an ihn, die «Opferfeier» in Inhalt und Form fortzusetzen um einen spezifisch anthroposophischen Kultus zu erbilden, ein Auftrag der heute noch wartet... Hochbetagt starb er fast 92-jährig in Oyten bei Bremen.

Siehe auch: «Maikowski, René» in «Anthroposophie im 20.Jahrhundert - Ein Kulturimpuls in biografischen Porträts», Verlag am Goetheanum, 2003.

Herbert Hahn

geb. am 5.5.1890 in Pernau (damals Russland), wuchs somit in verschiedene Sprachen herein, studierte Sprachen und wurde im 1.Weltkrieg als Dolmetscher eingesetzt. Schon 1909 hörte er einen Vortrag von Rudolf Steiner, der ihn als Mensch beeindruckte. Er gehörte 1919 dem Gründungskollegium der ersten Waldorfschule in Stuttgart an, zunächst als Französischlehrer, dann auch als Klassenlehrer. Von kultushistorischer Bedeutung ist, dass er von Rudolf Steiner mit dem Aufbau und dem Halten des überkonfessionellen, freien christlichen Religionsunterrichtes betraut wurde. Am 1.2.1920 fiel ihm dann auch die Aufgabe zu, die erste allgemein-("laien")priesterliche, «freie christliche» Sonntagshandlung zu vollziehen. Neben der Schule war Hahn von Anfang an auch verantwortlich in der Anthroposophischen Gesellschaft tätig. Er verstarb am 20.6.1970 in Stuttgart.

Siehe auch: «Hahn, Herbert» in «Anthroposophie im 20.Jahrhundert», Verlag am Goetheanum
und «Herbert Hahn», in «Der Lehrerkreis um Rudolf Steiner in der ersten Waldorfschule».

Karl König

geb. am 25.9.1902 in Wien, als einziges Kind einer jüdischen Familie. Dass König ein genialer Geist war, zeigte sich bereits in seiner Kindheit und Jugend. Er entwuchs schnell dem kleinbürgerlichen, jüdischen-wienerischen Familienleben durch Fragen und Probleme, die seine Eltern nicht beantworten konnten. Der Gymnasiast war lästig und in Opposition, weil ihn der Stoff nicht befriedigen konnte. Das anschliessende medizinische Studium enttäuschte ihn, weil es die Kernfragen ausklammerte, so sehr, dass er erwog, es abzubrechen und Sozialwissenschaft zu studieren. Damit trat sein zweiter Impuls hervor, der ihn schon als Kind dazu brachte, nur ärmliche Kleider anzuziehen, weil er es nicht besser haben wollte als Arbeiterkinder. Noch bevor König, knapp neunzehnjährig, dem Namen «Rudolf Steiner» und «Anthroposophie» begegnete, findet er aus eigener Selbstbeobachtung des Denkens das Grundprinzip der «Philosophie der Freiheit». Nach dem Medizinstudium und Dissertation bricht er die Karriere, in der ein Professorat in der Embryologie winkte, ab, um dem Ruf Ita Wegmans nach Arlesheim zu folgen. Doch bald sucht er sich ein eigenes Wirkensfeld. Es wird das heilpädagogische Institut Pilgramshain in Schlesien, wo er auch heiraten wird und durch seine Frau die Verbindung zur Herrnhuter Brüdergemeine findet. Deren großer Leiter Zinzendorf wird ihm später aus der geistigen Welt zentrale Anweisungen für Camphill geben. 1936 muss er vor den Nazis nach Wien und dort 1938 mit weiteren jüdischen Freunden nach Schottland fliehen. Hier entsteht nun die heilpädagogische Gemeinschaft «Camphill». Wir begegnen hier einem christozentrischen Impuls, in dem viele Neuschöpfungen auf wissenschaftlichem und praktischem Gebiet sich entwickeln können. Doch nicht der Erkenntnisweg, sondern die Übung des christlich-sozialen und meditativen, religiösen Weges standen im Mittelpunkt. Unter den Leitsternen «lernen» (Comenius) + «beten» (Zinzendorf) + «arbeiten» (Owen) baute der Kreis um Karl König eine kommunitäre, anthroposophische Gemeinschaft auf. In einer Zeit der Dunkelheit fand dieses Vorbild auch in der anthroposophischen Gesellschaft nicht nur Freunde, in der die soziale Tat, die liebende Mitte des Christus-Wirkens nie stark aufgegriffen wurde und gerade damals in tiefer Verdunkelung lag. Karl König musste ganz autonome Wege gehen. Auch das Verhältnis zur Kirche «Die Christengemeinschaft» musste gelöst werden und Karl König griff den «freien christlichen» Strom mit der «Opferfeier» auf. Konnte solch einem freien Geist nur ein *freier* Impuls Gefäß sein? «Dass (in der weiteren Entwicklung Camphills - bis heute [VDL]) die geschichtliche Entwicklung andere Wege gegangen ist (der heilpädagogische Impuls überlagerte immer mehr den sozial-religiösen, es kam nicht zu einem neuen, und zwar "anthroposophisch" gegründeten «Orden der Güte» [VDL]), ... ändert nichts an der Bedeutung dieses frühen, von König initiierten Schrittes, insofern in ihm Keime zukünftiger sozialer Kulturgestaltung für einen historischen Augenblick - vielleicht zu früh - zu Tage getreten sind.» (Müller-Wiedemann, in «Karl König»)

Er stand mitten in der Vortragsreihe «Das Tor des Mondes und das Tor der Sonne», als am 27.3.1966 in Überlingen sein großes Herz den erschöpfenden Anforderungen erlag, sein Geist aber schritt weiter: durch das Tor der Sonne. In seinen «Leitsternen» glänzt die Sonne freier christlicher, anthroposophisch-kommunitärer Gemeinschaftsideale immer weiter...

Siehe «Karl König», Hans Müller-Wiedemann, Verlag Freies Geistesleben,
siehe Karl König zu den Leitsternen: «Gemeinschaft bauen»,
Arbeitsmaterial Zur Kultus-Frage, siehe Kap. Literatur,

siehe auch hier Kap. «Gemeinschaft bauen», S. 303 !

Karl König

LITERATUR

Sie erhalten das Werk Rudolf Steiners in jeder Buchhandlung vom
RUDOLF STEINER VERLAG
Hügelweg 34, CH - 4143 Dornach
Tel.: 0041 (0)61 706 91 30 / Fax: 0041 (0)61 706 91 39
EMail: verlag@rudolf-steiner.com / Internet: www.rudolf-steiner.com

Wer sich einführend oder detaillierter mit Rudolf Steiner und der
Anthroposophie beschäftigen will, fordere den Katalog an, des
VERLAG FREIES GEISTESLEBEN & URACHHAUS
Landhausstr. 82, D-70190 Stuttgart
Tel.: 0049 (0)711 2853200 / Fax: 0049 (0)711 2853210
EMail: info@geistesleben.com / Internet: www.geistesleben.com

Im INTERNET zur Anthroposophie und zu Rudolf Steiner :
www.anthroposophy.com / www.rudolf-steiner.de
www.anthroposophie-de.com / www.goetheanum.org
www.anthro-net.de (Adressendatenbank) / www.anthrowiki.info

oder wenden Sie sich mit Ihren Fragen an den
Förderkreis Forum Kultus
(siehe Kap. «Adressen»)

Stand dieser Literatur-Auswahl / -Hinweise: Drei König 2008

*Einige Publikationen sind z.Z. vergriffen! Erkundigen Sie sich bei Ihrem Buchhändler,
beim Förderkreis Forum Kultus und/oder erfragen Sie ggf. private Kopien bei VDL.*

aus der Anthroposophie

ZUR RELIGIÖSEN ERZIEHUNG
WORTLAUTE RUDOLF STEINERS
ALS ARBEITSMATERIAL FÜR WALDORFPÄDAGOGEN
Als Manuskript gedruckt durch die Pädagogische Forschungsstelle beim
Bund der Freien Waldorfschulen 70184 Stuttgart, Heidehofstr. 32
bzw. bei «Drucktuell», Fax 07156 944344
Private Kopie des Beitrages M.Lehrs-Röschl's zur Opferfeier, über VDL.

IN: ZUR GESCHICHTE UND AUS DEN INHALTEN DER ERKENNTNIS-
KULTISCHEN ABTEILUNG DER ESOTERISCHEN SCHULE
1904 - 1914, Band 2
Kapitel ZUR EINFÜHRUNG:

VOM GEISTESWISSENSCHAFTLICHEN SINN
DES KULTISCHEN

Hella Wiesberger, Rudolf Steiner-Verlag, Dornach, GA 265
Private Kopie zu erfragen bei VDL.

DAS VERHÄLTNIS DER STERNENWELT ZUM MENSCHEN
UND DES MENSCHEN ZUR STERNENWELT -
DIE GEISTIGE KOMMUNION DER MENSCHHEIT

VORTRAG VOM 30.12.1922
Rudolf Steiner, Rudolf Steiner-Verlag, Dornach, GA 219 oder FKFK

VORTRÄGE UND KURSE
ÜBER CHRISTLICH-RELIGIÖSES WIRKEN

ANTHROPOSOPHISCHE GRUNDLAGEN FÜR EIN
ERNEUERTES CHRISTLICH-RELIGIÖSES WIRKEN
Rudolf Steiner, Rudolf Steiner-Verlag, Dornach, GA 342 - 346

RITUALTEXTE FÜR DIE FEIERN DES
FREIEN CHRISTLICHEN RELIGIONSUNTERRICHTES

und das Spruchgut für Lehrer und Schüler der Waldorfschule
Rudolf Steiner, Rudolf Steiner-Verlag, Dornach, GA 269

ANTHROPOSOPHISCHE GEMEINSCHAFTSBILDUNG

Rudolf Steiner, Rudolf Steiner-Verlag, Dornach, GA 257

DIE ERNEUERUNG DES RELIGIÖSEN LEBENS

Beiträge zur Rudolf Steiner Gesamtausgabe, Nr. 110, Ostern 1993
Rudolf Steiner-Verlag, CH-4143 Dornach, Haus Duldeck

BAUSTEINE FÜR EINEN SOZIALEN SAKRAMENTALISMUS

Dieter Brüll, Verlag am Goetheanum, ISBN 3-7235-0777-8

DER ANTHROPOSOPHISCHE SOZIALIMPULS

Dieter Brüll, Novalis-Verlag (1984), ISBN 3-7214-0521-8 (vergriffen)

GESPRÄCH ALS KULTUS

Christlicher Einweihungsweg, Wiederkunft, Bruderschaft
Gerhard von Beckerath, Verlag am Goetheanum, ISBN 3-7235-1238-0

KARMA - GEMEINSCHAFT
Ein künstlerischer Impuls zur Begründung einer freien Armutsbewegung aus der
anthroposophischen Bewegung heraus - Ein Skizzen-Buch
Rainer Schnurre,   Schnurre & Woitsch-Verlag, Bundesallee 140, 12161 Berlin

ANTHROPOSOPHIE UND CHRISTENGEMEINSCHAFT
Karl Ballmer,   EDITION L G C, Edelweißweg 41, 57072 Siegen,
ISBN 3-930964-52-X (1995) Hrsg. Michael Kalisch

ANTHROPOSOPHISCHE BEWEGUNG
UND CHRISTENGEMEINSCHAFT
sowie
THEMATISCHER LEITFADEN FUR DAS STUDIUM
DER ANTHROPOSOPHIE
Band 5, Religion, Sakrament und Kultus, ...
Herbert Wimbauer,   Selbstverlag, Mühlenhof, 29597 Stoetze (1981)
Vergriffen. Kopie ggf. beim FKFK erfragen!

DAS RELIGIÖSE DER ANTHROPOSOPHIE
Der kosmische, der umgekehrte Kultus
Friedrich Benesch,   Verlag Die Pforte (1985) ISBN 3-85636-069-7

DER UMGEKEHRTE KULTUS UND DER KOSMISCHE KULTUS
Paul Hofmann, Fred Poeppig,   Selbstverlag Paul Hofmann (1990)
ISBN 3-928094-02-5

GLAUBE ALS ERKENNTNIS-RELIGION
ca. 350 S. DIN A4 oder Kurzversion ca. 40 S.
Stefan Karl, PRO DREI VERLAG, Panoramastr. 22, 88631 Beuron-Hausen

DIE SIEBEN SAKRAMENTE in der Geschichte der Christenheit
Rudolf Frieling,   Verlag Urachhaus, ISBN 3-8251-7288-0

VON DEN QUELLKRÄFTEN DER SEELE
Kursus über Religionsunterricht
Herbert Hahn,   Verlag Heidehofbuchhandlung (1959 / 1974, vergriffen)

PERIKOPENBUCH
Stellen aus dem Evangelium für die freien christlichen Handlungen
Hrsg. Helmut von Kügelgen,   Heft 5 des Studienmaterials der
Internationalen Vereinigung der Waldorfkindergärten
Heubergstr. 11, 70188 Stuttgart

DIE SONNTAGS-EVANGELIEN
F. Behrmann, Freie Waldorfschule, Jakobsbergerholzweg 54, CH-4059 Basel

aus Theologie und Ökumene

EINANDER PRIESTER SEIN -
ALLGEMEINES PRIESTERTUM
IN ÖKUMENISCHER PERSPEKTIVE
Hans-Martin Barth,   Verlag Vandenhoeck & Ruprecht, ISBN 3-525-56532-1

WORAUF ES ANKOMMT -
WOLLTE JESUS EINE ZWEI-STÄNDE-KIRCHE ?
Herbert Haag,   Herder-Verlag, ISBN 3-451-26049-2

NACHKIRCHLICHES CHRISTENTUM
DER LEBENDE JESUS UND DIE STERBENDE KIRCHE
Rupert Lay,   ECON-Verlag, ISBN 3-430-15939-3

EVANGELISCHE ÄMTER: GÜLTIG -
EUCHARISTIEGEMEINSCHAFT: MÖGLICH
Anno Quadt,   Matthias-Grünewald-Verlag,   ISBN 3-7867-2316-8

EINFÜHRUNG IN DIE KATHOLISCHE SAKRAMENTLEHRE
Alexandre Ganoczy,   Wissenschaftliche Buchgesellschaft,
ISBN 3-534-07510-2

EINFÜHRUNG IN DIE EVANGELISCHE SAKRAMENTENLEHRE
Gunther Wenz,   Wissenschaftliche Buchgesellschaft, ISBN 3-534-07261-8

KLEINE SAKRAMENTENLEHRE
Leonardo Boff,   Patmos Verlag, ISBN 3-491-77406-3

EINFÜHRUNG IN DIE LITURGIK
Christoph Albrecht,   Verlag Vandenhoeck & Ruprecht,
ISBN 3-525-57176-3

LITURGIE IN DER GESCHICHTE DES CHRISTENTUMS
Herman A.J. Wegman,   Verlag Friedrich Pustet, ISBN 3-7917-1427-9

PANORAMA DER NEUEN RELIGIÖSITÄT
Die religiöse Landschaft zu Beginn des 21.Jahrhunderts
Hrsg. Reinhard Hempelmann,   Gütersloher Verlagshaus, ISBN 3-579-02320-9

ESOTERISCHES CHRISTENTUM
Von der Antike bis zur Gegenwart
Gerhard Wehr,   Klett-Cotta, ISBN 3-608-91719-5

WAS GLAUBEN DIE ANDERN ?

27 Selbstdarstellungen
Kurt Eberhardt, Gütersloher Verlagshaus Mohn (1985), ISBN 3-579-03633-5

WAS ERWARTET UNS NACH DEM TOD?

24 Darstellungen von Religionen und Konfessionen
Siegfried Raguse, Güntersloher Verlagshaus Mohn (1983) ISBN 3-579-01069-7

REINKARNATION IM NEUEN TESTAMENT

James M. Pryse, Schirner Verlag, ISBN 3-89767-456-4

MIT ENGELN LEBEN - Ein spiritueller Weg

Hans Stolp, Aquamarin-Verlag, ISBN 3-89427-252-X

MARTIN LUTHER

Mystische Erfahrung und christliche Freiheit im Widerspruch
Gerhard Wehr, Novalis-Verlag, ISBN 3-7214-0673-7

WIE TREIBT MAN THEOLOGIE DER BEFREIUNG?

Leonardo & Clodovis Boff, Patmos-Verlag, ISBN 3-491-77653-8

DIE MACHT DER FRIEDFERTIGEN

Radikale Alternativen zu Elend, Knechtschaft, Krieg und Revolte
Lanza del Vasto, Verlag F.H. Kerle (1982), ISBN 3-600-30095-4

KIRCHE LEBT VON UNTEN

Martin Seidler, Michael Steiner, Peter Hammer Verlag, ISBN 3-87294-855-5

KLERIKER - Psychogramm eines Ideals

Eugen Drewermann, dtv-Sachbuch, ISBN 3-423-30010-8

ZUR FRAGE DER CHRISTLICHKEIT
DER CHRISTENGEMEINSCHAFT

Evang. Oberkirchenrat Stuttgart, Markstein Verlag, ISBN 3-935129-14-9

DIE KULTUSHANDLUNGEN DER CHRISTENGEMEINSCHAFT

Hischam A. Hapatsch, Arbeitsgemeinschaft für Religions- und Weltanschauungs-
fragen, München, 1996, Material-Edition 33,
ISBN 3-927890-34-0

DAS NEUE TESTAMENT -
Interlinearübersetzung Griechisch-Deutsch

Dietzfelbinger, Hanssler-Verlag, ISBN 3-7751-0998-6

zum
anthroposophischen Schulungsweg

RUDOLF STEINER
Katalog des Gesamtwerkes: Rudolf Steiner Verlag, CH-4143 Dornach

DER ANTHROPOSOPHISCHE SCHULUNGSWEG - Ein Überblick
Paul Eugen Schiller,   Verlag am Goetheanum,   ISBN 3-7235-0272-5

MEDITATION UND CHRISTUSERFAHRUNG
Jörgen Smit,   Verlag Freies Geistesleben,   ISBN 3-7725-1055-8

DER ANTHROPOSOPHISCHE ERKENNTNISWEG
Frans Carlgren,   Verlag Freies Geistesleben,   ISBN 3-7725-1239-9

MEDITATION
Friedrich Rittelmeyer,   Verlag Urachhaus,   ISBN 3-87838-1174

DIE OKKULTE BEDEUTUNG DES VERZEIHENS
Sergej O. Prokofieff,   Verlag Freies Geistesleben,   ISBN 3-7725-1126-0

DIE BELEBUNG DES HERZCHAKRA
Florin Lowndes,   Verlag Freies Geistesleben,   ISBN 3-7725-1620-3

**DER MENSCH
ZWISCHEN KOSMISCHEN UND IRDISCHEN ENERGIEN**
Siegfried Woitinas,   Verlag Urachhaus,   ISBN 3-8251-7330-5

VOM MEDITATIVEN LEBEN
Ernst Suter-Schaltenbrand,   Verlag am Goetheanum,   ISBN 3-7235-1106-6

ÜBUNGEN ZUR SELBSTERZIEHUNG
Flensburger Hefte,   12/94, Nr.47,   ISBN 3-926841-65-6

DIE SOZIALE WELT ALS MYSTERIENSTÄTTE
Harrie Salman,   Lazarus-Verlag,   ISBN 3-924967-07-5

**DER JAHRESKREISLAUF ALS EINWEIHUNGSWEG
ZUM ERLEBEN DER CHRISTUS-WESENHEIT**
Sergej O. Prokofieff,   Verlag Freies Geistesleben,   ISBN 3-7725-0857-X

FORUM KULTUS

DIE SAKRAMENTE - KULTUS-HANDBUCH
in verschiedenen Ausführungen:

→ als *exclusives* Handbuch: in DIN A6, Leinen, 400 S.;
   ISBN 3-00-007899-1, Pro-Drei-Verlag

→ und im Taschenbuchformat, ca. DIN A5, Hardcover
   (Diese Ausgabe ist die jeweils *aktuellste* Bearbeitung !);

→ DIN A5, Leinen, in einer *Kurzfassung* als «Liturgieausgabe»,
   ohne Anmerkungen, etc., (solange Vorrat: extra mit Goldschnitt),

→ als Text-PDF-Datei auf *CD*.

Erhältlich beim Pro-Drei-Verlag oder Förderkreis.

Kostenloses Update bei Neuauflage !
Sie können Ihre alte Auflage kostenlos eintauschen
gegen die neuste Ausgabe! (momentan 2008 = 4.Auflage)

(Legen Sie einfach Ihrer Anforderung - an den Förderkreis - die Seite 2
[Impressum] des Kultushandbuches als Nachweis bei.)

Inhaltsverzeichnis siehe folgende Seiten 342-343!

frei + christlich - FREIE SAKRAMENTE HEUTE ?
FREIES CHRISTLICHES,
ANTHROPOSOPHISCH SAKRAMENTALES HANDELN

Vorliegendes Informations-Buch, Taschenbuch, Paperback, z.Z. 360 S. .
V.D. Lambertz, kostenlos, erhältlich beim Förderkreis.

EIN BREVIER
für einen anthroposophischen Weg aus freier christlicher Perspektive
Leinen, DIN A6, 240 S. Nichtöffentliche Ausgabe, auf Anfrage bei V.D.Lambertz.

DIE PERIKOPEN
Die Bibeltexte für alle Sonntage und Festzeiten des Jahres,
DIN A6. Nichtöffentliche Ausgabe, auf Anfrage bei V.D.Lambertz.

Pro-Drei-Verlag, Panoramastr. 22, D-88631 Beuron-Hausen
EMail: Prodrei@Pro3-Verlag.de oder VDL = Post@Forum-Kultus.de

ARBEITSMATERIAL ZUR KULTUS-FRAGE → *bitte wenden* :

Arbeitsmaterial Zur Kultus-Frage

ARBEITSMATERIAL ZUR KULTUS FRAGE
Freies christliches, anthroposophisch sakramentales Handeln heute

Als Broschüren - zur Zeit - erhältlich :

Rudolf Steiner
ZUR STELLUNG DER «CHRISTENGEMEINSCHAFT»
ZUR ANTHROPOSOPHISCHEN BEWEGUNG
Vortrag vom **30.12.1922**, mit einem Anhang weiterer Aussagen
Kostenloser Sonderdruck

Im Umkreis der Bestattung
Einführende praktische Hinweise und Angaben Rudolf Steiners
und die Texte des Sterbekultus

frei + christlich -
Der freie christliche Religionsunterricht und seine Handlungen
an der FWS.
V.D.Lambertz, J-C.Mattion, Eine Einführung und Zusammenfassung.

Praktische Hinweise
zu den Handlungen des freien christlichen Religionsunterrichtes
und zur Raumgestaltung
Die offizielle Darstellung von Herbert Hahn und Helmut von Kügelgen.
Orginalausgabe oder als private Kopie.

Gemeinschaft bauen -
Karl Königs Camphill-Impuls - Die drei Leitsterne
Kultus-trage-Gemeinschaft ?, Karl Königs Ur-«Camphill»-Impuls als Impuls neuer
Gemeinschaft, Aussagen Rudolf Steiners, zum Esoterischen Jugend-Kreis, Entwurf einer
mit der Dreigliederung konformen Rechtsform.

Als Ausdrucke - zur Zeit - erhältlich :

Arbeitsmaterial Zur Kultus-Frage
Anregungen für Bearbeitungen sakramentaler Handlungen

Texte im Vergleich
Die Texte der Sakramente in der Fassung anderer Kirchen.
Bitte nach konkreten Texten fragen.

Aus der anthroposophischen Arbeit *(aus dem Infobuch)*
- Vom geisteswissenschaftlichen Sinn des Kultischen, Hella Wiesberger
- Die Sakramente im Lebenslauf, Rudolf Steiner
- Die Opferfeier, Maria Lehrs-Röschl
- Priesterlichkeit im Wandel der Evolution, Hergen Noordendorp
- Zur Freiheit des Christen, Volker Lambertz
- Nur mit Weihe?, Volker Lambertz

Quellen zur Kultusfrage
Ausführliche Literaturhinweise mit Inhaltsangaben

Website - Ausdrucke
www.forum-kultus.de = Texte aus unserer Website !
Schauen Sie in unserer Website nach, Sie finden dort eine große Anzahl
von Beiträgen zur Kultus-Frage, die Sie ausgedruckt erhalten können !!

Erhältlich ist das Arbeitsmaterial beim Förderkreis.
Es wird Ihnen zum eigenen, persönlichen, wissenschaftlichen Gebrauch,
kostenlos übergeben, gemäß 2.Urhebergesetz, § 51-53.

Das AMZKF befindet sich in ständiger Er- und Bearbeitung
und wird deshalb nur als Manuskript herausgegeben und immer wieder aktualisiert.

Siehe auch unsere Informationen im Internet : **www.forum-kultus.de** !!

Bitte erfragen Sie den aktuellen Stand der Veröffentlichungen !
Stand: 6/2008

Die Sakramente

in der freien christlichen Fassung
Rudolf Steiners heute

Das Kultus-Handbuch
Der I N H A L T

Sie erhalten
bei einer Neuauflage Ihre alte Ausgabe · momentan · **kostenlos** erneuert,
d.h. auf Anforderung beim Förderkreis **die neuste Auflage zugeschickt !**

Das Kultus-Handbuch bekommen Sie über Ihre Buchhandlung
- ISBN 3-00-007899-1 -
oder direkt vom PRO-DREI-VERLAG (siehe S. 359) *(z.Z. 23,- € & ggf. Versand)*

... außerdem :

Wir danken der
Rudolf Steiner-Nachlassverwaltung
für die Erforschung, Edition, Dokumentation und Herausgabe des Werkes Rudolf Steiners.
Machen Sie diese unschätzbar wichtige, wertvolle, uneigennützige und aufopferungsvolle Arbeit durch Ihre Spende auch weiterhin möglich :

Rudolf Steiner Nachlassverwaltung
Verein zur Erhaltung, Erforschung und Veröffentlichung
des wissenschaftlichen und künstlerischen Nachlasses von Rudolf Steiner.
Haus Duldeck - Rüttiweg 15 / Postfach 135, CH-4143 Dornach

Internationale Fördergemeinschaft
Rudolf Steiner Archiv
Postfach 135, CH-4143 Dornach 1
Tel.: 0041 (0)61 706 8210 / Fax: 0041 (0)61 706 8220
EMail: Archiv@Rudolf-Steiner.com

Spendenkonto Deutschland
Fördergemeinschaft Rudolf Steiner Archiv e.V.
Kto.nr.: 356 242 00   bei der GLS-Bank Bochum: BLZ 430 609 67

Wenden Sie sich mit Ihren Fragen auch an die
Allgemeine Anthroposophische Gesellschaft, bzw.
Freie Hochschule für Geisteswissenschaft
Gotheanum, CH-4143 Dornach
Tel.: 0041 (0)61 7064242 / Fax: 0041 (0)61 7064314
EMail: sekretariat@goetheanum.ch / Internet: www.goetheanum.ch

Arbeitsmaterial
Zur Kultus-Frage

Abkürzungen

AG   = *Anthroposophische Gesellschaft*
AGS   = *(alt) Arbeits-Gemeinschaft Sakramente -> FCAG*
AMZKF = *Arbeitsmaterial zur Kultus-Frage*
AKKU = *Arbeitskreis Kultus*
CG   = *Die Christengemeinschaft (als Kirche - s.u.)*
FCAG = *Initiative Freie christliche Arbeits-Gemeinschaft*
FK   = *Förderkreis für anthroposophisch kommunitäre*
         Sozial Entwicklung [e.V. (Esclarmonde-Stiftung)]
FKFK = *Förderkreis Forum Kultus*
FWS   = *Freie Waldorfschule*
GA   = *Bibliografie-Nummer der Rudolf Steiner-*
         Gesamtausgabe, Rudolf Steiner-Verlag, CH- Dornach
IKK   = *ehemaliger Initiativ-Kreis Kultus*
IKKF = *ehemaliger Initiativ-Kreis Kultus-Fragen*
KuHb = *Kultushandbuch «Die Sakramente...»*
R.St. = *Rudolf Steiner*
s.a.   = *siehe auch*
s.u.a. = *siehe unter anderem*
u.a.   = *unter anderem*
VDL   = *Volker David Lambertz*

Zitate sind in « » , *Hervorhebungen, Pointierungen,*
fragliche Begriffe in " " *gesetzt.*
Anmerkungen innerhalb von Zitaten oder Hervorhebungen
- wenn nicht anders gekennzeichnet - von VDL.

«Die Christengemeinschaft» oder die Christengemeinschaft *??*

Wenn der Begriff Christengemeinschaft im Text in Anführungszeichen « » steht, ist
nicht die Gemeinschaft der, bzw. von Christen, sondern die Religionsgemeinschaft
und Kirche «Die Christengemeinschaft», Körperschaft des öffentlichen Rechts, mit Sitz
in Stuttgart, gemeint.

wer & was

Freies christliches Handeln lässt sich nicht institutionalisieren und erst recht nicht monopolisieren. In diesem Sinne arbeiten seit Pfingsten 1996 (damals als «*Initiativ-Kreis Kultus*» bezeichnet) kultisch engagierte und interessierte, kirchenunabhängige Anthroposophen autonom an den Fragen, die uns die Sakramente stellen (in der Regel als Mitglieder, bzw. auf dem Niveau der «Freien Hochschule für Geisteswissenschaft»).

Auf Grund der vorgenommenen Differenzierung dieser Arbeit, wirken zur-zeit als «*Initiative für ein freies, sakramentales,anthroposophisch vertieftes Christ-Sein*» *vor allem* :

für die praktische Verfügbarkeit der von Rudolf Steiner vermittelten sieben Sakramente die «*Freie christliche Arbeits-Gemeinschaft*», für die Erforschung und Erübung der kultischen und spirituellen Grundlagen der «*Arbeitskreis zu Fragen anthroposophisch kultischen Handelns*», wie auch regionale Initiativen; für die Publizität engagiert sich der «*Förderkreis FORUM KULTUS*», während die *alle* umfassende Gemeinschaftsbildung in einer   *Gemeinschaft Freier Christen* erwachsen möchte.

Besondere finanzielle Unterstützung finden die Kreise durch den «*Förderkreis für anthroposophisch kommunitäre Sozial-Entwicklung*».

Obwohl uns die Qualität und nicht die Quantität des Impulses wichtig ist, braucht er noch wesentlich mehr Mitwirkende in allen Bereichen...
auch Sie ? !

Natürlich arbeiten überall auch andere - zumeist allerdings nur im privaten Rahmen - an der Thematik! (Wir haben dabei keinerlei Exklusivrechte!!) Sinnvoll wäre deshalb die gegenseitige Wahrnehmung (=Netzwerk), inner-halb aber genauso auch außerhalb der anthroposophischen Scene, aller über-konfessionell, frei und christlich, kultisch bzw. sakramental Wirkenden ...

Ausführlich und aktuell finden Sie uns im Internet :

www.forum-kultus.de !!

(Lebendige Organismen sind in Bewegung :)
Stand der Angaben & Adressen: Johanni 2008

Weitere Adressen anthroposophischer Initiativen und Institutionen finden sich im «Adressverzeichnis Anthroposophie», Info-3-Verlag
(www.info3.de)
und in der Link-Liste unserer Website (→ Kontakte / Links).

Kontaktadresse

Initiative für ein freies, sakramentales, anthroposophisch vertieftes Christ-Sein :

FÖRDERKREIS FORUM KULTUS

INITIATIVE FREIE CHRISTLICHE ARBEITS-GEMEINSCHAFT

INITIATIVE GEMEINSCHAFT FREIER CHRISTEN

Förderkreis für anthroposophisch kommunitäre Sozial-Entwicklung [e.V.]

sowie Volker David Lambertz

Büro: **Förderkreis, Herrensteig 18, D- 78333 Wahlwies** (Bodensee)

Tel. & Fax: 0049 (0)700 1907 1955

EMail: Post@Forum-Kultus.de

Internet: www.Forum-Kultus.de

Spenden-Konto

Alle unsere Arbeit ist ehrenamtlich. Die Kosten tragen zumeist wir privat.
Wenn Sie auch einen Baustein zu dieser Arbeit beitragen wollen, können Sie
das auch finanziell durch eine Spende über den gemeinnützigen «Förderkreis
für anthroposophisch kommunitäre Sozial-Entwicklung e.V.»

(Spendenbescheinigung anforderbar) (per Scheck, Geldschein, Überweisung) **:**

Förderkreis, Kto.: 470 824 20,
Volksbank Stockach, BLZ: 690 618 00
BIC: GENODE61UBE / IBAN: DE66 6906 1800 0047 0824 20

PRO DREI VERLAG

Panoramastraße 22, D- 88631 Beuron

Tel.: 0049 (0)7579 933331 / Fax: 0049 (0)7579 9336174

EMail: vertrieb@pro3-verlag.de

Internet: www.pro3-verlag.de

Druck: **BoD**, Gutenbergring 43, D-22848 Norderstedt / www.bod.de

Notizen

Notizen

Freie Sakramente heute ?

... SIE

können dieses Info-Buch
für die persönliche Weitergabe
- bei Bedarf auch mehrfach -
(solange Vorrat reicht)

kostenlos nachbestellen ! :

(Die Herstellungskosten sind hoch
und werden von uns privat übernommen
und Ihnen gespendet...
gerne können Sie aber der Bestellung einen
Geldschein oder Scheck beilegen ! ...)

UPDATE !

Sie erhalten bei einer Neuauflage
des KULTUS- wie des INFO- Buches
Ihre alte Ausgabe - momentan -
kostenlos erneuert,
d.h. auf Anforderung
die neuste Auflage zugeschickt !

Förderkreis Forum Kultus
Herrensteig 18, D-78333 Wahlwies
Tel./Fax: 0700 19071955
EMail: Post@Forum-Kultus.de

Arbeitsmaterial Zur Kultus-Frage